Beck'scheReihe

BsR 1232

In den ganz gewöhnlichen Zumutungen des Alltags und im manchmal kaum merklichen Scheitern erweist sich der Philosoph als Mensch unter Menschen. In den Geschichten dieses Buches, die erstmals im Magazin der FAZ erschienen sind, erzählt Otto A. Böhmer von den mal erhabenen, mal erheiternden Bemühungen der Philosophen, im Geschäftsbetrieb des Alltags Haltung zu bewahren und der eigenen Rede Sinn nicht zu vergessen. Die kleinen Begebenheiten im Leben großer Philosophen passen so trefflich ins Bild der jeweiligen Philosophie, daß man vermuten muß, sie könnten erdacht worden sein, um den dazugehörigen Philosophen bei Laune zu halten . . .

Otto A. Böhmer lebt als Schriftsteller in der Nähe von Frankfurt am Main. Er hat zuletzt den Roman „Lady Rose" (1996) und „Sofies Lexikon" (1997) veröffentlicht. Bei C.H. Beck sind von ihm erschienen: „Sternstunden der Philosophie". 4., durchgesehene Auflage. 1996 (BsR 1030); „Neue Sternstunden der Philosophie". 2., verbesserte Auflage. 1996 (BsR 1130).

OTTO A. BÖHMER

Als Schopenhauer ins Rutschen kam

Kleine Geschichten
von großen Denkern

VERLAG C. H. BECK

Die meisten der in diesem Band gesammelten Portraits
sind erstmals im FAZ-Magazin abgedruckt worden;
ein Teil davon ist unter dem Titel *Holzwege. Ein Philosophen-
Kabinett* im Jahre 1991 im Elster-Verlag erschienen.

Für Christel und Mareike

Die Deutsche Bibliothek – CIP-Einheitsaufnahme

Böhmer, Otto A.:
Als Schopenhauer ins Rutschen kam : kleine Geschichten
von großen Denkern / Otto A. Böhmer. – München :
C. H. Beck, 1997
   (Beck'sche Reihe; 1232)
ISBN 3 406 42032 X

ISBN 3 406 42032 X

Umschlagentwurf: Uwe Göbel, München
Umschlagabbildung: Michael Keller, München
© C. H. Beck'sche Verlagsbuchhandlung (Oscar Beck), München 1997
Gesamtherstellung: C. H. Beck'sche Buchdruckerei, Nördlingen
Gedruckt auf säurefreiem, alterungsbeständigem Papier
(hergestellt aus chlorfrei gebleichtem Zellstoff)
Printed in Germany

Inhalt

Thales

Der Philosoph Thales, wohnhaft zumeist in der altgriechischen Stadt Milet an der Mündung des Mäander in die Latmos-Bucht (so gab er es seinem ersten und einzigen und seither leichtverschollenen Biographen zu Protokoll), saß eines Tages, nachdem es ihm gelungen war, eine Sonnenfinsternis exakt zu berechnen, selbstzufrieden in ebender Sonne und fühlte sich wie ein verwaistes und haarsträubend glückliches Katzentier. Die Augen hatte er geschlossen, so sah er viel besser, und er fühlte die Wärme, spürte den leisen Wind, dem alle Wasser der Welt aufzuliegen schienen.

Ich lebe noch, dachte der Philosoph Thales, und eigentlich bin ich schon tot. Beides ist richtig, sehr einsichtig zudem, aber auch bestens zu bestreiten. Er lächelte, sah sich aus himmlischer Ferne herab zu, wie er lächelte, einfältig vielleicht, aber das ist ja erlaubt und verbreitet – und da zupfte ihn jemand am Gewande, erst sanft noch, fast schüchtern, aber dann immer fordernder und dreist werdend. Das Zauberlicht, in dem er war, zerplatzte, flog auf und davon, und der Philosoph Thales öffnete die Augen, notgedrungen; vor ihm stand ein kleiner Junge, eines jener wißbegierigen Geschöpfe, die auf alles und jedes eine Frage wissen und Antworten nicht unbedingt abwarten müssen.

„Warum hockst du in der Sonne, alter Mann?" wollte das Kind wissen, und es starrte den Philosophen Thales, der sich so alt noch gar nicht fühlte, unverwandt an.

„Weil ich hier hocke und noch nicht alt bin", sagte er und war guter Hoffnung, daß der Junge nach dieser Antwort von ihm ablassen würde. Der aber, ein unangenehmes Kind, das dazu bestimmt war, ein Quälgeist zu werden, kauerte sich schweigend neben ihn, und aus den Augenwinkeln beobachtete es, was der Philosoph denn so trieb; der aber machte gar nichts, denn ihm war die Sonnenlaune vergangen, und nachdem er noch einmal in sich hineingehört hatte, auf seine innere Stimme, die mißmutig verstummt war, erhob er sich mit knackenden Knochen und ging seiner Wege, wohl wissend, daß ein aufdringliches Kind hinter ihm her schlich und von Stund an mehr sah, als ihm lieb sein konnte. – Später, als der Philosoph Thales vor den Toren von Milet einmal gefragt wurde, warum er es ablehne, Kinder in diese sonnige Welt zu setzen, antwortete er: „Aus Liebe zu den Kindern."

Auch der nächste Tag meinte es mit Thales nicht sonderlich gut, und in der darauffolgenden Nacht mußte er, so wird berichtet, kräftigen Spott über sich ergehen lassen, als er, wie so oft, zum Sternenhimmel aufschaute, wo ihm manches bekannt vorkam und einiges, in Folge dazu, unerhört erschien, so daß er, Thales, auf den Weg, den er ging, tunlichst nicht mehr achten konnte und in einen Brunnen fiel, den vielleicht gerade jene angelegt hatten, die nun aus ihren Löchern kamen, um ihn mutig und schnell zu verhöhnen. – „Zum Himmel äugt er hinauf", riefen sie, „aber was auf der Erde ist, bleibt ihm verborgen. Ein Sehender, der blind ist. Was dürfen wir von seiner Weisheit wohl noch alles erwarten?" – Thales stahl sich, vollkommen durchnäßt, davon. Er fror, aber den Menschen, die nun mal so sind, wie sie sind, war er noch immer nicht sonderlich böse. Es schien ihm, als habe man das eine, der Welt zugedachte Gedankenbild nachgezeichnet, aus dem die Bestimmung und die alltägliche Wahrheit des Lebens abzulesen waren; seine Theorie allerdings, daß die Erde auf dem Wasser schwimme und auch deswegen wohl nicht untergehen könne, weil letztlich alles aus dem geheimnisvollen Stoff des Wassers bestehe, kam Thales erst später in den Kopf: Noch immer war er unterwegs und weitab von zu Hause; die Kleider am Leibe hatten zu trocknen begonnen, und der Philosoph fing an, sich wohl zu fühlen wie ein Nachtwanderer auf dem Wege zur Sonne. Auf einmal aber, völlig unvermutet, fiel heftiger Regen vom Himmel, und es gab keinen Baum und kein Dach, wo Thales sich hätte unterstellen können. So wurde er, der gerade warm werden wollte, abermals naß gemacht bis auf die Haut, und dieses Mal ärgerte es ihn gewaltig – und gab ihm zu denken.

Am nächsten Tag lief dem noch immer mißmutigen Philosophen seine Mutter über den Weg, deren Sorge es war, ihren Sohn zu verheiraten, der sich bislang immer mit der Bemerkung „Noch ist es nicht Zeit dazu!" um Aufschub bemüht hatte. „Ich habe eine Frau für dich", sagte sie. „Ihr werdet es nicht glauben, meine Mutter", rief Thales, „aber noch – ist es nicht Zeit dazu"; und er rannte davon. Er grüßte und wurde gegrüßt, er stolperte und fiel nicht, er hörte Lachen und Weibergeschrei – und doch war etwas anders als sonst. Die Menschen, so er sie denn sah, schienen gealtert; das Licht, in dem sie sich bewegten, gutes altes Sonnenlicht zweifellos, war schwächer als sonst, wie von Staubfahnen beschwert und um seine Wirkung gebracht. Der Philosoph spürte einen seltsamen Schmerz im Rücken, der nicht nachlassen wollte, und als er weiterging, mühsamer als zuvor, war es ihm, als habe man ihm einen Stock in die Hand gedrückt, mit dem er sich, ratlos am Boden stochernd, auf das winzige Tor zubewegte, das ihm Eintritt gewahrte in das Herzland der Zeit.

Nun beeilte er sich umzukehren; er ging am Fluß entlang, dessen trübe Wasser an ihm vorbeigeschwemmt wurden mit unbekanntem Ziel. Alles hat sich verschworen, dachte er und rief sich, noch im Leben stehend, zur von ihm selbst gesetzten Ordnung. Aber da war auf einmal seine Mutter wieder da, obwohl es auf einen deutlich veränderten Abend zuging, und er schaute sie an wie schon lange nicht mehr. Eine alte, eine steinalte Frau redete da auf ihn ein, beschwor ihn zu heiraten, endlich jene Frau zu nehmen, die sie ihm erwählt habe aus gutem Grund. Ganz nah rückte sie an ihn heran, seine Mutter, die ihm wie eine Zumutung vorkam, wie ein die Auflösung herbeitreibender Sturzbach, den nichts, aber auch gar nichts mehr aufhalten konnte – und Thales sagte, was er sagen mußte am Ende dieses denkwürdigen Tages: „Nun ist die Zeit dazu – vorüber!"

Anaximander

Der Philosoph Anaximander, ein Schüler des Philosophen Thales, beobachtete eines Tages einen ihm unbekannten, violett-grün gefärbten Käfer, der auf dem knochentrockenen Boden geschäftig und fast nervös hin und her lief. Er schob mit seinen schaufelartigen Arbeitswerkzeugen Erdbrocken zusammen und dekorierte den so entstandenen Haufen mit winzigem Astwerk; danach schien er eine Pause einlegen zu wollen, denn der staunende Anaximander sah den Käfer für ein paar Sekunden vor seinem Bauwerk verharren, nachdem er zuvor einen schnellen Kontrollgang um das von ihm Geschaffene absolviert hatte.

Welche Kraft und Planmäßigkeit zeichnet doch schon die kleinsten Geschöpfe der Götter aus, dachte der Philosoph, und eine gewisse, bis zum blauen Himmel hinaufreichende Zufriedenheit kam in seine Gedanken, die – das wußte er aus Erfahrung – die klügere Schwester der Müdigkeit war, der er stets nur zu gern in ihrem Drängen nachgeben mochte. Noch ehe er aber einschlummern konnte, sah er den Käfer auf einmal wie von der Wut getreten in sein Bauwerk hineinlaufen und es systematisch zerstören; an anderer Stelle, nicht weit entfernt, begann er dann mit neuer Arbeit, die auf ähnliche Weise bewältigt wurde wie die soeben so seltsam zum Abschluß gebrachte. Diese Geschäftigkeit, die Anaximander inzwischen gar nicht mehr planvoll erscheinen wollte, schob ihn endgültig in den Schlaf. Im Traum wurde er einmal um die bekannte Welt gejagt, und als er sich anschließend zur Ruhe setzen wollte, trieb man ihn wieder hinaus und schleppte ihn zur Umrundung der unbekannten Welt, was viel länger dauerte, so daß ihn erst ein kleiner, liebevoller Biß des Käfers, der eine Zehe des Philosophen für ein neues Bauwerk verwenden wollte, aus seinem wenig angenehmen Schlummer befreite.

Anaximander wachte auf; er rieb sich die Augen und den leicht malträtierten Fuß; die hoch am Himmel stehende Sonne blendete ihn. Schwankend erhob sich der Philosoph; er fühlte sich wie ausgeraubt, und so ging er – fast sah es wie ein Torkeln aus – auf dem Weg zurück, den er gekommen war.

Ich bin noch nicht wieder da, dachte er. Man hat mich hinweggehoben und Jagd auf mich gemacht; man hat die mir bestimmten Grenzen ins Unbestimmte verschoben, und man scheint sich, noch immer, an meiner Ratlosigkeit zu freuen. Das alles kann und will ich nicht vergessen. Ich muß nachtragend sein; das zumindest ist mir schon klargeworden. An wen aber soll ich mich halten; von wem darf ich Rechenschaft fordern für das, was keiner Erklärung bedarf? Anaximander spürte, daß ihm die Hitze zusetzte – eine geradezu unflätige Hitze, die es nur auf ihn abgesehen hatte, zumal es keine Menschen mehr gab. Er war allein, auf sich gestellt; man hatte ihn verlassen und geärgert, und er würde sich rächen mit den Mitteln, die ihm zur Verfügung standen. Auf einer Anhöhe, die er nie zuvor gesehen hatte, ließ er sich im Schatten eines einzelnen Baumes nieder. Nun wagte er es auch wieder, den Kopf zu heben: Er sah ein Blätterdach über sich, das sich immer weiter in den Himmel hinaufschob. Dort war die Sonne, ein Rad aus Licht und Feuer, das sich in Bewegung setzte und auf seiner Fahrt Strahlenasche zur Erde brachte. Inmitten der Sonne gab es ein Feuerluftloch, und Anaximander fühlte sich auf einmal lächerlich stark und mäuschenhaft sicher. Er holte tief Luft und blies das, was er auf dem Herzen hatte, nach oben zur Sonne, wo es in das Feuerluftloch stieß und für Empörung sorgte. Ein Rauschen erhob sich; der Baum begann zu zittern, und der Philosoph lächelte. Manchmal war es wirklich ein leichtes, Wirkungen zu erzielen. Man mußte nur einmal tief Luft holen, und schon tat sich etwas am Himmel und im Allrad der Sonne. Nun hörte er auch Vogelgeschrei über sich, und während Anaximander noch angenehmen Gedanken nachhing, klatschte ihm ein warmes und klebriges Geschoß in die Halssenke, wo es verlief und herzhaften Gestank verbreitete. Das ist die Rache des Himmels, dachte der Philosoph. Er bedient sich, wenn er in unbotmäßiger Weise bedacht wird, der Vögel und zwingt sie zum Abwurf der Notdurft über dem, der sich aufmüpfig zeigt. Das darf man und muß man gerecht nennen.

Anaximander verließ die Anhöhe, die ihm nun wie eine altvertraute Erhebung erscheinen wollte. In der Ferne verlor sich das Land im Dunst über dem Meer. Dem Philosophen war es, als ob er schwebte; dabei schritt er über strohtrockenem Boden und hatte Blasen an den Füßen. Ein Vogel stellte ihm nach, schien ihn in eindeutiger Absicht umkreisen zu wollen, um noch etwas loszuwerden; mit gelbdummen Augen starrte er auf den Philosophen herab, stand über ihm in der Luft. „Nein, nicht schon wieder!" rief Anaximander aus und duckte sich unwillkürlich. „Ich habe doch längst begriffen und zeige mich unendlich einsichtig." Das schien zu guter Letzt auch den Vogel zu überzeugen, denn er hielt nun seine Mission für vollbracht und drehte ab. Anaximander stapfte zu Tale; er wollte nach Hause, obwohl er wußte, daß er sich auch dort nicht mehr so recht sicher fühlen konnte. Als er endlich die Dächer von Milet, seiner Heimatstadt, sah, atmete er auf. Zu Hause angekommen, machte er es sich bequem; der Kopf tat ihm weh, und vor den Augen zogen schwarze Punkte vorbei; trotz allem aber war der Philosoph Anaximander nicht unzufrieden, und als es ihm später so vorkam, als sei er wieder in sein früheres Dasein zurückgerutscht, beschrieb er den Sachverhalt, der ihm widerfahren war, in der Sprache des Philosophen – sie ist angehalten, nur den sich andrängenden großen Ergebnissen Aufmerksamkeit zu schenken – wie folgt: „Ursprung der Dinge ist das Unendliche. Woraus aber den Dingen das Entstehen kommt, dahinein geschieht ihnen auch der Untergang nach der Notwendigkeit. Denn sie zahlen einander Sühne und Buße für ihr Unrecht nach der Ordnung der Zeit."

Parmenides

Der Philosoph Parmenides, der, den versprengten Chronisten zufolge, im sechsten Jahrhundert vor Christus in Elea, im unteren Italien, gelebt und sich besonnen haben soll, war den Dingen und Menschen gegenüber von jeher ungnädig gestimmt; sie machen sich breit in den Räumen, dachte er öfter, verstellen den Blick, drohen durch schiere Anwesenheit. Was er, Parmenides, suchte, war die vollkommene Weite einer noch unberührten Landschaft; keine Menschen sollte sie bergen, keine unnützen Gegenstände, wie leergefegt sollte sie sein, diese Landschaft, eine zur endlosen Ebene werdende Berg-und-Tal-Senke, die in sich ruhte und im Sonnenlicht stand. Im Traum hatte er schon einmal gesehen, was er suchte. Er war in der nachlassenden Hitze der Tage eingeschlafen unter einem Baum, und im jäh einsetzenden Traum geriet er alsbald in Bewegung; er wurde gefahren, verließ das Haus der Nacht. Abseits vom Wege der Menschen sah er nun, was er sehen wollte, aber es ließ sich nicht halten. Parmenides wurde wach, weil Viehzeug auf ihm krabbelte; er öffnete die Augen, sah durch die schüttere Baumkrone hindurch den sich dunkel färbenden Himmel, den es kaum kümmern konnte, wenn man ihn wieder und wieder mit Lichtern behängte. Mühsam erhob sich der Philosoph; seine Glieder schmerzten, und ihm kam es vor, als habe ein steinalter Mann sich breitgemacht in ihm. Ich habe die Merkzeichen gesehen, dachte er, Merkzeichen des Bleibenden, Einen, das ich selber nicht bin. Schade. Wer fängt die Dinge auf, wenn sie ins Nichts stürzen, wer beordert die Menschen ins Grab, wem obliegt jede zeitlose Wiederkehr? So bleibt nur noch Kunde von dem Wege, daß das Sein ist.

Wie sein Kollege Heraklit hatte Parmenides auch einen Namensvetter, einen berufsmäßigen Spaßmacher, der seine Künste vor genügsamem Publikum vorführte. Dieser andere Parmenides, von dem der Philosoph erst spät Kenntnis erhalten hatte, kam eines Tages in einen kleinen Ort in der Nähe von Elea. Dort hatte der Philosoph bei einem wohlhabenden Freunde den Abend verbracht. Parmenides, dem das Sein selbst mittlerweise zu einem guten Freund geworden war, hatte anschließend seinen Rausch ausgeschlafen, und er wurde nun, am späten Morgen, von Vogelgezwitscher geweckt, das bis zu seiner Bettstatt hin schlug.

Er taumelte ins Freie und ging in Richtung des blödsinnigen Lachens, das ihn auf dumpfe Weise neugierig machte und ärgerlich stimmte. Er kam an einen kleinen Platz, der von Menschen umsäumt wurde, die Parmenides, dem nun die Augen klarer geworden waren, wie die eigentlichen Entdecker der Einfältigkeit vorkommen wollten. Sie waren es, die das Gelächter anstimmten und sich in Zurufen ergingen. Der Grund ihrer Heiterkeit aber war der andere Parmenides, der Spaßmacher: er mühte sich vor ihnen ab, schnitt alberne Grimassen, die auf seinen Namensvetter, den Philosophen, der den ihm fremden Witzbold sofort erkannte, wie Drohgebärden wirkten. Der Spaßmacher schien eine altvergessene Verzweiflung überspielen zu wollen; er schlug Purzelbäume, die ungemein kraftvoll und tolpatschig aussahen; er spiegelte die Sonne ab von seiner hellbunt gefärbten Nase; er johlte und gurgelte, und sein Reden – er versuchte sogar zu reden – war herrlich fordernd und unverständlich. Die Menschen lachten und sparten nicht mit Beifall. Auf einmal aber kehrte für einen Augenblick Ruhe ein, so als sei eine Art Denkpause angesagt, die möglicherweise nur ihm, dem hinzustoßenden Philosophen, gelten mochte, der jetzt von den Zuschauern wahrgenommen wurde – und auf einmal war die Denkpause beendet, und das unerhört-dämliche Gelächter brandete wieder auf, das nun allerdings dem anderen Parmenides galt, dem Philosophen, denn der war fast gänzlich unbekleidet und stand so vor ihnen, wie er die letzte Nacht verbracht hatte; in scharfsinnig-trunkener Nacktheit. Parmenides rannte davon, und der andere Parmenides lachte mit den ihn befeuernden Schaulustigen hinter ihm her. Im Hause seines Freundes angekommen, schrieb der Philosoph dann einen Satz nieder, den bis heute keiner so recht verstanden hat: „Halte von diesem Weg des Suchens den Gedanken fern, und es soll dich nicht vielerfahrene Gewohnheit auf diesen Weg zwingen, walten zu lassen das blicklose Auge und das dröhnende Gehör und die Zunge."

Einige Tage später saß Parmenides am Fluß und ließ seinen Gedanken ihren Lauf. Die aber waren träge und kreisten in sich, was an der spätsommerlichen Wärme liegen konnte, die alle lähmte, oder an dem seltsamen Umstand, daß der Philosoph seit ein paar Tagen Zweifel hatte, Zweifel an seiner eigenen Person. An einem beliebigen Morgen war er nach dem Aufstehen vor einem beliebigen Spiegel stehengeblieben, aus dem ihm aber kein alter Bekannter entgegenstarrte, sondern nur ein sehr alter und sehr fremder Mann, der ihm wie eine leibhaftige Drohung vorkam. Parmenides rieb sich die Augen, aber es änderte sich nichts; der Greis da vor ihm blieb und war stumm. So alt bin ich wahrhaftig noch nicht, dachte der Philosoph – oder sollte ich mich da traurigerweise schon irren? Vielleicht sind die Jahre dahingeflogen in göttlich-rasender Eile, ohne daß es die Sterblichen, zu denen ich zähle, bemerkt hätten.

Seit jenem Morgen hatte der Philosoph, wie gesagt, seine Zweifel, und während er am Flusse saß und ein stiller und warmer Wind ihm wie zum Trost über die Haare strich, kamen ihm seine Zweifel auf einmal sehr sinnvoll und nützlich vor. Er sah Kinder im Fluß, die sich freuten, und es war ihm, als würde er von herrlichen Frauen, die alle bereit gewesen wären, seine Mutter zu werden, zurückgetragen zum Garten der Zeit.

Natürlich träumte er längst, das ließ der Tag sich nicht nehmen, und während die eine, nun wieder selbstsichere Stimme in ihm sich im Zuspruch verlor, machte man ihn bis auf Widerruf – glücklich.

Heraklit

Der Philosoph Heraklit, ein wenig jünger als sein Kollege Parmenides, dem er in manchem ähnelte, mochte die Menschen nicht sonderlich, wofür er gute und hochfahrende Gründe ins Feld führen konnte. Immer nämlich waren sie ihm dumm dahergekommen, sie taumelten festen Schrittes in einem beizeiten bloßgelegten Leben umher, suchten nach Wahrheiten, die ihnen von anderen aufgeschwatzt wurden; sie lärmten in redlicher Stille, zitterten vor Angst, wenn es laut wurde unter der Sonne und der Himmel zu dröhnen begann. „Zu den Götterbildern beten die Menschen", hatte Heraklit aufgeschrieben, „wie wenn einer mit Häusern redete; sie kennen Götter und Heroen nicht nach ihrem eigentlichen Sein" – und als es ihm eines schlechten Tages zuviel wurde, machte er sich auf ins Gebirge. Anfangs nahm er die Anstiege schnell, noch war er bei Laune und Luft und fühlte sich wie in Härte befreit, aber dann wurde er langsamer, und ein heimtückischer Schmerz drückte ihm auf Herzblatt und Kopf. Weit unter ihm lag die Stadt Ephesos, in der er lebte, eine Stadt mit besonders dümmlichen Menschen, wie er fand – und die Einsamkeit, in der Heraklit sich befand, wollte ihm nun mit einem Mal nicht mehr gefallen. Ein böiger Wind pfiff über die Höhen und ließ den Philosophen frösteln. Er fand eine Höhle, die ihm gerade recht kam für eine erste unabdingbare Rast. Unweit des Eingangs, aber geschützt vor dem unfreundlichen Wind, hockte er sich in eine Felsnische und wartete auf bessere Gedanken. Die aber wollten sich nicht einstellen, im Gegenteil: Der Wind wurde noch stärker; er schien sogar um Ecken wehen zu können und blies dem Philosophen, der an ein Feuer dachte, das zerstörerisch ist, vorbehaltlos wärmt, hinterrücks unters Gewand. Heraklit war nun gänzlich verärgert; er erhob sich, wobei er noch immer an ein gutes und wärmendes Feuer dachte, nicht aber an die steinerne Höhlenwand über ihm, mit der sein Schädel nun aneinandergeriet und schmerzhafte Bekanntschaft machte, so daß er für einen langanhaltenden Moment der Wahrheit keine Gedanken mehr ins Feuer werfen konnte, sondern nur noch eine Vielzahl von farbenprächtigen Sternen sah.

Als Heraklit endgültig das Freie erreicht hatte, atmete er auf; der Kopf brummte ihm, aber er freute sich auf die unnachahmlich dummen Menschen im Tal und in der Stadt. Es störte ihn auch nicht weiter, daß er beim Abstieg in den trockenen Dungkegel einer Bergziege trat, der, wie sich herausstellte, so trocken nicht war und aufquoll, um Sandale und Fuß, die ihn getreten hatten, mit grün-weichen Duftschnüren behängen zu können.

Auch der Wind hatte sich eines Besseren besonnen; er schob den Philosophen die Hänge hinunter, und Heraklit dachte: Es täuschen sich die Menschen – fast immer – in bezug auf die Einsicht in das Offenbare, aber, fügte er unaufgefordert hinzu, es gleicht schierer Notwendigkeit, daß die Menschen beieinander hausen wie verantwortungslos-gesellige Tiere. Das muß wohl so sein und verdient den Beifall müde gewordener Götter. Am gleichen Feuer wärmen wir uns, wenn es denn da ist, und es überzieht das Seiende mit wohlbedachter Zerstörung. Einer wird des anderen Feind, weil keiner besser sein kann als die Leiberflut, die mit ihm ist.

Am nächsten Tag ging es dem Philosophen besser; sein Schädel knarzte nicht mehr, und die leichten Kopfschmerzen, die er hatte, waren ihm fast schon zur lieben Gewohnheit geworden. Nach dem kargen Frühstück setzte er sich ein wenig in den Schatten; er überlegte, ob er sich ein zweites Schläfchen gönnen sollte, als er auf einmal gestört wurde: Koskotas, ein Bekannter, der ihm zuweilen zu Diensten war, erschien und teilte ihm mit, daß der andere Heraklit, ein Namensvetter des Philosophen, den dieser immer schon einmal kennenlernen wollte, in der Stadt sei und sich anschicke, einen seiner wahrhaft seltsamen Auftritte in Szene zu setzen. „Das muß ich sehen", sagte Heraklit. „Ich komme mit dir." Der andere Heraklit war ein Verrückter, wie man sagte; ein ernst zu nehmender Kauz und nahezu gewalttätiger Sonderling, der früher einmal, wie der andere Parmenides, als Spaßmacher durchs Land gezogen war, ehe ihn dann eine endgültige Traurigkeit überkam, die es mit sich brachte, daß ihm die üblichen Späße vergingen. Gleichwohl pflegte dieser aus der Bahn geratene Heraklit immer noch sein ihm Gewohnheit gewordenes, ruheloses Leben von früher; er kam in die Städte und Dörfer und trat dort auf wie ein gescheiterter Spaßmacher, der sich vergeblich bemühte, im Hoffeld metaphysischer Ernsthaftigkeit und gedanklicher Strenge seßhaft zu werden. Mit finsterer Miene ging er auf und ab, und alsbald bildete sich um ihn herum eine kleinere Menschenmenge, die ihn in die Mitte nahm, so daß er sein Hin- und Hergehen zum Kreisgang machen mußte, bei dem man ihn mit allerlei Zurufen versorgte, die er aber gänzlich zu ignorieren schien, bis er dann das tat, was man von ihm kannte und immer erwartete: Urplötzlich stieß er einen dumpfen Schrei aus, ein Mittelding zwischen einer laut herausgegurgelten, unflätigen Drohung und einem aus dem zweiten Gedankenschlund aufschießenden Rülpser – und die Leute, obwohl sie wußten, was sie erwartete, erschraken, zuckten zusammen und machten sich Mut im hilflos-verlegenen Lachen.

Als Heraklit, der Philosoph, dieses seltsame Schauspiel, von dem er gehört hatte, endlich einmal auch selbst zu Gesicht bekam, wußte er nicht, was er davon halten sollte; zweimal hatte sein Namensvetter schon in die Runde geröhrt, und beim dritten Mal brüllte er direkt den ihm gegenüberstehenden Philosophen an, so laut und unvermittelt, daß der nicht nur zusammenzuckte, sondern auch zu zittern anfing, als setze ihm auf einmal fremdländische Kälte zu.

Als Heraklit sich wieder beruhigt hatte, dachte er nur: Dieser Mann ist zweifellos besonders dämlich, aber er hat auch, und das ist gewiß, etwas ganz Unschätzbares für sich.

Demokrit

Der Philosoph Demokrit war in die Jahre gekommen, und das Alter setzte ihm zu mit Beschwerden. Seine Knochen knackten, auch wenn er sich gar nicht bewegte, Rücken und Brustkorb schmerzten ihn, die Hände zitterten. Auch die Gedanken waren nicht mehr das, was sie mal waren: Sie traten als Erinnerungsbilder auf, die es eilig hatten; der Mensch, dem sie galten, schien schon tot zu sein: ein lebendig Gestorbener, der sich vor langer Zeit einmal am Erkennen der Welt versucht hatte. Nein, das Alter war nicht schön, das mußte Demokrit sich eingestehen. Der Tod hätte ihn längst abberufen sollen; es wäre einer Art Befreiung gleichgekommen. Seltsame Freuden und Torturen bezog der Philosoph nur aus dem Umstand, daß auch Philomela, seine Schwester, noch lebte: Sie, die inzwischen wohl achtundneunzig Jahre alt war und halbblind, wohnte mit ihm in seinem Haus und gab vor, ihn zu pflegen. Dabei bedurfte sie eigentlich selbst intensiver Zuwendung; oft stolperte sie, fiel über die eigenen Füße; sie sabberte und brabbelte, und manchmal weinte sie, nur so zum Spaß, oder riß sich die Haare büschelweise aus. Der Mittelpunkt ihres verschatteten Lebens war der Bruder; wenn Philomela ihn sah, kam ein boshaftes Leuchten in ihre Augen, und sie wurde geschäftig. Demokrit war ihr zum Pflegefall geworden; er lebte noch, mehr schlecht als recht, und sie hatte sein Ende vorzubereiten. Dabei ging sie so liebevoll vor, wie sie konnte; sie rührte ihm einen Brei an, von dem sie genau wußte, daß er ihn verabscheute; sie brachte ihm Essigwasser, wenn er nach Erfrischungen verlangte, und sie legte ihm warme Brotfladen auf, um die Kopfschmerzen zu vertreiben, die Demokrit immer erst nach dieser Behandlung bekam. Philomela hielt sich für barmherzig, und wenn sie es besonders gut meinte, dann mühte sie sich sogar, dem Bruder ein philosophisches Gespräch aufzuzwingen. Der geriet dann ins Schwitzen, wurde puterrot im Gesicht und fing an zu stammeln; ihn durfte man drangsalieren, aber die Philosophie, der noch die präzisesten seiner abgelebten Erinnerungen galten, sollte seine Schwester verschonen. Dafür schien er noch kämpfen zu wollen; er bäumte sich sogar auf und wurde, wenn es denn ging, laut und drohend.

Philomelas Existenz bedeutete für Demokrit eine tägliche Qual, die ihn zugleich mit scharfzüngiger Lebensfreude versorgte; auch wenn er litt, wie nur ein versehentlich am Leben gebliebener Greis leiden konnte, dem abartig-komische Drangsal zugedacht war: Seine Schwester mochte er nicht missen. Mit stillem Vergnügen registrierte er ihre täglichen kleinen Unfälle: Sie stolperte, verschüttete das ihm zugedachte Essigwasser; bei ihren Versuchen, im Garten hinter dem Haus für Ordnung zu sorgen, geriet sie in Disteln oder verfing sich in einer wuchernden Dornenhecke; sie fiel aus dem Bett, wenn ihr üble Träume zusetzten, und doch blieb sie im Grunde unverletzt, ja unbeteiligt. Das Leben konnte ihr nichts mehr anhaben, und der Tod ließ auf sich warten. Wenn er denn kommen würde, eines Tages, mußte er den Bruder holen, das stand für Philomela fest; ihre Aufgabe war es, ihm die letzten Tage so unangenehm wie möglich zu machen. Demokrit hatte schon oft überlegt, woher dieser ihm so innig zugeneigte Haß seiner Schwester stammte, aber ihm war kein Ereignis in den Sinn gekommen, von dem man hätte annehmen können, daß es den tieferen Grund für ihr merk- und denkwürdiges, an unerbittlicher Übellaunigkeit ausgerichtetes Verhalten in sich barg. Gewiß, der Philosoph hatte, als er noch kein Philosoph war, sondern nur ein kleiner Junge, seine Schwester gelegentlich verprügelt; aber diese Vorfälle gehörten zur Normalität geschwisterlicher Verständigungsbemühungen, bei denen es Mißverständnisse gab. Zugegeben: Demokrit hatte seine Schwester einige Male am Türpfosten angebunden und mit Dungstreifen behängt; es war auch vorgekommen, daß er ihr die Haare abschnitt, Nadeln in die Kleider steckte oder ab und zu einen kleinen Skorpion in ihr Bett setzte. Diese Geschehnisse jedoch lagen weit, sehr weit zurück, und sie boten keinerlei Anhaltspunkt für eine Erklärung der späten Ungezogenheit, die Philomela ihrem Bruder gegenüber an den Tag legte. Es mußte ein anderes Motiv geben, und manchmal war Demokrit der Meinung, daß er es längst kannte; er hatte es nur, wie so vieles im Leben schon, schlicht vergessen.

Die Sonne stand hoch am Himmel, und kein Lüftchen rührte sich. Es mochte früher Nachmittag oder ganz später Vormittag sein, wen interessierte das schon. Demokrit saß im Garten, und wie immer fror er ein wenig; er hatte sich in eine Decke gehüllt. Daß es eine Zeit gab, die verging, merkte er nur noch an der Gegenwart seiner Schwester. Sie, die ihm im Alter am nächsten war, verstand es, das Gleichmaß der Stunden aufzubrechen; ihre Anschläge, die seiner Gesundheit galten, waren auch gegen die ihnen gemeinsam auferlegte Zeit gerichtet: Philomela wehrte sich noch gegen die schiere Vergänglichkeit, wobei sie sich heimlicher Tücke bediente, die sie im Dienst nachzutragender Gerechtigkeit an ihren Bruder vergab, dem es kaum mehr einfiel, Widerstand zu leisten oder den verfallenden Stunden ein Ärgernis zu sein. „Oft ist das lange Leben nicht ein langes Leben, sondern ein langes Sterben", hatte Demokrit vor Jahren geschrieben, und das war einer der Gedanken, an die er sich noch erinnerte. So starb er denn, Demokrit, und war noch nicht tot; seine Schwester wachte über ihn, und es blieb der weite fugenlose Himmel, der in Ordnung war, weil er die Ordnung verkörperte und ins Sichtbare hinein verzerrte. Demokrit gähnte. Ihm fiel auf, daß er länger nichts von seiner Schwester gehört hatte; weder war sie mit Essigwasser gekommen noch mit dem mörtelähnlichen Brei, den sie für seine Fütterung zuzubereiten pflegte. Es war sehr still, im Garten und im Haus, aber da gab es auch schon einen dumpfen Schlag, so als müßte die unheimliche Ruhe endlich und sofort aufgebrochen werden. Wer ist denn da umgefallen? dachte der Philosoph. Das kann doch nur Philomela sein, die sicher, wie immer, gleich wieder aufstehen wird. Aber nichts geschah; alles blieb ruhig. Demokrit machte sich auf einmal Sorgen; wenn seiner Schwester, die nach ihm zu sterben hatte, nun doch etwas zugestoßen war? Er erhob sich mühsam und schlurfte ins

Haus: Ja, da lag sie, Philomela, hingestreckt auf dem Küchenboden, die Augen geschlossen, und in der Hand hielt sie noch eine Schale mit Brei, die erstaunlicherweise unversehrt geblieben war. Der Philosoph beugte sich über sie. „Meine Schwester", rief er ängstlich, „was ist dir?" – und Philomela wurde umstandslos wach. Als sie ihren Bruder sah, kam das gewohnt boshafte Leuchten in ihren Blick, und sie nahm die Schale und drückte Demokrit den Brei ins Gesicht. „Es ist Zeit für dich zu essen, Bruder", krächzte sie. „Entschuldige, daß es etwas länger gedauert hat. Aber dafür habe ich dir auch wieder deine Lieblingsspeise bereitet, die du so gerne ißt."

Sokrates

Der Philosoph Sokrates hatte, ganz gegen seine sonstigen Gewohnheiten, kräftig getafelt und dem Wein zugesprochen. Nun fühlte er sich voll und überschwer; er wollte nach Hause, obwohl dort sein Weib, die allseits gefürchtete Xanthippe, auf ihn wartete, der es immer wieder gelang, den Philosophen aus dem Hause zu treiben – ihn hinauszubringen auf die Straßen und Plätze, wo er die Leute dann in endlose Gespräche verwickelte, die tiefsinnig und verwinkelt genug waren, um ihm, Sokrates, die Zufriedenheit zurückzugeben. So war es ihm mit der Zeit gelungen, die Tiraden seiner Frau fast ganz zu vergessen; er vertiefte sich in das strenge Spiel der Gedanken, die er nicht für die Ewigkeit zurüsten wollte, sondern für jene vergängliche und verräterische Zufriedenheit benötigte, der mancherorts auch das Signum des Glücks aufgezwungen wird.

An diesem Tag allerdings wollte Sokrates nur noch ins Bett; mit jedem Schritt verstärkte sich ein unangenehmer Druck im Oberbauch, der zur Körpermitte hin ausstrahlte und sich bald schon, das wußte der Philosoph, auf natürlichem Wege und mit gedankensprengender Wucht Entladung verschaffen würde. Die Alte kann mich jetzt gar nicht mehr schrecken, dachte er. Heil ankommen ist alles. Und – möglichst unbefleckt bleiben. Möge der Himmel geben, daß mir keiner meiner allzeit disputierwilligen Freunde begegnet; man sollte mich nicht stören auf meinem schnellen und zielsicheren Marsch an einen Ort, an dem man Erleichterung finden kann und das Beschwerliche hinter sich lassen darf.

In diesem Augenblick bogen seine Schüler Protarchos und Philebos um die Ecke; sie waren im Gespräch begriffen und kamen direkt auf ihn zu. Sokrates versuchte, sich in eine Hausnische zu drücken, aber da hatten ihn die beiden auch schon erspäht und eilten herbei, um ihn zu begrüßen. „Mein lieber Sokrates!" rief Philebos. „Gerade sprachen wir von dir." „Und – über die Lust!" fügte Protarchos lachend hinzu. „Ein treffliches Thema", sagte Sokrates und lächelte gequält. „Schon immer wollte ich darüber mit euch reden." Ihm war es, als ob emsig-winzige Handwerker sich in seinem Bauche zu schaffen machten; man nagelte und nörgelte in seinem wehrlosen Innern, man hämmerte und klopfte. „Ich wies soeben darauf hin, daß für alles Lebendige das Wohlbefinden gut sei", sagte Philebos. „Und die Lust und das Vergnügen und was sonst mit dieser Gattung zusammenstimmt." – „Wie wahr", seufzte Sokrates. „Von unserer Seite aber ist das Bedenken", ergänzte Protarchos, „daß vielleicht doch nicht dieses, sondern das Vernünftigsein und das Erkennen und Sicherinnern und, was wiederum hiermit verwandt ist, richtige Meinung und wahrhaftige Folgerungen besser sein mögen als Lust und trefflicher für alles, was nur daran teilnehmen kann. Behaupten wir nicht dieses ungefähr, o Philebos, von beiden Seiten?" „Ganz unstreitig", sagte Philebos. „Im übrigen scheinst du mir etwas blaß um die Nase herum zu sein, mein guter Sokrates." „Nicht nur um die Nase herum", meinte der Philosoph. „Mir ist, ehrlich gesagt, nicht zum allerbesten." „Gerade dann solltest du dich unserem Gespräch anschließen", rief Protarchos fröhlich aus. „Dir allein gelingt es doch immer wieder, in der bloßen Klugheit jene Vernunft aufleuchten zu lassen, die der König ist des Himmels und der Erden." „Nicht schlecht", ächzte Sokrates und versuchte, sich Luft zu verschaffen. „Dieser Ausspruch kommt mir bekannt vor." „Du selbst hast ihn getan", sagte Philebos. „Ich habe dem kaum etwas hinzuzufügen", sagte der Philosoph. „Wenn ihr mich jetzt bitte entschuldigen wollt . . ."

„Aber ich bitte dich, Vortrefflicher", sagte Protarchos. „Du hast dich noch gar nicht zu dem geäußert, was wir über die Lust vortrugen." „Nehmt an und nehmt hin, daß mir dazu im Moment wirklich die Lust fehlt", sagte Sokrates, dem nun schlecht und elend war. Nicht nur in seine Eingeweide brannte man eine eigene und zutiefst bittere Wahrheit ein, sondern auch in seinen armen gemarterten Kopf, zu dem immer wieder heimtückisch kleine Wogen mit den übelsten Körpersäften aufschlugen, die sich, stand zu befürchten, zu wahren Brechern auswachsen würden. Ich werde mich übergeben müssen, dachte er, und was meine Leibesmitte angeht, so bin ich immer noch weit vom rettenden Ort entfernt. – „Nur ein Wort noch, mein Meister", sagte Philebos. „Gib uns eine einzige, wohlgesetzte Orientierung – und wir wollen, wenn wir es denn müssen, ohne dich fortfahren." – „So sei es denn", seufzte Sokrates und beschleunigte seinen Schritt. „Die Lust, weiß ich, ist ein gar krauses Ding, und wir sollten anfangen, daranzugehen und zuzusehen, was für eine Natur sie eigentlich hat. Denn wenn man es so hört, ist sie freilich ganz einfach nur Eins, aber vielfältige Gestalten nimmt sie doch an, die einander auf gewisse Weise unähnlich sind . . ." „Mir scheint, du hast heute wirklich nicht deinen besten Tag, Verehrtester", sagte Philebos. „Geh nur und suche dich ein wenig auszuruhen." – Sokrates war mittlerweile in einen leichten Zuckeltrab verfallen, und die gleichmäßige Bewegung schien ihm gutzutun; er fühlte sich erstaunlicherweise merklich besser. „Ich eile, um mir eine kleine schöpferische Pause zu gönnen, meine Freunde", rief er im Laufen und schaute sich noch einmal zu Philebos und Protarchos um. „Reden, die ich schon lange gehört habe im Traume oder auch wachend, fallen mir jetzt ein über Lust und Einsicht. Ich glaube, daß keines von beiden das Gute ist, sondern ein anderes Drittes, das von ihnen verschieden ist und besser als beide. Ob wohl einer von uns, ihr klugen Kinder, so leben möchte, daß er zwar alle Einsicht und Vernunft und Wissenschaft und Erinnerung von allem hätte, Lust aber weder viel noch wenig genösse und ebensowenig Unlust, sondern für dieses alles ganz unempfänglich wäre?"

„Was meint er nur?" fragte Protarchos. „Was er meint, weiß ich nicht", sagte Philebos nachdenklich. „Aber ich weiß, daß es eine Lust ist zu leben. Sie steigt uns nur – leider – viel zu selten zu Kopf."

Platon

Der Philosoph Platon war noch einmal nach Sizilien gekommen, um zu seinem geheimen Lieblingsplatz aufzusteigen, einer aschgrauen Sichtmulde an den Hängen des Ätna-Kraters. Hier oben, unweit der Stelle, wo sich Platons Kollege Empedokles einst zu Tode gestürzt hatte, waren dem Philosophen stets ungewöhnlich milde Gedanken gekommen. Vielleicht lag es an dem Ausblick, den die Höhe eröffnete: Das Land zu Platons Füßen glühte im Dunst; das Meer, übersät mit weißen Punkten, erstreckte sich bis an den Rand der bewohnten Welt, und der Himmel über dem Berg war ein blau-grauer Rauchfang, der sich jäh absenken konnte und auf die Köpfe drückte. Ab und zu regnete es Feuer; Dämpfe stiegen auf und verströmten ein würziges Düftchen, in dem man ausdauernd husten durfte und, wie von stechenden Gedankenblitzen erwirkt, Tränen der Freude in die Augen bekam. An diesem Tag allerdings konnte der Philosoph der Aussicht nicht viel abgewinnen; er hatte sich geärgert, und beim Anstieg in die oberen Regionen des großen Vulkans gingen ihm finstere Gedanken im Kopf umher. Entsprechend schwer war sein Schritt; er verspürte Atemnot, und für wenige Momente hatte er das Gefühl, daß ihm wohl doch nicht das lange Leben beschieden sein würde, welches ihm nur wenige wünschten und die meisten wohl zutrauten. Platon war eine Bemerkung seines Schülers Kephalos zu Ohren gekommen, der einem neugierigen Menschen, dem die Aufgabe oblag, etwas über den Philosophen zu schreiben, den Schlußsatz mit auf den Weg gegeben hatte: „Und übrigens: in seinem ganzen Leben hat ihn kein einziger je lachen gesehen . . .“ Platon hatte sich über diese Bemerkung nicht nur geärgert, sondern auch betroffen gezeigt; sie schien ihm wie eine kaum zu durchschauende Scheinwahrheit, die Zustimmung beanspruchte, aber jeder Grundlage entbehrte.

Natürlich war er kein Meister des Frohsinns; Witzeleien ließen sich mit dem heiligen Ernst, der sich über die Philosophie gelegt hatte, nie und nimmer in Einklang bringen. Was ihn, Platon, aber besonders empört hatte, war der Umstand, daß Kephalos, den er für einen relativ begabten Schüler gehalten hatte, gar nicht begriffen zu haben schien, warum sich das dümmliche, fauler Ratlosigkeit abgelauschte Lachen nicht mit dem wahren Denken, dem unerbittlichen Bemühen um Wahrheit, zusammenbringen ließ. Hatte er denn nicht gelesen, Kephalos, ein kleines Plappermaul vor dem Herrn? – In Platons Buch „Der Staat", Pflichtlektüre der ersten Stunde für seine Schüler, stand es doch ein für allemal geschrieben; mit dem Lachen mußte man vorsichtig sein, und die Götter selbst hatten ein Auge darauf. Sie durften sich, sehr zu Recht, vergrätzt zeigen über einige der sogenannten Dichter unter den Menschen, die maßlos geworden waren in ihrer Dreistigkeit und es wagten, den Göttern menschliche Eigenschaften und Schwächen zuzuschreiben. Darüber mochte man feixen, über das Tölpelhafte an Gott, und das Gelächter schlug zurück wie eine Woge verschwätzter und verderblicher Bestätigung. Hatte nicht er, Platon, in seinem Buch Sokrates daraufhin die „Tatsache" beklagen lassen, „daß die Dichter Götter und Helden mit allen unseren Schwächen zeigen und uns von eidbrüchigen Gottheiten sprechen, die sich von Wut hinreißen lassen, von Helden, die weinen, und Göttern, die lachen ..."? Und Sokrates, der gehalten war, die Rede zu halten, die Platon ihm schrieb: „Es ist unziemlich, allzusehr dem Lachen zugeneigt zu sein, und man kann nicht gutheißen, wenn Homer Verse dieser Art schreibt: ‚Unauslöschliches Lachen erregt es, den Seligen keuchend/Rund um den Saal des Hephaistos als Schenken watscheln zu sehen.' – Ich denke, daß solche Dinge, auch wenn sie wahr sind, Kindern oder unreifen Personen nie erzählt werden dürften, sondern es wäre angemessen, sie zu verschweigen ..."
So die – Worte des Sokrates, die ihm Platon selbst in den Mund gelegt hatte; Kephalos schien sie vergessen oder, noch schlimmer, gar nicht verstanden zu haben. Wozu hat man Schüler, dachte der Philosoph, wenn sie letztlich doch nicht

begreifen, was angesagt ist? Allmählich wurde er ruhiger. Ein leichter Wind kam auf und kühlte seine erhitzte Stirn. Von seiner Sitzmulde aus konnte er eine kleine, kugelrunde Wolke sehen, die regungslos über einem der Nebenkrater stand und ihn anzustarren schien. Er lehnte sich zurück und schloß die Augen. Mit einem Mal war es ihm, als würde er hinübergetragen in die Wolke, die sich auseinanderschob und eine Anhöhe zu erkennen gab. Auf ihr saßen beleibte Richter, die über die Toten zu urteilen hatten. Die Gerechten schickten sie in den Himmel, die Ungerechten wiesen sie zur Erde zurück. Um sie herum war so ein lebhaftes Treiben entstanden: Man sah Seelen, denen das Urteil gesprochen war, fortziehen, während andere wieder zurückkehrten. Wer von der Erde kam, war voller Rauch und Schmutz; wer vom Himmel herabgestiegen war, schien in seltsam nachgiebiges Licht getaucht. Als der dickste der Richter Platon erblickte, winkte er ihn zu sich heran. Zögernd kam der Philosoph näher; der Richter, der von nahem wie ein heimtückisches Reptil aussah, beriet sich mit seinen Kollegen und zeigte dann mit dem Daumen abwärts. „Nein", sagte Platon, „das kann ich nicht akzeptieren." Er wollte auf dem Absatz kehrtmachen, aber da geriet er ins Rutschen. Er fiel, und die Richter freuten sich königlich. Ein schwefliger Wind strich ihm übers Gesicht. – Als er die Augen aufschlug, lag er in einer Geröllwanne, etwa einen Steinwurf weit unterhalb seiner Sitzmulde. Ich bin aus meinem Nest gefallen, dachte er. Rechtzeitig, bevor das Jüngste Gericht sein Urteil vollstrecken konnte. Plötzlich mußte er lachen; er lag da und lachte wie nie zuvor, und nachdem er sich die Tränen vom Gesicht gewischt hatte, stand er auf und klopfte sich die Asche aus den Kleidern. „In meinem ganzen Leben also hat mich kein einziger je lachen gesehen", murmelte er grimmig. „Daß ich nicht lache!"

Diogenes

Der Philosoph Diogenes von Sinope saß in seinem Faß und lauschte dem selten gewordenen Jahresregen, der seit einer knappen Stunde herniederging. Alles schön und gut, dachte der Philosoph, gibt es sanftere Klänge als die des herab streichenden Wassers, das den Menschen die erhitzten Köpfe kühlt und Balsam ist auf den Rißwunden der Erde? Alles schön und gut – aber es regnet herein; mein Faß scheint undicht zu sein. Dabei bewohne ich es doch erst neunzehneinhalb Jahre. Kann es sein, daß ich – nach so kurzer Zeit – schon ein neues Faß benötige? Er fühlte sich unbehaglich; klammheimlich breitete sich Nässe aus in seiner Hausröhre, und aus gegebenem Anlaß mußte er fürchten, bald wieder vom Zipperlein geplagt zu werden. Diogenes beschloß zu handeln. Am nächsten Tag, an dem freundlicherweise die Sonne schien und seine schmerzenden Knochen wärmte, ging er zu Metrokles, seinem mit Abstand unbegabtesten Schüler, der allerdings ein Import- und Export-Genie von hohen Graden war: Metrokles kaufte und verkaufte alles; sein Haus glich einer ins Phantastische aufgewölbten Rumpelkammer, die früher einmal, so stand zu vermuten, als Lasterhöhle mit einem gewissen Wohnkomfort gedient hatte. „Mein lieber Diogenes", rief Metrokles, der die Überschwenglichkeit für die Hauptugend des Handelsmannes zu halten schien. „Mein lieber Diogenes. Ich freue mich, dich, den größten noch lebenden Freund einer auf den Hund gekommenen Weisheit, in meinem Hause begrüßen zu dürfen. Was kann ich für dich tun?" „Ich brauche ein neues Faß", sagte der Philosoph. „Mein altes hat ein Loch." „Mich wundert, daß du nicht früher gekommen bist", antwortete Metrokles. „Man trennt sich heutzutage viel früher von seinen alten Behausungen. Beizeiten Wohneigentum erwerben, heißt die Devise. Dafür gibt es auch günstige Finanzierungsmodelle.

Wenn du möchtest, kann ich dir . . ." „Wovon redest du?" sagte Diogenes. „Ich will ein neues Faß, mehr nicht." – „Zufällig habe ich heute ein ausgesprochen formschönes Modell hereinbekommen", sagte Metrokles. „Du stehst direkt davor." „Ich sehe nur dich", brummte Diogenes, „und du hast in der Tat etwas Faßähnliches an dir." „Du mußt schon genauer hinschauen", sagte Metrokles. „Dieses herrliche, feinziselierte, rostfarbene Faß, vor dem du dich befindest, ist nicht nur garantiert wasserdicht, sondern auch mit einer speziellen Einbruchsicherung versehen." „So ein Unfug", sagte Diogenes, „wer sollte bei mir, und dazu noch in ein Faß, einbrechen wollen?" „Was weißt du, mein Freund", rief Metrokles aus, „was weißt du von der Schlechtigkeit der modernen Welt. Überall nur Gesindel. Halunken und Diebe beherrschen die Szene. Man klaut heute, wenn ich das so sagen darf, alles, was nicht niet- und nagelfest ist. Da bist du in einem von mir gelieferten Faß vergleichsweise gut dran, denn es hat, wie eben gesagt, einen verblüffenden Mechanismus an sich, eine perfekt funktionierende Einbruchsicherung, die . . ." „Entschuldige, daß ich dich unterbreche", sagte der Philosoph. „Aber bin ich in diesem so sehr gesicherten Faß auch sicher – vor mir?" „Ich weiß nicht ganz, was du meinst, mein Bester", sagte Metrokles. „Willst du das Faß nun haben oder nicht?" „Ich nehme es", sagte Diogenes. „Aber ich habe kein Geld, es zu bezahlen." „Das macht gar nichts", sagte Metrokles. „Erwähnte ich nicht, daß es Finanzierungsmodelle gibt, die auf die Bedürfnisse des einzelnen Kunden zugeschnitten sind?" „Erwähntest du, ja", sagte Diogenes. „Aber gelten deine wundersamen Modelle auch für jene, die kein Geld, geschweige denn sonstiges Eigentum besitzen?" „Gerade für die werden Finanzierungsmodelle gemacht", sagte Metrokles. „Du magst dich in der Philosophie auskennen, mein Freund, aber von Finanzen verstehst du nichts. – Ich liefere dir dein Faß morgen vormittag." „Dann kann ich nur hoffen, daß es heute nacht nicht mehr regnet", murmelte Diogenes. „Leb wohl, Metrokles. Von der höheren Weisheit hältst du dich auf gekonnte Weise fern – aber dafür scheinst du jederzeit Geld zu verdienen, und nur das, fürchte ich, zählt in aschgrauer Zukunft."

Auf dem Heimweg dachte Diogenes über sein Sicherheitsproblem nach. „Es kann keine absolute Sicherheit geben", murmelte er vor sich hin, „das weiß jeder Verteidigungsminister, dem die nötige Einfalt zu Gebote steht. Wenn er sterben soll, stirbt der Mensch, ob im Faß oder in der Tonne; wer mir ans Leben will, wird sich von seinem guten Vorsatz nicht abhalten lassen. Alle Einbrecher aber, so sie sich denn mit mir ins Benehmen setzen wollen, schicke ich von jeher weiter zu dem ebenso vornehmen wie reichen Platon, einem wahrhaft unsympathischen Philosophen: Bei dem gibt es viel mehr zu holen."

Diogenes war, so zu sich selber sprechend, an einen kleinen Platz gekommen. Dort erblickte er einen vierschrötigen Mann, der mit Pfeil und Bogen auf eine in geringer Entfernung stehende Scheibe zu schießen versuchte. Es war Hermippos, der anerkannt schlechteste Schütze der Stadt, der seinen Begabungsmangel durch eisernen Trainingsfleiß zu ersetzen suchte. „Mein lieber Hermippos", rief Diogenes, „ich sehe dich, wieder einmal, bei deiner Lieblingsbeschäftigung. Du lernst es nie, nimm's mir nicht übel." „Übung macht den Meister", brüllte Hermippos zurück, „sagte das nicht ein bekannter Philosoph?" „Das kann nur Platon gewesen sein", brummte Diogenes, „von ihm dürfen wir stets solche trefflichen Weisheiten erwarten". Er sah, wie Hermippos den Bogen spannte und den Pfeil um einige Meter an der Scheibe vorbeifliegen ließ. Diogenes lächelte; hier bin ich zweifellos besser aufgehoben als in jedem einbruchsicheren Faß, dachte er, ging hinüber zur Zielscheibe und setzte sich direkt davor. „Was soll das?" rief Hermippos. „Mein Freund", sagte Diogenes. „Ich kann dir jetzt schon verraten, daß es demnächst eine neue olympische Disziplin geben wird: das Schießen auf den ruhenden Philosophen. Zeig also, was du kannst, und sei mir nicht böse, wenn ich dir sage, daß dies der einzige Ort ist, an dem ich mich sicher fühle."

Aristoteles

Der Philosoph Aristoteles ging, wie fast jeden Tag, im Garten der von ihm begründeten Schule, des Lykeion, spazieren, und er war sichtlich guter Laune, was seine Schüler, die ihm im gewohnten Abstand folgten, erfreute, denn die gute Laune des Meisters bedeutete auch, daß man mehr von ihm zu hören bekam – beiläufige Einsichten zumeist, aber auch hartnäckige Erkenntnisse, die sich aufschwangen zum Bild einer im Menschenkopf ruhiggestellten Welt, in denen nur noch Gesetze galten, die der Philosoph an Götter Statt ausgeheckt hatte. „Nun, wie geht es dir, mein lieber Proklos Diadochos?" fragte Aristoteles und wandte sich an einen seiner Schüler, den er gern mit gutmütigem Spott bedachte. Proklos Diadochos, ein noch junger, gleichwohl rundlicher Mensch, seufzte. „Mir geht es noch immer nicht besser, Meister", sagte er und schaute so traurig drein wie ein auf Diät gesetzter Hund. „Noch immer setzt mir dieses lästige Bauchgrimmen zu, das mich nun schon länger durch meine Tage und Nächte begleitet – und das, obwohl ich doch kaum etwas esse und trinke ..."

Die anderen lachten: „Es ist wahr", ereiferte sich Proklos Diadochos. „Gestern abend zum Beispiel war ich nahezu nüchtern. Ich befand mich in angeregter Gesellschaft, wo man dem Weine zusprach und auch kräftig tafelte ..." „Und was hast du gemacht?" fragte Aristoteles. „Etwa dabeigesessen und dich in Enthaltsamkeit geübt? Das, mein Freund, wäre allerdings kaum zu glauben ..." „Auf Ehre und Gewissen", sagte Proklos Diadochos, „ich blieb zunächst vollkommen unberührt von dem Treiben um mich her, und demzufolge stand mir auch nicht der Sinn nach Genüssen der allergewöhnlichsten Art. Ich dachte vielmehr über deine Worte zur Glückseligkeit nach, die du uns jüngst ..." „Was sagte ich denn?" meinte Aristoteles lächelnd und blieb stehen. Proklos Diadochos kratzte sich am Kopf. „Wenn ich mich recht entsinne, gabst du uns die Einsicht mit auf den Weg, daß die Glückseligkeit sich als ein Vollendetes und sich selbst Genügendes darstellt, da sie das Endziel allen Handelns sei." „Wohl wahr", sagte Aristoteles, „aber ich habe noch weit mehr in diesem Zusammenhang gesagt, und das wiederum scheint dir entfallen zu sein..."

„Ich dachte darüber nach, Meister", gab Proklos Diadochos zur Antwort. „Am gestrigen Abend, wie ich schon sagte. Ich grübelte und grübelte, und manchmal blitzten die Gedanken, die du uns mit auf den Weg gegeben hattest, Größter der noch lebenden Philosophen, in meinem Kopfe auf, und ich suchte sie festzuhalten, aber da war dieser Lärm um mich herum und die Düfte, und die Luft wurde immer trockener. Als meine Zunge sich schon zusammenrollte, als sei sie über und über mit hartem Meersalz belegt, da mußte ich ganz einfach etwas – trinken, Meister." „Versteht sich", sagte Aristoteles. „Und vermutlich gab es kein Wasser mehr in diesem Etablissement, sondern nur noch Wein..." „In der Tat", rief Proklos Diadochos aus. „Woher weißt du? – Stell dir vor, der Wirt, ein an sich verläßlicher Mensch, hatte es versäumt, genügend Wasser zu besorgen, obwohl er wußte, daß ich kam, und so blieb mir gar nichts anderes übrig, als mit seinem Hauswein vorliebzunehmen, einem eher säuerlichen Tropfen, den ich zuweilen verdächtigen muß, an meinem anhaltenden Bauchgrimmen mit schuldig zu sein..." „Da zumindest könntest du recht haben", meinte Aristoteles. „Gehen wir weiter..." Sie kamen in den Garten des Lykeion, wo sie ihren Spaziergang unter gelichteten Bäumen fortsetzten. „Weißt du, mein Meister", sagte Proklos Diadochos. „Als ich dann mein erstes Glas Wein getrunken hatte an jenem Abend, da kamen sie mir ja wieder in den Sinn, deine Gedanken..." „Welche zum Beispiel?" fragte Aristoteles. „Sie sind mir im Moment nicht mehr recht gewärtig", murmelte Proklos Diadochos. „Aber vielleicht bei einem Glas Wein...?" – Der Philosoph gähnte. Er steuerte auf eine Ruhebank am Rande des Gartens zu, und seine Schüler wußten, was jetzt auf dem Programm stand. „Der Schlaf, meine

Freunde", sagte Aristoteles und gähnte abermals, „der Schlaf ist eine Erscheinung an dem wahrnehmenden Teil der Seele, gleichsam eine Gebundenheit und Bewegungslosigkeit, und daher muß alles, was schläft, auch den wahrnehmenden Teil haben . . ." Er ließ sich auf die Bank plumpsen, neben der sich ein Gefäß befand, in das der Philosoph hineingriff und eine Kugel herausholte. Die Schüler des Meisters sahen einander an; das Schauspiel, welches nun bevorstand, kannten sie zur Genüge, und doch brachte es sie noch immer zum Lächeln. Aristoteles schloß die Augen; der Kopf sank ihm auf die Brust, und schon stieß er ebenso regelmäßige wie diskrete Schnarchlaute aus. In der rechten Hand hielt er die Kugel; der dazugehörige Arm des Philosophen hing, ausgestreckt und einem zur Erde weisenden Zeigestock ähnlich, direkt über dem Gefäß. „Wie lange er diesmal wohl brauchen wird?" flüsterte Proklos Diadochos. „Nicht länger als zehn Minuten", wisperte einer der Schüler. „Nach der Zeit seines Mittagsschlafes kann man jede Weltuhr stellen . . ."

Aristoteles schlief; seine Schüler schwiegen. Sogar die Vögel in den Bäumen mochten da nicht stören und hielten den Schnabel. Es war eine nahezu vollkommene Stille; auf einmal jedoch tat es einen Schlag, als habe sich ein Götterbote auf der Dienstreise durchs Himmelsgewölbe Erleichterung verschafft: die Kugel war der Hand des Philosophen entglitten und auf den Boden des Gefäßes gefallen. Aristoteles schreckte hoch, und die Vögel begannen zu zetern. Der Philosoph gähnte herzhaft und stand auf. „Meine Freunde", sagte er, „ihr seid noch da, und das ist schön. Wir wollen, wie immer, weiterdenken. – Und für dieses Mal merkt euch: Alles Wachende muß notwendig schlafen, und woran wir den Wachenden erkennen, daran erkennen wir auch den Schlafenden. – Deshalb muß es aus jedem Schlaf ein Erwachen geben."

Zenon

Der Philosoph Zenon machte sich Sorgen. Seit geraumer Zeit schon knisterte es im Gebälk der Säulenhalle, in der er zu lehren und seine Schüler um sich zu versammeln pflegte. Der Putz rieselte herab, der Mörtel bröckelte, und am Boden kam das gefräßige Schwammgras zum Vorschein, das sich mit Vorliebe in jenen Gebäuden ausbreitete, denen eine gewisse Verwahrlosung nicht abzusprechen war. Vor einigen Tagen hatte sich sogar ein mittelgroßer Stein gelöst, der glücklicherweise nicht Zenon selbst, sondern nur seinen unbegabtesten Schüler, Nikidion, am Hinterkopf traf; Nikidion kam mit einer kleinen Beule davon, wußte dafür aber in dem eine Stunde später stattfindenden philosophischen Gespräch zur allgemeinen Verblüffung mit drei mehr oder weniger klugen Antworten aufzuwarten, die ihm kein Mensch zugetraut hätte. Möglicherweise stimmt sie doch, dachte Zenon, diese sehr seltsame, von Platons Neffen Speusippos ausgeheckte Theorie, welche besagt, daß leichte Schläge auf den Hinterkopf die Denkfähigkeit befördern. Auf jeden Fall stand es um ihre Säulenhalle, die Stoa, nicht mehr zum besten; man würde vorsichtige Renovierungsarbeiten einleiten müssen, um der Baufälligkeit Herr werden zu können. Zenon, dem ein gewisser Geiz nachgesagt wurde, sah enorme Kosten auf sich zukommen; man müßte Handwerker finden, die für den Lohn der Weisheit schaffen, dachte er. Geschickte, bescheidene, überaus fleißige und an Strapazen gewöhnte Männer, denen es eine Ehre ist, in unserer Stoa tätig zu sein. Sie könnten dort arbeiten, während ich mich freundlicherweise bereit erklären würde, ihnen, gegen eine geringe Gebühr oder, zur Not, auch unentgeltlich, einige wichtige Gedanken zur Philosophie vorzutragen, die ihrem dumpfen Handwerkerdasein ungeahnte Glanzlichter der Erkenntnis aufgehen lassen. Zenon war eingefallen, daß Nikidion zwei

Vettern hatte, die in einem Baugeschäft arbeiteten, und so nahm er denn seinen Schüler bei der nächsten sich bietenden Gelegenheit beiseite. „Mein lieber Nikidion", sagte er. „Was macht die Verletzung, die deinen Schädel auf so traurige Weise schmückt?" „Eine Beule, Meister, nicht mehr", erwiderte Nikidion. „Kaum der Rede wert." „Du bist ein tapferer junger Mann", sagte der Philosoph und legte seinem Schüler, der gar nicht wußte, wie ihm geschah, den Arm um die Schulter. „Da ist noch etwas anderes, Nikidion", fügte Zenon hinzu. „Du weißt, wie sehr ich um euer Wohlergehen besorgt bin." „Das ist bekannt", murmelte Nikidion. „Und deshalb", sagte der Philosoph, „kann und will ich nicht tatenlos mit ansehen, wie die Gefahren zunehmen, die sich aus der beklagenswerten Hinfälligkeit ergeben, in die unsere Stoa, ohne unser Zutun, geraten ist. Kurzum: Ich habe mich entschlossen, die Säulenhalle, oder sagen wir: zumindest ihren vorderen Teil, in dem jener bedauerliche Vorfall sich zutrug, der dir eine Beule einbrachte, renovieren zu lassen." „Aber das kostet Geld, Meister", stammelte Nikidion. „Geld, das wir nicht haben", sagte Zenon. „Aber du hast doch, wenn ich recht informiert bin, den einen oder anderen Vetter, der Handwerker ist und sich im Baugewerbe nützlich macht?" „Das stimmt", sagte Nikidion, „Dropides und Hikesias." „Namen tun nichts zur Sache", sagte Zenon. „Ich bin sicher, daß es deinen Vettern eine Ehre sein wird, in der Stoa, diesem Ort nahezu uneingeschränkter Weisheit, wirken zu dürfen." „Ihr meint, sie sollen die Renovierungsarbeiten umsonst machen?" fragte Nikidion. „Ich bitte dich", sagte Zenon, „traust du mir so etwas zu? Es ist bekannt, daß ich ein äußerst freigebiger Mensch bin. Natürlich wird man deine Vettern entlohnen. Sie werden sogar erstaunt sein, ja bestürzt, wenn ihnen aufgegangen ist, mit welcher Großzügigkeit ich ihre Mithilfe bedacht habe. Also, mein bester Nikidion, sprich mit deinen Vettern und bitte sie, recht bald schon bei uns anzufangen." Zwei Tage später erschienen Dropides und Hikesias in der Stoa und begannen mit ihrer Arbeit. Zenon schaute ihnen zu, was die beiden Handwerker mit deutlichem Mißvergnügen zur Kenntnis nahmen. „Meine

Freunde", rief der Philosoph frohgemut aus. „Ich merke, daß ihr Zuspruch braucht, eine Aufmunterung für euer Tun. Ich will sie euch geben. Ihr, die ihr eine Arbeit verrichtet, für die man im allgemeinen nur wenig Verstand benötigt, werdet gleichwohl von der Philosophie gehört haben, mit der sich, Ausnahmen bestätigen die Regel, nur die fähigsten Köpfe abgeben sollten. Von ihr, der Philosophie, will ich euch berichten, auf daß ihr Einsicht erhaltet in die Grundzüge der Weisheit und danach mit großer Erleichterung sagen könnt: Wie dumm sind wir doch noch am Morgen auf unsere Leitern gestiegen, und wie vorbildlich belehrt dürfen wir des Abends wieder herabklettern."

Zenon lachte und ging vor einer beschädigten Säule auf und ab. Der Philosoph redete und redete; er schien die Philosophie mit einem nicht enden wollenden Wortschwall einkreisen zu wollen, aus dem es kein Entrinnen gab. Als es Abend wurde, stellten die beiden Handwerker ihre Leitern beiseite und verschwanden spurlos. Sie blieben auch am nächsten Morgen verschwunden, als Zenon auf die Minute pünktlich in der Säulenhalle erschien, dort aber nur den sichtlich verlegenen Nikidion vorfand. „Wo sind denn deine Vettern?" fragte der Philosoph mit strenger Miene. „Sie lassen dich grüßen, Meister", sagte Nikidion. „Arbeiten sollen sie", knurrte Zenon, „grüßen kann ich mich selber. Warum sind sie nicht zu ihrem Dienste erschienen?" „Sie wollen erst dann wieder für dich arbeiten, wenn du ihnen versprichst, mit deinem Vortrag über die Philosophie aufzuhören", sagte Nikidion. „Und was versprechen sie mir dafür?" fragte Zenon. „Daß der vordere Teil der Stoa kostenlos renoviert wird", sagte Nikidion. „Einverstanden", meinte der Philosoph. „Auch wenn mich der Gedanke bedrückt, daß deine Vettern nun auf so viel verzichten müssen."

Epikur

Der Philosoph Epikur verspürte seit einigen Tagen seltsame Schmerzen, die sich ihm zusehends auch auf die Laune legten. Begonnen hatte alles im Kopf; dort lastete ein dumpfer Druck, der dem Philosophen nicht, wie er es an sich gewohnt war, nach unten entwich, sondern auszustrahlen begann, in die Schultern strömte und von dort aus den ganzen Körper erfaßte. Wenn Epikur umherging, fühlte er sich wie ein uralter Mann; alle Knochen taten ihm weh, die Gelenke knackten, und als er sich zu unvorsichtig nach vorn beugte, war es, als ob man seinen Rücken und dessen Verlängerung mit deftig-derben Nadelstichen traktierte. Obwohl das Spazierengehen sonst ja als gesund zu gelten hat, sollte ich mir ab sofort scharfe Schonung verordnen, dachte der Philosoph. Nur keine falschen Bewegungen mehr. Überaus behutsam streckte er sich auf seinem Lager aus, und der Körperschmerz begann nachzulassen. Zumindest glaubte er das, aber als er sich auf die Seite drehen wollte, stach es wieder, als seien es Nadeln. So blieb er denn auf dem Rükken liegen und rührte sich kaum; das war, wie er fand, noch die gefahrloseste Stellung für ihn. Er schloß die Augen und hoffte auf mildtätigen Schlaf. Der jedoch wollte nicht kommen; der Druck in seinem Kopf nahm prompt wieder zu. Es wird doch wohl noch nicht so weit sein, sagte sich Epikur. Erste Vorboten des Todes, von dem ich zwar weiß, daß er ein Nichts ist, den der Mensch trotzdem zu fürchten gelernt hat, weil er lebt und etwas anderes als das Leben sich nicht vorstellen mag. Der Tod hat für uns eigentlich gar keine Bedeutung: Wenn wir sind, ist der Tod nicht, und wenn der Tod ist, sind wir nicht. Dieser Gedanke tröstete Epikur ein wenig über seine Malaise hinweg, und er fiel doch noch in den erhofften Schlummer.

Am nächsten Morgen fand ihn einer seiner Schüler, der sich wunderte, daß der Meister nicht wie gewohnt in den großen

Garten kam, um dort die philosophischen Tagesgespräche zu beginnen. Epikur lag steif und starr auf dem Bett, so als habe er vorzeitig das Zeitliche segnen müssen. Angstvoll beugte sich sein Schüler über ihn und stellte mit Erleichterung fest, daß der Philosoph atmete. Dieser schien zu merken, daß er beobachtet wurde und öffnete die Augen. „Warum liege ich hier?" fragte er. „Ja, warum liegt Ihr noch hier?" entgegnete der Schüler. „Ich weiß es auch nicht. Die Sonne jedenfalls steht schon hoch am Himmel." „Dann muß ich kommen", sagte Epikur und richtete sich auf, um gleich darauf mit einem kolossalen Seufzer wieder zurückzusinken. „Was ist Euch?", fragte der Schüler. „Seid Ihr krank?" „Es ist dieser eine unglaubliche Schmerz", murmelte Epikur. „Jetzt ist er mir wieder eingefallen. Er will nicht nachlassen." „Ich hole einen Arzt", sagte der Schüler. „Nein!" beschied ihn der Philosoph. „Aber habt Ihr nicht selbst unlängst geschrieben: Für keinen ist es zu früh und für keinen zu spät, sich um die Gesundheit der Seele zu kümmern?" „Die Seele, ja", meinte Epikur. „Aber der Schmerz sitzt in meinem Körper." „Ich verstehe Euch nicht", sagte sein Schüler. „Habt Ihr nicht selbst unlängst geschrieben . . ."

„Schon gut", seufzte der Philosoph. „Nun geht schon, und holt diesen Arzt."

Kurze Zeit später kehrte der Schüler mit einem ausnehmend schönen jungen Mann zurück. „Seid Ihr etwa der Arzt?" fragte Epikur. „Ich muß gestehen . . ." „Ja, er ist noch sehr jung", sagte sein Schüler mit glänzenden Augen. „Aber seine Hände sind so geschickt, und er sieht einfach alles." Der so gepriesene Arzt lächelte. Er strich dem Philosophen über die Stirn und die Wangen. Epikur lief ein warmer Schauer den Rücken hinunter. Was für eine sanfte Berührung! dachte er. Dieser junge Mensch versteht es schon durch sein Äußeres, für sich einzunehmen. Was für schöne Augen er hat. Man muß ihn nur anschauen, und schon vergißt man, daß er Arzt ist und in eindeutiger Absicht zu einem kommt. „Ich weiß nicht, was Euch fehlt", sagte der junge Mann dann. „Aber es wird besser!" Er hat auch, was mich nicht wundert, eine sehr angenehme Stimme, dachte der Philosoph und fühlte sich auf einmal wieder erstaunlich wohl. Vorsichtig richtete er sich auf; der Schmerz war wie verflogen. „Ich danke Euch", sagte er. „Ihr seid ein wahrer Freund."

„Die Fähigkeit, Freundschaft zu erwerben, ist unter allem, was Weisheit zum Glück beitragen kann, bei weitem das Wichtigste", sagte der Schüler, und der Arzt nickte. „Eine gute, eine richtige Erkenntnis", meinte Epikur. „Auch wenn Sie mir nicht ganz unbekannt vorkommt. Ich selbst habe ..." „Ich weiß", sagte der Schüler, und er schaute dabei sehr eindringlich den jungen Mann an, den er dem Philosophen als Arzt ins Haus gebracht hatte. „Die Natur hat uns zur Freundschaft geschaffen." „Der Liebesgenuß aber", sagte Epikur lächelnd, „bringt keinen Nutzen. Man kann sogar froh sein, wenn er nicht schadet." „Er sprach nicht von der Liebe", sagte der Arzt, „und auch nicht vom Genuß. Die Freundschaft nämlich bringt uns viel mehr ..." „Sie umtanzt den Erdkreis", sagte Epikur und legte die Hand seines Schülers in die des jungen Mannes. „Die Freundschaft ist wie ein Geschenk und will uns allen, ja, uns allen, verkünden, daß wir zum Glück erwachen sollen. Geht, meine Freunde, und laßt Euch viel Zeit!"

Als der Philosoph wieder allein war, fühlte er sich traurig und glücklich zugleich. Erinnerungen kamen in ihm auf, taghelle Bilder, die er für sich nachzeichnete und dann, herrlich getröstet und wieder arm gemacht, noch einmal und immer wieder vergessen durfte. Es ist gut, sagte er sich schließlich. Es ist gut. Ich werde jetzt hinausgehen in den Garten, wo meine Schüler wie jeden Tag auf mich warten. Die Liebenden nutzen jede Stunde, und sie dürfen sich glücklich schätzen, wenn ihnen letztlich Freundschaft beschieden wird und erhalten bleibt. Es braucht die Zeit, aber sie wird alles vollenden. Man muß sich nur aus dem Gefängnis der Geschäfte und der Politik befreien. Mehr noch als für uns wird dies, denke ich, für die Zukünftigen gelten.

Cicero

Der Philosoph Marcus Tullius Cicero war guter Dinge; er schaute hinaus ins Freie, welches sich ihm hier, an seinem Orte, als eine grüne wohlgeordnete Landschaft darbot, die zudem noch den Vorteil hatte, daß sie dem Philosophen selber gehörte: ein ganzes Landgut durfte er sein eigen nennen, Tusculum, in den Albaner Bergen gelegen, abseits vom mißratenen Rom, aus dem Cicero, dessen Ansichten schon länger auf heftigen Widerwillen stießen, vor knapp einem Jahr verbannt worden war. Es ging ihm gut, gleichwohl, das mußte er sich nur oft genug sagen; es ging ihm gut, weil er unerhört frei war, trotz allem, und weil er es sich leisten konnte, einen Rückzug zu proben, den keine lästigen Überlegungen zur materiellen Daseinsbewältigung mehr behelligten. Sein Leben, begünstigt und geordnet, beschränkte sich nunmehr auf das Wesentliche; er konnte nachdenken, disputieren, er schrieb auf, was ihm, planmäßig, in den Sinn kam, und für alles andere zeigte sich die von ihm erwählte Dienerschaft verantwortlich. Cicero, ein an sich bescheidener Mensch, der von seinen außerordentlichen Fähigkeiten jedoch fest überzeugt war, pflegte die selbstverordnete Zufriedenheit; den Tag begann er mit einem ersten Rundblick über sein Anwesen, und da ging ihm bereits das Herz auf: Grüne wohlgeordnete Landschaft, wie gesagt, die sich zum Horizont, der in dieser Umgebung jegliche Härten vermied, noch einmal öffnete; eine solche Kenntnisnahme tat gut, gerade am frühen Morgen, und danach konnte er sich der unumgänglichen Pflicht einer Niederschrift seiner Gedanken widmen, die über Nacht oft, so als wären sie durch das Zutun von Träumen noch angereichert worden, einen bemerkenswerten Reifegrad erreichten, der nur zu halten war, wenn man sich ohne unnötiges Zögern daran begab, sie festzuhalten; kaum waren seine Gedanken nämlich notiert, ließ ihre Überzeugungskraft merklich nach, und gegen Mittag beschlichen den Philosophen oft regelrechte Zweifel, die er aber, unter wiederholtem Hinweis auf das seinem Haus eigene Wohlbefinden, nicht weiter zu beachten pflegte. Er nahm eine bescheidene Mahlzeit zu sich, welche nach den von ihm selbst entworfenen Ernährungsrichtlinien zusammengestellt wurde; Abweichungen von diesen Vorschriften, etwa eine Überwürzung der Speisen oder die Dreingabe unerwünschter Zutaten, registrierte Cicero sofort, und er zeigte sich dann einigermaßen ungnädig. Nach dem Essen hielt er ein knapp bemessenes Mittagsschläfchen, das in der Regel nicht länger als eine halbe Stunde dauerte; sein erster Diener Lutatius hatte die Anweisung, ihn sofort und unsanft zu wecken, wenn sich eine Ausweitung der dem Schlummer gewidmeten Zeit abzeichnete. Den Nachmittag begann der Philosoph erfrischt durch die ihm widerfahrene Seelenruhe; wiederum gönnte er sich einen ausgiebigen Blick über sein Anwesen, das, erfreulich genug, weder geschrumpft war noch an Schönheit verloren hatte; er konnte also, so wie jetzt, ungestört weiterarbeiten. Seine Überlegungen galten der Wohlausgewogenheit des Daseins, für die er noch immer, obgleich ihm ja in der Politik zuletzt wenig Glück beschieden war, bewundernde Worte fand; – „wenn die Seele das gute Wissensgeschäft betreibt", hatte er geschrieben, „und wenn sie Tag und Nacht über selbiges nachdenkt, dann entsteht wohl jene gottbefohlene Einsicht, daß der Geist sich selbst erkennt, wodurch er mit unersättlicher Freude erfüllt wird. Mit welcher Ruhe erwägt er dann das Menschliche und Irdische! Daraus entspringt die Erkenntnis der Vollkommenheit, es blühen auf die Arten und Teile der Tugenden; man findet, was es sei, worauf die Natur zielt, was das Höchste im Guten, im Übel das Äußerste, worauf man die Pflichten beziehen, welche Weise, das Leben zu führen, man wählen müsse – und vieles andere mehr. Erforscht man diese und ähnliche Dinge, ergibt sich, daß die sittliche Persönlichkeit sich selbst genügt, um glücklich zu leben . . ."

Cicero lächelte. Das war klug gedacht, so wie er eben dachte, und gemessen an den Begünstigungen, die er, zumindest im privaten Leben, erfuhr, hatten seine Erörterungen auch ihre Richtigkeit; trotzdem mußte man zugeben, daß die Wohlausgewogenheit, welche er so sehr schätzte, nicht für alle galt: Im sogenannten normalen Leben gab es, vordergründig betrachtet, sehr viel Unordnung; die Menschen benahmen sich nicht so, wie sie sollten. Von der Gerechtigkeit, die jedermann für erstrebenswert hielt, war die Gesellschaft, für die sich die Götter nicht mehr so sehr zu interessieren schienen, noch weit entfernt; hinzu kam, daß die Rechtsprechung, die im Namen der Gerechtigkeit durchgeführt wurde, selber nur Menschenwerk blieb und damit nicht nur fehlbar war, sondern oft genug auch auf traurige Weise komisch. Der Philosoph dachte an seinen alten Freund Livius Catulus, der als pensionierter Richter Konflikte in der Nachbarschaft schlichtete; er tat dies in der Regel kostenlos und aus dem edlen Betreiben heraus, den Menschen nach bestem Wissen und Gewissen zu helfen, was seine Klienten zu schätzen wußten, auch wenn sie die Schiedssprüche Catulus' nicht immer befolgten. Vor Tagen nun war bei dem Richter, wie er Cicero erzählte, eine junge Frau vorstellig geworden, die ihn unter Tränen davon in Kenntnis setzte, daß sie mit ihrem Vater sowie ihrem Ehemann unter einem Dach lebe und von beiden regelmäßig verprügelt werde. Catulus zitierte deswegen den Vater, einen älteren Herrn namens Fannius, zu sich und stellte ihn zur Rede. „Euer Schwiegersohn ist ein bekannter Trunkenbold und Grobian", sagte er. „Daß dieses Subjekt Eure Tochter schlägt, ist zwar verwerflich, aber nicht weiter überraschend. Ihr jedoch, Fannius, ein Mensch mit ordentlichem Leumund, wie könnt Ihr Euer eigenes Kind nur derart züchtigen?" „Aus Gründen der Gerechtigkeit", erklärte Fannius dem verdutzten Richter. „Wißt Ihr, ehrwürdiger Catulus, man darf sich im Leben nicht alles gefallen lassen, und so begegne ich dem Trunkenbold und Grobian, der mein Schwiegersohn ist, in der Sprache, die er versteht: Schlägt er mir meine Tochter, schlag' ich ihm seine Frau, woraus Ihr folgern könnt, daß ich in meinem Hause wirklich und wahrhaftig um Gerechtigkeit bemüht bin."

Cicero erhob sich. Müde war er geworden, mit einem Mal; vielleicht, dachte er noch, bevor er sich als freier Philosoph zu einem außerplanmäßigen Schläfchen begab, vielleicht sollte ich mich um eine realistischere Sicht der Dinge bemühen. Im Leben geht es nicht gerecht zu, sondern bodenlos heiter, wie aber soll man schreiben über etwas, daß keinen Boden, keinen Grund mehr hat; man wäre nur noch auf Vermutungen angewiesen, was ganz einfach zu wenig ist – für einen wie mich.

Seneca

Der Philosoph Seneca hatte einen Wachtraum, eine jener sich hinziehenden Eingebungen, die zäh sind und zumeist auch sehr zwielichtig: Es hatte ihn in die Zukunft verschlagen, eine weit vorauseilende Zukunft; man schrieb das zwanzigste Jahrhundert. Kaum zu glauben eigentlich, aber es gab immer noch Menschen, unendlich viele sogar; ein Gewimmel auf Erden, rücksichtslos und ohne Erbarmen. Man hatte sich das Dasein leichter gemacht, mit allerlei technischen Geräten, deren Funktionen Seneca nicht verstand; sein Traum führte diese Geräte zwar vor, aber er erläuterte sie nicht; dafür blieb keine Zeit. So durfte der Philosoph nur konstatieren, daß die Menschen der Zukunft sich mit affenartiger Geschwindigkeit fortbewegten; sie konnten sogar fliegen, wenn auch nur in merkwürdigen Kisten, und sie wurden, wenn sie nicht zu arm dazu waren, alt und älter; die Greise sahen unangenehm jugendlich aus, die Jugendlichen wirkten vergreist, und die alten Weiber, straff und faltig allesamt, schienen noch viel vorzuhaben. Man ging nicht sonderlich freundlich miteinander um, soviel stand fest; das Leben war zu einer langwierigen Veranstaltung geworden, die man teilnahmslos hinter sich brachte. Seneca fühlte sich gar nicht wohl in diesem zwanzigsten Jahrhundert; sehr gern und sehr schnell wäre er wieder heimgeeilt in seine Zeit, aber man ließ ihn nicht; er wurde festgehalten im Wachtraum, konnte weder vor noch zurück. Er fühlte sich wie ein strafversetzter Zuschauer, dem ein schlechtes Stück präsentiert wurde; mit dieser Zukunft wollte er nichts zu tun haben, sie ging ihn nichts an, denn er hatte sie sich nicht ausgedacht. Was er begriff – dennoch – und was ihn zugleich verwunderte, war, daß es noch immer Philosophen gab; zumindest einige wenige. Von den anderen Zeitgenossen hoben sie sich ab durch ihr penetrant unaufdringliches Gehabe; man konnte fast meinen, daß sie den Kopf unter dem Arm trugen, um nicht wirklich gesehen zu werden. Die Leidensmiene dieser Philosophen war dennoch unübersehbar; etwas Säuerliches ging von ihnen aus: Seht her, schienen sie sagen zu wollen, soviel Zeit ist vergangen, und noch immer leben wir; eine Zumutung ohnegleichen, und wir entschuldigen uns bis ans Ende unserer Tage. Der schlimmste unter ihnen war ein hagerer Mensch, der ununterbrochen lamentierte; er schien mit sich selbst zu hadern, und doch war es, als ob er sein Publikum suchte, eine Gemeinde von Freitodsympathisanten vielleicht, die davon überzeugt werden mußte, den letzten Schritt zu tun. Als dieser Mensch näherkam, hörte Seneca ihn sagen: „Die Tatsache, daß ich lebe, beweist, daß die Welt keinen Sinn hat. Denn wie könnte ich in der Ruhelosigkeit eines übermäßig erregten und unglücklichen Menschen, für den sich alles auf ein Nichts beschränkt und über dem das Leiden als Weltgesetz waltet, einen Sinn aufspüren? Wenn die Schöpfung ein Menschenwesen meines Schlages zugelassen hat, kann dies nur beweisen, daß die Flecken der sogenannten Sonne des Lebens derart gewaltig sind, daß sie ihr Licht allgemach ersticken. Die Bestialität des Lebens hat mich zertreten und gedrückt, mir die schwebenden Schwingen gestutzt und alle Freuden, auf welche ich ein Recht hatte, entrissen. Alle überspannte Beflissenheit und alle irrsinnige, paradoxe Leidenschaft, die ich daransetzte, um im Diesseits zu glänzen, aller teuflischer Zauber, den ich verbrauchte, um mir einen künftigen Nimbus zu erwerben, und der ganze Elan, den ich auf eine organische Wiedergeburt oder innerliche Morgenröte verschwendete, haben sich als schwächer erwiesen als die Bestialität und Urgründigkeit dieser Welt, welche alle ihre Vorräte an Verderbnis und Gift in mich ausgegossen hat. Das Leben hält hohen Temperaturen nicht stand."

Seneca war es heiß geworden, sein Kopf glühte. Dieser Mann ist wahnsinnig, dachte er. Und wahnsinnig muß eine Welt sein, die es mit diesem Mann aushält. Noch einmal hörte er hinein in seinen Wachtraum, der mittlerweile zu einem einzigen Redestrom angeschwollen war; auch die anderen Philosophen versuchten sich noch bemerkbar zu machen, aber was sie sagten, klang nicht viel besser als das Lamento jenes einen schier unerträglichen Hagerlings, der nun auf den Horizont zuging, einen natürlich sehr dunklen, wolkenverhangenen Horizont, und dort kurzerhand verschwand. Er wird wiederkommen, murmelte Seneca, denn er gehört der Zukunft – aber tatsächlich hatte sich etwas gelöst: Der Philosoph konnte sich wieder bewegen, die düsteren Bilder fielen von ihm ab, der unzumutbare Redestrom verstummte. Der Wachtraum hatte ihn freigegeben; es war still – und nur still. Die Ruhe währte jedoch nicht lange; denn schon kurz darauf hörte man Schritte, und es klopfte an der Tür. Seneca ahnte, wer ihn da heimsuchen würde: Fabricius, sein Nachbar, ein allseits gefürchteter Querulant der auch beim Flüstern noch Lautstärke entwickelte. „Werter Meister", rief Fabricius, als er, wie immer ungebeten, das Haus betrat. „Wie schön, dich zu sehen." „Ich freue mich auch, Nachbar, du wirst es kaum glauben", murmelte Seneca. „Schreckliches habe ich erlebt, etwas so Schreckliches, daß sogar das Auftauchen eines ganz normalen unangenehmen Menschen, wie du es bist, befreiend wirken kann." „Ich sehe, du hast gute Laune", sagte Fabricius. „Das freut mich, denn auch ich bin allerbester Stimmung. Ich habe nämlich meinen Prozeß gewonnen." „Welchen Prozeß?" fragte der Philosoph. „Soweit ich weiß, führst du ständig irgendwelche Prozesse." „Die Sache gegen Pseudonius, den alten Halunken", sagte Fabricius. „Ich fragte dich doch noch nach dem Richter und ob es sinnvoll sei, ihn mit einem Geschenk gefügig zu machen." „Wovon ich dir heftig abgeraten habe", sagte Seneca. „Dieser Richter ist nicht bestechlich." „Ein weiser Rat, zweifellos", sagte Fabricius. „Ich habe mir trotzdem erlaubt, dem Mann ein Geschenk zu machen, eine kleinere, insgesamt entbehrliche Summe Geldes." „Und du hast den Prozeß tatsächlich gewonnen", staunte der Philosoph. „Wie das?" „Nun ja", meinte Fabricius und schien ein wenig verlegen. „Ich habe dem Geschenk einen Gruß beigelegt, einen Gruß von Pseudonius."

Seneca atmete auf. Endlich, dachte er. Alles ist wie früher. Keine Zukunft mehr, keine wachen Träume; die Menschen sind, wie sie sind – so wie immer.

Plotin

Der Philosoph Plotin hatte seine Vorlesung beendet, und alle atmeten auf. Es war wieder mal arg turbulent zugegangen im Kollegium des Meisters; Plotin hatte im besonderen die Vornehmeren unter seinen Zuhörern zum vorbehaltlosen Selberdenken ermutigt, und tatsächlich war es ihm gegen Ende seiner Vorlesung gelungen, seine gewichtigsten Schüler zur gleichen Zeit in ein listiges Frage-und-Antwort-Spiel zu bringen, bei dem er, der Philosoph, nur noch Zuhörer war. Ammonius, der erfolglose römische Senator, hatte zunächst über die Leere des Seienden schwadroniert, und war dann, als sich Protestgemurmel erhob, mit einemmal in Tränen ausgebrochen und hatte die Veräußerung seiner sämtlichen Besitztümer bekanntgegeben, worauf Simplikios, ein aus Griechenland nach Rom gekommener Advokat, der die Philosophie des Plotin als eine herrlich mystische Bereicherungslehre verstand, seine gewaltige Stimme erhob und darauf verwies, daß er jederzeit kaufen könne, was der Senator an irdischen Schätzen angeschachert habe. Simplikios war Plotins Sorgenkind – ein kluger Kopf, der seine Leidenschaft fürs Geldverdienen kultiviert hatte und manch trefflichen Kommentar dazu abgeben konnte, wie sehr auch die von aufgeklärten Dummköpfen schnöde verschmähten Reichtümer zur Erbauung jenes Gottes dienten, der, so pflegte es Plotin zu sagen, „keine Gestalt und keine Form hat und oberhalb des Geistes und der ganzen geistigen Welt thront".

Simplikios ist ein Künstler, dachte Plotin zuweilen, er macht mehr aus den Menschen, als ihnen zusteht, und zugleich schröpft er sie, mit listigem Blick auf die makellos-verborgene Ewigkeit hin. „Ihr seid unter den Gaunern einer der Übelsten!" hatte Ammonius gerufen und auf Simplikios gezeigt, der nicht weit von ihm entfernt saß, und Plotins Vorlesung glich daraufhin eher einer bewahrten Tollhäuslerversammlung denn einer Gemeinschaft vernünftiger Studierender. Tische wurden umgestoßen, ein Tongefäß flog durch die Luft; – „von einem Gauner Gauner genannt zu werden, ist ein redliches Vergnügen", brüllte Simplikios – „und es kostet nicht viel. – Ihr, Ammonius, seid eine Laus im Pelz des Staates!" Plotin hatte sich daraufhin gezwungen gesehen, seine Vorlesung abzubrechen; „ihr habt mich sehr enttäuscht!" rief er, und für einen Augenblick kehrte noch einmal eine trügerische Ruhe ein. „Geht und werdet ruhiger", fügte der Philosoph hinzu, „und denkt über den Ursprung nach, in dem zugleich alles, und zwar alles als ganzes, befaßt ist. Alles Seiende ist seiend nur durch das Eine. Wir, wir alle – und vor allem wohl auch ihr, Ammonius und Simplikios – müssen die Augen schließen und ein anderes Gesicht in uns erwecken. Schaut und werdet stille, bis ES erscheint!"

Als er geendet hatte, standen seine Schüler auf und verließen schweigend den Raum. Somit haben sie doch gewirkt, meine Worte, dachte Plotin zufrieden, und er bemerkte mit Vergnügen, daß Simplikios schon wieder mit Ammonius sprach: Sie steckten die Köpfe zusammen, tuschelten und verabschiedeten sich schließlich mit einem freundschaftlichen Händedruck voneinander. „Wartet auf mich, Meister", sagte Simplikios, „Ihr wißt doch..." „Ja, ich weiß", sagte Plotin, „du hast Angst, und wie immer rufe ich dir zu, daß es keinen Grund dafür gibt." „Wenn Ihr bei mir seid, fühle ich mich wohler", sagte Simplikios. Er fürchtete sich, weil sein Weg durch eine auch am Tage seltsam dunkle und verschattete Gasse führte, die als gefährlich galt; dort trieben sich Wegelagerer herum, hieß es, und manch wohlhabender Bürger sei schon das Opfer ihrer dreisten Überfälle geworden. „Ist dir jemals etwas passiert in dieser Straße deiner Angst?" fragte der Philosoph. „Nein!"

„Es gibt immer ein erstes Mal", sagte Simplikios. Er drückte sich dicht an Plotin, dem die Ängstlichkeit seines sonst doch so selbstsicheren, ja: frechen Schülers lächerlich vorkam. Diese Gasse zählt wirklich nicht zu den schönsten von Rom, dachte er; sie könnte in der Tat ein wenig Licht gebrauchen. Aber sind wir nicht, gleich wo wir sind, stets vereint mit jenem Gotte, der lautlos gegenwärtig ist? In diesem Moment spürte er einen dumpfen Schlag, der ihn jedoch nicht voll traf, sondern von seinem Hinterkopf abrutschte und sich in seinem Rücken vergrub. Kleine Sterne tanzten ihm vor den Augen, aber er stand noch; Simplikios war neben ihm zu Boden gestürzt, er blutete aus einer kleinen Wunde über dem Ohr. Plotin meinte hastige Schritte zu hören, die sich eilends entfernten; er beugte sich zu Simplikios herab und drehte ihn auf die Seite. Der hatte die Augen geschlossen und schien bewußtlos zu sein. „O mein Freund", rief der Philosoph, „du hattest gute Gründe für deine Angst, und ich muß dir nun glauben und dein Blut sehen." Vorsichtig hob er den Kopf seines Schülers an und versetzte ihm ein paar sanfte Ohrfeigen. Simplikios schlug die Augen auf und lächelte. „Seht Ihr, Meister", sagte er, „es gibt immer ein erstes Mal. Jetzt fühl ich mich wohler." – „Ich muß dir Abbitte leisten, mein Lieber", seufzte Plotin. „Aber es soll dir ein Trost sein, daß ein Zustand wie der deinige auch etwas Segensreiches an sich hat. Er ist wie ein Vergessen, das sich mit dem Geschenk einer ungeahnten und göttlichen Erkenntnis trägt. Erinnere dich: In einer der letzten Vorlesungen sprach ich davon, daß wir bei vollkommener Vertiefung in uns selbst, im Zustande der Bewußtlosigkeit vom göttlichen Licht plötzlich erfüllt und mit dem Unwesen unmittelbar eins werden." – „Das Geschenk einer ungeahnten Erkenntnis, ja", murmelte Simplikios und erhob sich ächzend.

Er grinste. „Mir ist, werter Meister, wirklich ein Licht aufgegangen. Ich weiß nämlich nun, wie ich Ammonius zu einem Preis, der jeder Beschreibung spottet, einige Liegenschaften abschwatzen kann, die seine Seele so sehr bedrücken. Man hat mir zwar auf den Kopf geschlagen, aber dank Eurer Philosophie, Meister, bin ich wahrlich nicht auf den Kopf gefallen ..."

Augustinus

Der Philosoph Augustinus saß im Schatten unter seinem Lieblingsbaum und dachte über sein Lebensende nach, von dem er
meinte, daß es ihm bald schon bevorstünde. Mein Tod wird
von sanfter Unauffälligkeit sein, dachte Augustinus, und meiner Bedeutung und Bescheidenheit gemäß möchte ich mit den
mir zustehenden höheren Ehren zu Grabe getragen werden.
Schließlich habe ich Großes geleistet – auch wenn es letztlich
nicht der anhaltenden Rede wert ist. Was ich lehrte, war, daß
ich glaube, ja – aber glaube, um verstehen zu können. Ein stilles Lächeln legte sich auf Augustinus' Gesicht, von dem Septimus, sein liebster und standhaftester Gegner, sicher wieder behauptet hätte, daß es ein selbstgefälliges, ja: eitles Lächeln war,
dem er, der Philosoph und Kirchenlehrer und Bischof von
Hippo Regius, nur allzu bereitwillig nachgebe. Ja, dieser Septimus war ein rechter Unruhestifter; er wagte es, an den
Schriften des Philosophen öffentlich herumzunörgeln; dabei
verstand er es, dezent aufzutreten: Stets gab er sich wohlmei-
nend und an der Sache Christi interessiert, sodaß die heimtük-
kische Kritik den Schwachen im Geiste so einleuchtend vorkommen konnte wie das aus Sorge verfolgte Mahnwesen eines
arg gutherzigen Verwandten.
    Ein leiser Wind strich durch die Zweige, und er besänftigte
den sehr einsichtigen Groll im Gemüt des Philosophen. Augustinus schloß die Augen. In seinem Kopfe legte sich die Hitze des Tages und wurde zur Kühle der Nacht; der Himmel
senkte sich, und in der Wüste waren winzige, sternengleiche
Blumen zu sehen und ein zähes, alles überwucherndes Grün-
zeug, das zum Überleben bestimmt war. In die herrliche Ruhe
hinein kamen auf einmal Schritte; jemand schüttelte ihn. Wer
war der Frechling? Der Philosoph öffnete die Augen. Vor ihm
stand einer der Diener des Septimus. „Kommt, Herr", rief er

und hatte vor Aufregung kleine rote Brandflecken im Gesicht. „Mit meinem Herrn Septimus geht es zu Ende, und er begehrt Euch noch einmal zu sehen." „Das freut mich zu hören", sagte Augustinus und erhob sich. „Ich bin tief bestürzt. Natürlich werde ich meinem Freund Septimus Beistand leisten in der ihm zugedachten letzten Stunde. Ich könnte mir denken, daß er mir einiges zu sagen hat."

Augustinus eilte mit dem Diener in das Haus des Septimus. Er wurde ins Schlafgemach geführt, in dem es angenehm kühl war und dunkel; an der Decke tanzte ein dünner Lichtstrahl hin und her, der so aussah, als sei er noch unschlüssig, wann er endlich zustechen dürfte. „Da bin ich, mein lieber Septimus", sagte Augustinus. Wie ich hörte, geht es Euch schlecht, und so hegtet ihr den verständlichen Wunsch, mich noch einmal zu sehen . . ." „Freut Euch nicht zu früh", krächzte Septimus. Sein Kopf war verhüllt; nur die spitze Nase ragte hervor, und seine Augen glühten. „Ich weiß nicht, was Ihr meint, Septimus", sagte Augustinus. „Von Freude kann doch gar keine Rede sein. Ihr tut mir unrecht – wie Ihr mir überhaupt so oft schon Unrecht angetan habt." „Seht, so seid Ihr, Augustin", rief Septimus aus. „Ihr schreckt noch nicht einmal davor zurück, mit einem Todkranken Streit anzufangen und ihn, der sich nicht wehren kann, mit haltlosen Beschuldigungen einzudecken." „Also seid Ihr tatsächlich todkrank", sagte der Philosoph. „Ich höre es . . ." „Mit Vergnügen, ich weiß", knurrte Septimus. „Aber nein", sagte Augustinus, „ich wünsche Euch innigst den Ewigen Frieden. – Du hast uns, o Gott, für Dich gemacht, und unruhig ist unser Herz, bis es ruht in Dir!"

Für einen Moment war es ganz ruhig im Zimmer; der Lichtstrahl über ihren Köpfen zuckte nur noch schwach und stand dann ganz still. „Warum müssen wir uns immer streiten?" sagte Augustinus nach einer Weile. „Ja, es scheint, als wären wir nichts weiter als alte zänkische Kinder", murmelte Septimus. „Dabei bewundere ich Euren Fleiß, Augustin." „Wirklich?" fragte der Philosoph. „Das freut mich zu hören." „Ja, wirklich", sagte Septimus und richtete sich ächzend auf. „So viele Ämter und Ehren gingen auf Euch hernieder – und trotzdem habt Ihr noch die Zeit gefunden, ein gewaltiges Werk niederzuschreiben ..." „Ein gewaltiges Werk – in der Tat", sagte der Philosoph. „Ja, es ist sehr umfangreich", meinte Septimus. „Aber, wie Ihr selbst einmal so richtig bemerktet: Solche Dinge verstehen, Herr und Gott der Wahrheit, heißt noch nicht: Dir gefallen ... Selig dagegen, wer von Dir weiß, auch wenn er von jenem nichts weiß ...'" „Ich höre, daß Ihr gar nichts wißt, Septimus", sagte Augustinus und erhob sich. „Und richtig lesen könnt Ihr auch nicht. Möge Gott Euch noch ein wenig von der Einsicht zuteil werden lassen, die er mir so überreich zukommen ließ." „Lebt wohl, Augustin", rief ihm Septimus nach. „In der Ewigkeit wird für Eure Werke kein Platz sein. Sie sind schon auf Erden für zu leicht befunden worden."

Als der Philosoph erwachte, saß er noch immer im Schatten unter seinem Lieblingsbaum. Vor ihm aber stand einer von Septimus' Dienern, der vor Aufregung kleine rote Brandflecken im Gesicht hatte. „Ich weiß", sagte Augustinus gähnend. „Mit meinem Freund Septimus geht es zu Ende. Deswegen warst du so kühn, mich zu wecken. Was dein Herr mir zu sagen gedenkt, habe ich gerade erfahren. Ich sehe also keine Notwendigkeit, ihn *noch einmal* aufzusuchen. Grüße Septimus von mir und laß ihn wissen, daß seine Wünsche auch die meinen sind. Der Mensch ist, der er ist. Die Jahre Gottes aber sind seine Ewigkeit."

Anselm von Canterbury

Der Philosoph Anselm von Canterbury blickte sorgenvoll zum Himmel. Dunkle Gewitterwolken waren aufgezogen, die sich immer mehr ineinanderschoben, so als müßten sie sich aufpumpen für ein gewaltig orgelndes Unwetter. Anselm mochte keine Gewitter; die mögen richtig und notwendig sein, dachte er oft. Aber die Welt wäre wohl kaum ärmer, wenn es keine Gewitter gäbe; besonders die heimtückisch zuckenden Blitze waren es, die der Philosoph verabscheute: Als Kind hatte er einmal erlebt, wie der Blitz in ein nahe gelegenes Bauernhaus schlug, das in Flammen aufging und zu Grunde brannte. Der Donner rollte über den Himmel, und dem Kind kam es vor, als säße dort oben ein böser Geist, der sich ausschütten wollte vor Lachen. Als das Zerstörungswerk gelungen war, zog das Gewitter weiter; mildtätiger Regen setzte ein, und der Wind kühlte die entsetzten Gesichter der Bestraften. Dieses Erlebnis hatte Anselm nicht vergessen; seither war ihm, ungeachtet seines soliden Gottvertrauens, ängstlich zumute, wenn die Vorboten eines himmlischen Donnerwetters sich zeigten. Wenn der Blitz in Bauernhäuser fährt, mag er auch ein Kloster treffen, sagte sich Anselm. Hilfreich und gut sind unsere Gebete. Das Kloster Bec in der Normandie, wo der Philosoph seit geraumer Zeit lebte, lag allein auf weiter Flur; ein mächtiges Gebäude, von hohen Bäumen umgeben, die den Stürmen getrotzt hatten und vom herabstechenden Blitz bislang verschont geblieben waren. Die anderen Mönche wunderte das nicht; Anselm aber kam es wie ein kleines Wunder vor, über das er nie zu sprechen wagte.

Er pflegte zu beten, wenn ein Gewitter direkt über dem Kloster stand und sich dort austoben wollte; ganz allein kniete er dann in seiner Gebetszelle und bat Gott, seinen Herrn, inständig um Schonung für sich und die Seinen. Es gibt noch so viele schöne Bauernhöfe in der Umgebung; da muß es doch wahrlich nicht unser Kloster sein, das die himmlischen Feuerwerker in Brand stecken dürfen, hatte er beim letzten Gewitter gedacht – ein, zugegeben, unfrommer Gedanke, für den er sich auch gleich im Gebetsnachtrag entschuldigte, wobei er sich klar darüber war, daß es nur zu gerecht gewesen wäre, wenn man ihm zur allfälligen Mahnung einen Blitz herabgeschickt hätte, der in einen der großen alten Bäume schlug, und ihn dort in Flammen aufgehen ließ. Aber nichts war passiert; ein mächtiger Donnerschlag brachte das Himmelsgewölbe zum Erzittern, und Anselm hatte noch einmal den Kopf eingezogen und gebetet, als ginge es um sein Leben. Dann zog das Gewitter weiter, wurde leiser und leiser und verlor sich schließlich im Rauschen des Regens. Seither war der Philosoph etwas weniger ängstlich als sonst; er hatte, ohne es wirklich zu wollen, gesündigt in Gedanken und war trotzdem davongekommen. Ein leichtes Unbehagen blieb in ihm zurück – so als sei das letzte Wort in dieser Sache noch längst nicht gesprochen. Nun, da das nächste Gewitter bevorstand, kam in seiner alten Angst auf einmal eine neue Gelassenheit zum Vorschein: Er schaute aus dem Fenster. Blitze durchtrieben die Wolken; die Himmelssäle wurden im verräterisch-hellen Licht einmal aufgetan und flugs wieder verschlossen. Dieses Gewitter rumort ja noch in gehöriger Entfernung, dachte der Philosoph. Mit dem Beten kann ich also noch warten. Er legte sich nieder und schloß die Augen; Wind rauschte in den Bäumen, und dann setzte auch schon der Regen ein. In Gedanken flog Anselm über das karge Land hinweg; er sah Höfe unter sich, in deren Wohnstuben sich die Menschen angstvoll aneinanderkauerten. „Recht habt ihr", rief er, „denn euch wird es treffen. Dafür habe ich längst gesorgt." Er lachte; die Blitze erhellten seinen Weg, und der Donner spielte zum Tanz auf; die dort unten aber hockten beisammen und beteten, als gäbe es Hilfe im Himmel, in dem doch nur er noch, Anselm, seine Kreise zog. Der Wind hatte ihn erfaßt und trug ihn hinaus auf das Meer; gewaltige Wellen türmten sich auf, und in den Tälern kämpften winzige, mit Menschen befrachtete Schiffe ums Überleben. „Herrlich!"

brüllte der Philosoph, der sich so frei und mächtig vorkam wie nie zuvor. „Herrlich! Auch ihr auf den Schiffen geht unter und kommt nicht mehr zum Vorschein."

In diesem Augenblick gab es einen fürchterlichen Donnerschlag, und Anselm stürzte wie ein gnadenschwer gewordener Flugsack vom Himmel. Er schlug mit dem Kopf auf; Sterne tanzten ihm vor den Augen, und alle Knochen taten ihm weh. Als er in Gänze wieder zu sich kam, lag er vor seinem Bett. Von draußen hörte er Schritte und aufgeregte Stimmen: Das Gewitter, daß er in sicherer Entfernung geglaubt hatte, war längst über ihnen, und der Blitz hatte einen der hohen alten Bäume gestreift, der, so schien es, nur zur Hälfte in Brand geraten war. Die andere Hälfte sah nahezu unberührt aus; ein noch grüner Baum wogte im Wind und brannte zugleich lichterloh, bis er nur noch ein Gerippe war, das zu ihm, Anselm, emporzeigte. „O Gott!" rief der Philosoph und fiel auf die Knie. „Damit hast du mich gemeint, der ich mich für einen lächerlich bösen Traum über dich hinwegzusetzen wagte. Ich habe die trügerische Ruhe gesucht und das Gebet darüber vergessen. Verzeih mir, mein Gott. So wird also letztlich auch der Tor überführt, und ich will begreifen, daß wenigstens im Verstande etwas ist, über dem nichts Größeres gedacht werden kann. Und das bist du, Herr, unser Gott. So wirklich also bist du, Herr, mein Gott, daß du als nichtexistierend von nun an nicht mehr gedacht werden kannst. Und mit Recht. Denn wenn ein Geist etwas Besseres als dich denken könnte, erhöbe sich das Geschöpf über den Schöpfer und säße über den Schöpfer zu Gericht. Du allein hast am wahrsten von allem und damit am meisten von allem das Sein, weil alles, was es sonst gibt, nicht so wahr ist ... Dank dir, guter Herr, daß ich das, was ich zuvor durch dein Geschenk geglaubt habe, jetzt durch deine Erleuchtung wirklich und wahrhaftig *einsehe* ..."

Bonaventura

Der Philosoph Johannes Fidanza, genannt Bonaventura, der mit schweren Gedanken einherging, war auf den Landsitz der reichen Brüder Christian und Vincent Perceval eingeladen worden. Dort, auf der Domaine Les Belles Dames, hoffte er, einem Problem näherzukommen, das ihn seit Wochen, ja Monaten schon beschäftigte. Er hatte über das Wesen der Engel nachgedacht und war dabei zu dem vorläufigen Ergebnis gekommen, daß die Engel als Himmelslichter aufgefaßt werden konnten, die für Bewegung sorgten am Firmament und zugleich in die Welt der Menschen hineinwirkten. Wie dieser Zusammenhang aber nun genauer vorzustellen war, das hatte er sich noch nicht klarmachen können, und er ärgerte sich darüber. „Ihr seht, mit Verlaub, etwas brummig aus, verehrter Meister", sagte Vincent Perceval, der jüngere der beiden Brüder. „Die Welt ist schön", entgegnete Bonaventura mit säuerlicher Miene. „Aber mir ist nicht nach Zustimmung und Jubel zumute." „Aber, aber", sagte Christian Perceval, der seinem Bruder nicht nur an Jahren, sondern auch an Leibesumfang voraus war, „ein Mann Gottes wie Ihr, ein großer Denker und ein Philosoph vor dem Herrn; darf ein solcher Mensch denn schlechte Laune haben – so wie die anderen Sterblichen auch?" „Er darf", beschied ihn der Philosoph. „Vielleicht solltet Ihr mit mir zum Angeln kommen", sagte Vincent Perceval. „Das beruhigt ungemein und bringt mich immer wieder auf gute Gedanken." „Ach", meinte sein Bruder. „Hattest du je gute Gedanken? Es ist uns nie aufgefallen." „Ich möchte zunächst noch einen Spaziergang machen", erklärte Bonaventura. „Aber es könnte sein, daß ich Euch später Gesellschaft leiste." „Ihr wißt ja, wo unser Fischteich liegt", rief Vincent Perceval ihm nach. „Am Rande des Waldes, in einer kleinen Senke, die der Gott abgelauschten Beschaulichkeit dient." „In der Ihr seine

Kreaturen zu Tode bringt", sagte der Philosoph. „Laßt die Fische im Wasser. Wer hat Euch Befehl gegeben, sie aus dem Naß zu ziehen und aufs Land zu werfen?" „Ich verstehe ihn nicht", sagte der jüngere Perceval zu seinem Bruder. „Was hat er denn? Für sein Lebtag ißt er doch gern Fisch und trinkt dazu unsere köstliche Appellation Sancerre Controlée." Bonaventura ging an Feldern und Hecken vorbei; er hielt den Kopf gesenkt und achtete nicht auf den Weg. Über ihm, hoch in der Luft, kreiste ein Bussardpaar und schien ihn nicht aus den Augen lassen zu wollen. Die Engel sind sowohl Lichter als auch Spiegel, dachte er. So weit, so gut. Aber was dann? Genügt es zu sagen, daß die Engel Kräfte haben, mit denen sie die Bewegungen der Himmelskörper regeln und das Geschehen in der niederen Welt beeinflussen? Nein, es genügt nicht. Denn wenn zugleich feststeht, daß die Ursache ranghöher ist als die Wirkung und das Lebendige und Beseelte entsteht unter dem Einfluß der Himmelskörper, dann gilt dies notwendig auch für die Seele. Wenn also das Beseelte ranghöher ist als das Unbeseelte, dann muß es eine ganz andere Ursache haben als jene Körper.

In diesem Augenblick spürte er einen derben Schlag, der ihn am Kopf traf und von dort wie ein Sprühgewitter in die Glieder fuhr. Für einen Moment war ihm schwarz vor Augen, und es kam ihm so vor, als hörte er die Engel singen. Sie sind schadenfroh, dachte er und öffnete vorsichtig die Augen. Er war gegen einen Baum gelaufen, der ihm nun so unverrückbar-mürrisch gegenüberstand, wie er ihn angerempelt hatte. Dem Philosophen brummte der Schädel. „Wer wie ein geprügelter Hund zu Boden schaut, kann die Wahrheit nicht sehen", murmelte er. „Die nämlich liegt im Himmel, in dem die Engel sind und die Lichtstrahlen herab- und die Geistseelen hinaufbringen, auf daß sie Erleuchtungen empfangen. Und wer, frage ich, erleuchtet mich?" – Er ging weiter und kam auf leicht abschüssiger Wegstrecke an den Fischteich der Percevals. Vincent saß am Ufer und war gerade dabei, einen Wurm auf den Haken seiner Angel zu spießen. „Ihr seid ein Unmensch!" rief Bonaventura. „Auch ein Wurm ist ein Geschöpf Gottes." „Ich weiß", flüsterte Perceval. „Der Herr hat ihn geschaffen, als Köder zu dienen. – Und Ihr, werter Meister, mäßigt Euch in der Stimme. Das Angeln nämlich gedeiht nur in der Stille." „Ich werde Euch beweisen, daß Ihr kein Tier töten müßt, um ein anderes zu fangen", sagte der Philosoph. „Und wie, bitte, sollte das wohl möglich sein?" fragte Perceval. „Ihr gebt mir die zweite Angel, die Ihr mitgebracht habt", sagte Bonaventura, „und ich werde, ohne einen Wurm am Haken zu haben, eher einen Fisch aus dem Wasser ziehen als Ihr, der Ihr glaubt, auf den fleischlichen Köder nicht verzichten zu können." „Das ist vollkommen unmöglich", lachte Perceval. „Aber es sei. Für einen Spaß bin ich immer zu haben. Und wenn Ihr tatsächlich gewinnt, was nicht sein kann, dann will ich fürderhin nur noch die Fische fangen, die ohnehin schon mit ihrem Leben abgeschlossen haben." „Gut", sagte Bonaventura lächelnd. „Die Wette gilt." Sie warfen die Angeln aus und warteten. Es war still über dem Wasser; der Teich lag vor ihnen wie ein zur Schwärze erstarrtes Auge. Der Philosoph war sich seiner Sache sicher; er wußte auch, daß er der Lösung seines Problems nahegekommen war. Die Engel standen bereit; sie würden seine sehr ruhige Hand führen und zur gleichen Zeit ihren Amtsgeschäften am Himmel nachgehen; das war die allgewaltige göttliche Widerstandskraft, die sich zur Ordnung rief und wie ein längst einsichtiges Geheimnis am Leben erhielt. In diesem Moment spürte er einen Ruck an seiner Angel. Er zog und hievte eine kräftige Forelle an Land. Perceval starrte ihn an. „Das darf doch nicht wahr sein", krächzte er. „Doch, mein Freund, es ist wahr", sagte Bonaventura und warf den Fisch wieder ins Wasser. „Und merkt Euch: Im Hinblick auf die Urbildlichkeit ist der Wesensgrund eines Engels nicht ranghöher als der eines Wurms. Jedes Erschaffene bleibt ein Schatten im Verhältnis zu seinem Schöpfer."

Thomas von Aquin

Der Philosoph Thomas von Aquin galt als ein wahrhaft gewichtiger Mann: Seine Gott und dem Ewigen zugewandten Gedanken erreichten leicht die den Normalsterblichen nur mit Hilfe des Zwangsvollstreckungsdienstes der himmlischen Heimholungswerke zugänglich gemachten überirdischen Aufenthaltsräume, in denen das Zeitliche noch einmal – und zwar göttlich-amtlich beglaubigt – gesegnet wird, auf daß Ruhe einkehre in einem zu Ende gebrachten Leben. Thomas von Aquin aber stand auch – nicht zuletzt dank einer immensen Leibesfülle, die ihm zu eigen war – mit den beiden ihm geschenkten Beinen auf der Erde; sein ansehnlicher Bauch, dieses – wie es ein boshafter Zeitgenosse einmal zu formulieren gewagt hatte – „von Gott hochpersönlich aufgepumpte Abdomen", drückte ihn besonders an heißen Tagen sehr: Der Philosoph geriet dann, ohne es zu wollen, ins Schnaufen, und er wünschte sich eine Liegestatt, auf der er es, befeuert nur von den notwendigerweise matter werdenden Gedanken, aushalten konnte bis zum Einsetzen einer alles entlastenden metaphysischen Kühle.

An einem erbarmungswürdig schwülen Sommermorgen hatte sich Thomas von Aquin – seiner mehr als schlappen Befindlichkeit zum Trotze – an sein Schreib- und Arbeitspult geschleppt, um daselbst einige flüchtige Sentenzen auf dem Wege zum höchsten Wissen von Gott festzuhalten; elend fühlte der Philosoph sich und müde, und er saß da, als hätte man ihn, einen sichtbar gebeugten Diener des Grams, zur Regungslosigkeit verdonnert. Sein Bauch, der ihm wie eine die Mühen längst nicht mehr lohnende Last vorkam, drückte gegen die Halbrundeinbuchtung des Pultes, die er – eine Spezialanfertigung also – hatte zurechtschneiden lassen, damit er, seinen eindrucksvollen Körpermaßen entsprechend, an seinem Arbeitsplatz einigermaßen sicher und bequem sitzen konnte. Das Leben, dem er sonst durchaus einiges abgewinnen konnte, wollte ihm wie eine auf Wanstgröße geschrumpfte Grabkammer erscheinen, in die man ihn, der zu den trefflichsten Hoffnungen berechtigte, eingezwängt hatte. Die Schwüle verstopfte ihm alle Gedankenporen; es gab nur einen Weg, so schien es, aus seiner Sitzhaft zu entkommen. Der Himmel hat mir diesen Tag als eine besondere Prüfung zugestellt! dachte der Philosoph. Ich sollte mich ihr, ausnahmsweise natürlich nur, im friedfertigen Liegen unterziehen. Und er erhob sich, um zu seinem Bette zurückzukommen, aber das war nun auf einmal besonders schwer, denn sein Bauch hing im Pult fest, das sich mit ihm, dem Bauch und dem Philosophen zusammen, auf den Weg machte. Thomas von Aquin schüttelte sich, und die ungewollte Last fiel von ihm ab – direkt auf seine Füße. „Schmerzen sind dazu da, ertragen zu werden!" murmelte er und humpelte an sein Bett. Vorsichtig legte er sich nieder, und als er den steinernen Deckenhimmel über sich sah, wurde ihm wohler, die Hitze dieses seltsamen Morgens ging ihn nun nichts mehr an. Er schloß die Augen und wurde leichter und leichter – fast schien er zu schweben. Ich bin bereit, dachte er, und ich kann warten. Das höchste Wissen von Gott, das wir in diesem Leben erlangen können, besteht dann, zu wissen, daß es *über* allem ist, was wir denken . . .

Nach seinem Tode blickte der mittlerweile zum Heiligen avancierte Thomas von Aquin oft und gern auf die Welt hinab. Es hatte sich viel verändert dort unten, aber im Grunde war alles beim alten geblieben. Die Menschen hatten sich kundig gemacht und glaubten nun, klüger zu sein; dafür hatten sie sich, ohne es zu wissen, neue Ängste eingehandelt und einige unaufdringliche Besessenheiten, die sie gekonnt und zumeist lustvoll beherrscht dazu benutzten, um der Zeit Herr zu werden, von der sie weniger denn je wußten, was man denn eigentlich mit ihr anzufangen habe.

Thomas von Aquin juckte es oft in der Seele. Herabfahren wollte er dann auf die Erde, es den Menschen zeigen, die sich so selbstsicher-frech ihrer eigenen Dummheit angenommen hatten. Sie begriffen nicht, daß sie ihre Zeit, jene rätselhafte wie vergnügliche göttliche Erfindung, nutzen mußten, um etwas mehr aus sich zu machen, als ihnen zustehen mochte. Wohl fühlte sich der Philosoph allerdings nicht bei seinen höchst störrischen Überlegungen, die immer öfter kamen und ihm Argwohn bereiteten. Eines Tages sah Thomas von Aquin auf der Erde einen Menschen, der ihm entfernt bekannt vorkam; dieser Mensch, ein Mann von beträchtlicher Größe und enormem Leibesumfang, hatte, wie es schien, mit seinem Leben abgeschlossen, und er legte sich zum Sterben nieder. Warum ergibt er sich so in sein Schicksal, dachte der Philosoph, und er erschrak sogleich ob seiner unfrommen Aufmüpfigkeit. Er ist doch noch halbwegs jung, dieser Mann; das Sonnenlicht fällt weit herab vom Himmel, es ist warm, die Wasser des Meeres schimmern im Licht, und ein stiller, aber aufmerksamer Wind sichert die Grenzen der Lebenden gegen die Toten. In Momenten wie diesen darf man, ja: muß man glücklich sein, auch wenn die Freude am Leben letztlich verurteilt wird wie wir selbst. Thomas von Aquin wußte gar nicht, was in ihm vorging; wann hatte er je so Unerhörtes gedacht; er schämte sich, aber zugleich wollte er in mitleidigem Zorn hinabeilen auf die vergängliche Welt und dem Mann, der mit geschlossenen Augen und schweratmend dalag, aufhelfen von seinem Lager. Das aber ging nicht – natürlich; wer den Himmlischen Frieden gewählt hat, darf sich erst recht nicht beklagen und muß aushalten am zugewiesenen Orte. Der Mann also sollte wohl sterben; „ich kann nicht mehr", hörte der Philosoph ihn sagen, „ich kann nicht mehr; vor dem, was ich gesehen habe, erscheint mir alles, was ich geschrieben habe, wie Spreu" – und Thomas von Aquin wußte in diesem Augenblick, wer der Mann war, der da, noch einmal und immer wieder – für ihn –, starb, so, als gäbe es nicht nur die Hoffnung auf, sondern sogar eine Gewißheit für Anfang, Dauer und Ende.

Raimundus Lullus

Der Philosoph Raimundus Lullus saß auf einem vom Wind abgeschliffenen Felsblock und blickte ins Tal hinunter. Die Sonne stand hoch am Himmel, und es war warm. Die Luft flimmerte; in der Ferne sah man das Meer; ein schmaler blauer Streifen, der sich umstandslos in den Horizont fügte. Ja, es war schon ein schönes Fleckchen Erde, die Insel Mallorca; seine Heimat, die er verlassen hatte, um das Wort Gottes in die Welt hinauszutragen. Wann immer es ging, kam er zurück; Inzwischen war er ein bekannter Mann geworden, dem der Ruf vorauseilte, sogar Wunder vollbringen zu können. Eines Tages nämlich hatte er einem lahmen Bettler, der von seinem Gewerbe ganz gut zu leben verstand, eher versehentlich die Hand geschüttelt, worauf dieser einen weithin-hallenden Ruf der Verwunderung ausstieß, seine Krücken in die Ecke warf und in die nächstbeste Taverne stürmte. Kurz darauf hatte der Philosoph, ebenfalls in Palma, einen blinden Schauspieler, der ihm unter Tränen von seiner entbehrungsreichen Jugend berichtete, die sich vermutlich bis ins hohe Alter hinein fortsetzen würde, zu trösten versucht; Raimundus Lullus strich diesem unglücklichen Menschen übers Gesicht, und er öffnete die Augen und spähte um sich wie ein Ertrinkender, den man zurück ins Leben gebracht hatte. Er konnte wieder sehen; ein Umstand, der dem Philosophen fast peinlich war, denn er sah sich ungestümen Dankbezeugungen ausgesetzt, die kaum zu beschwichtigen waren. Da sich beide Vorfälle, welche ja in der Tat echten Wundern gleichkamen, in Windeseile herumsprachen, galt Raimundus Lullus inzwischen als eine Art Heiliger, der nicht nur über Gebühr klug war, sondern auch den Arzt im Hause ersetzte.

Ach ja. Es war schon nicht leicht. Seufzend erhob sich der Philosoph und ging weiter. Oben am Hang sah er schon das

Haus seines Freundes Ramón; ein weißes Refugium auf bräunlichem Fels, von dem aus man einen wahrhaft beeindruckenden Blick hatte über den allerschönsten Teil dieser sehr schönen Insel. Ramón war ein reicher Mann, der es zu etwas gebracht hatte; ihm gehörten Weinberge und Mühlen, Schiffe und Schatzkammern.

Auf Raimundus Lullus' wiederholte Empfehlung, seine Güter an die Armen zu verteilen, war er bislang nicht eingegangen; er sei noch nicht reif für einen solchen Schritt, pflegte er zu sagen; er benötige erst das geistige Rüstzeug, um sich zu einem so weitreichenden Entschluß, der ja auch so etwas wie einen Akt übertriebener Nächstenliebe darstelle, veranlassen zu können. Und so bat Ramón seinen Freund, wann immer dieser auf der Insel war, zu sich, um an dessen Gedanken teilhaben zu dürfen, was stets in einem nicht ungemütlichen Rahmen vor sich ging: Raimundus Lullus sprach, Ramón hörte zu und schenkte Wein ein; „denken macht durstig", pflegte er zu sagen, „und wer Durst hat, kann nicht denken". Am Abend dann gab es für gewöhnlich ein ansehnliches Festmahl; Felipe, Ramóns stummer Diener, trug alle Köstlichkeiten auf, die das Haus zu bieten hatte. Für das Tischgespräch sorgte in erster Linie Doña Marina, Ramóns Schwiegermutter, die, im Gegensatz zu ihrer eher schweigsamen Tochter Laura, der Kunst, Zurückhaltung zu üben, ganz und gar nichts abgewinnen konnte.

„Mein lieber Freund", begrüßte Ramón den Philosophen. „Es ist schön, daß du kommst. Du wirst mir, wie immer, Belehrung zuteil werden lassen und, so Gott will, mit einem kleinen Wunder deinem alten Freund Ramón anhaltende Erleichterung verschaffen." „Wie das?" fragte Raimundus Lullus. „Soll ich, der ich bekanntlich kein Wundertäter bin, etwa deinem stummen Diener Felipe wieder zur Sprache verhelfen? Das wäre immerhin von Vorteil, denn wie man hört, soll Felipe, bevor er stumm wurde, ein überaus gelehrter Mann gewesen sein. Er könnte dich unterrichten, wenn ich nicht da bin." „Ach was", sagte Ramón. „Ein stummer Diener ist nützlich. Du solltest lieber versuchen, sie da" – er deutete auf Doña

Marina, die man auf der Terrasse des Hauses laut und geschäftig hin- und hereilen sah – „auf immer zur Ruhe zu bringen. In letzter Zeit steht ihr Plappermaul gar nicht mehr still. Es ist, glaub einem schwergeprüften reichen Mann, kaum noch auszuhalten mit ihr." „Mein Freund", sagte der Philosoph mit strenger Miene. „Das will ich nicht gehört haben! Du versündigst dich sehr."

Den Nachmittag brachten sie dann wie gewohnt zu; Raimundus Lullus sprach über „das philosophisch Erkennbare und Vernunftgemäße", und Ramón bemühte sich zuzuhören. Am Abend bestritt, wie immer, Doña Marina die Konversation. Felipe bediente; er sah finster aus, und um seine Mundwinkel zuckte es. Nanu, dachte der Philosoph, es wird doch nicht schon wieder ein Wunder fällig sein? Als Felipe ein wenig Wein verschüttete und Doña Marina ihn deswegen zu schelten begann, stand Raimundus Lullus auf, um ihn zu trösten. Felipe schüttelte sich; er warf den Kopf hin und her, und dann brach es auf einmal aus ihm heraus: Er redete, wollte gar nicht mehr aufhören zu reden. Er erzählte sein ganzes Leben; er sprach von der Zukunft, die gerade neuentdeckt worden war. „Mein Gott!" sagte Doña Marina. „Mein Gott! Er hat seine Sprache wiedergefunden!" Dann sagte sie nichts mehr. Sie schwieg bis weit nach Mitternacht und begab sich dann kopfschüttelnd in ihr Schlafgemach. „Geliebter Freund!" sagte Ramón und sah Raimundus Lullus so ehrfürchtig an wie nie zuvor. „Wie soll ich dir danken." „Gar nicht!" sagte der Philosoph. „Ich bin müde und möchte schlafen." Als er im Bett lag und die Dunkelheit um ihn herum sich schon aufzuhellen begann, dachte er: O mein Herr und Gott! Du gibst die Wunder zur Welt, aber manchmal tust du des Guten entschieden zu viel. Ich bitte dich: Wenn wieder einmal Wunderbares geschehen soll auf dieser Insel, dann laß mich durch Abwesenheit glänzen. Für die Wundertaten solltest du andere berufen – tüchtige Fachleute etwa; ich fühle mich nur noch für den Auswärtigen Dienst tauglich.

Meister Eckhart

Der Philosoph Eckhart von Hochheim, den man seit geraumer Zeit schon Meister Eckhart zu nennen beliebte, war auf Einladung des schwerreichen Kaufmanns Treuchel nach Erfurt gekommen, wo er vor der theologischen und weltlichen Prominenz der Stadt eine Lesung über „Gott als das Sein selbst" halten sollte. Treuchel, ein im Prinzip gutmütiger Geselle, hatte sich in einer schwachen Stunde auf ein seltsames Geschäft mit dem Domprediger Rosenzweig eingelassen, bei dem er moralisch Federn lassen mußte, was den Gottesmann, der in keinem guten Rufe stand, in eine gewisse Position der Stärke dem Kaufmann gegenüber gebracht hatte, die er unerbittlich auszunutzen pflegte. Treuchel mußte dem Domprediger immer wieder mit allerlei Gefälligkeiten kommen; er wurde mit Geldgeschenken vorstellig und ließ dem beleibten, aber keineswegs beliebten Rosenzweig eine Sommerresidenz vor den Toren der Stadt bauen, in der er über einen gewaltigen Weinkeller wachte und sich gelegentlich von einigen Damen besuchen ließ, die im Rufe standen, keine Damen zu sein.

Dem Domprediger war der Philosoph Meister Eckhart, der bekannt geworden war durch scharfsinnig-dunkle Gedankengänge und einen schier übermenschlichen, dem Göttlichen selbst abgelauschten Gleichmut, zutiefst zuwider; so hatte er denn auf Treuchel eingeredet, den guten Ruf des Philosophen durch die Inszenierung kleinerer Mißhelligkeiten und Pannen auf die Probe zu stellen. Widerstrebend stimmte Treuchel dem dreisten Plan zu: Bei Meister Eckharts Besuch also, das war beschlossen, sollte es nicht mit rechten Dingen zugehen.

Der Philosoph war froh, wieder in Erfurt zu sein; bei frühherbstlicher Witterung unternahm er mit Treuchel und dem verschlagen vor sich hin grinsenden Rosenzweig einen Stadtrundgang. Als sie auf der Krämerbrücke standen, die anderthalb Jahre zuvor Brandschaden genommen hatte, deutete Meister Eckhart auf einige Arbeiter, die mit dem Aufbau beschädigter Häuser beschäftigt waren, und sagte: „Ich sehe mit Vergnügen, daß man sich die alte Schönheit der Stadt wieder etwas kosten läßt." „Ich selbst", entgegnete Treuchel, „bin daran nicht ganz unwesentlich beteiligt; ich darf das in aller Bescheidenheit sagen." Rosenzweig kratzte sich am Kopf, und fast im gleichen Augenblick machte sich auf der benachbarten Baustelle ein gewaltiger Balken selbständig und krachte unmittelbar neben dem Philosophen zu Boden. Meister Eckhart verzog keine Miene; er grüßte die wie versteinert dastehenden Arbeiter und ging weiter. „Wartet's nur ab", zischte Rosenzweig Treuchel zu, „er wird schon noch in Angst geraten." Als sie auf den Domplatz kamen, holte der Philosoph tief Luft. „Schön", rief er aus, „ganz einfach schön. Diese Weite inmitten einer doch eher kleinen und beengten Stadt." Von vorne näherte sich auf einmal ein Fuhrwerk, das in rasender Fahrt direkt auf die Männer zuhielt. Treuchel und der Domprediger sprangen zur Seite; Meister Eckhart aber blieb stehen, und Pferd und Wagen preschten haarscharf an ihm vorbei. „Das wiederum sind die Nachteile des Stadtlebens", sagte der Philosoph, „die enormen Verkehrsprobleme." Am Abend fanden sich in Treuchels monumentalem Haus zahlreiche Gäste ein, um Meister Eckharts Lesung beizuwohnen. Rosenzweig saß, flankiert von vier kräftigen Herren, in der ersten Reihe. Der Philosoph betrat das Podium; auf dem Tisch, den man für ihn bereitgestellt hatte, befanden sich ein Glas Wasser, dem Rosenzweig einen kräftigen Schuß Essig beigegeben hatte, und ein Buch, das die gesammelten Schriften des Hofpredigers enthielt. Meister Eckhart nahm einen Schluck Wasser und schüttelte kaum merklich den Kopf. Als er das Buch aufschlug, sah er, daß es nicht von ihm war. Man hatte sein eigenes Werk gegen die Traktate Rosenzweigs ausgetauscht. Mit unbewegter Miene klappte er das Buch wieder zu und wandte sich in freier Rede an seine Zuhörer. „Das Sein ist Gott", sagte er lächelnd. „Denn wenn das Sein etwas anderes ist als Gott, so ist Gott entweder nicht, oder er ist nicht Gott. Ich füge hinzu: Das Sein ist Gott seinem Wesen nach. Von ihm also und ihm allein empfangen alle Dinge Sein. Deswegen auch heißt es: Gott hat Himmel und Erde geschaffen."

In diesem Moment gab Rosenzweig den neben ihm sitzenden Herren einen Wink, und sie begannen, mit Pergamentkügelchen nach dem Philosophen zu werfen. Die meisten Geschosse verfehlten ihn; einige aber trafen und prallten ihm an den Kopf. Als eine Kugel in Meister Eckharts geöffnetem Mund verschwand, kam gelinde Heiterkeit auf; der Philosoph aber schluckte nur und sprach ungerührt weiter. „Außer Gott nämlich", sagte er, „außer dem Sein nämlich ist nichts. Daraus haben wir zu folgern, daß Gott als das Sein das Erste und das Letzte ist, Anfang und Ende. Was immer er also Vergangenes geschaffen hat, schafft er wie gegenwärtig im Anfang, was er aber jetzt wie im Anfang schafft oder wirkt, hat er zugleich in vollendeter Vergangenheit geschaffen."

Noch einmal, so als wollte er zum letzten Gefecht blasen, gab der Hofprediger seinen Leuten ein Zeichen: Die Herren sprangen auf, ergriffen den Stuhl des Philosophen und trugen ihn mitsamt Meister Eckhart, der weitersprach, als ginge ihn das alles nichts an, in einen Nebenraum. Von dort hörte man seine nun zu Donnerhall anschwellende Stimme, die dem verdutzten Publikum zubrüllte: „So also behaupte ich, daß Gott alles im voraus in sich erhält in Reinheit, Fülle und Vollkommenheit, weit und groß, da er Wurzel und Ursache aller Dinge ist. Und das wollte er sagen, als er sprach: Ich bin, der ich bin . . ." Da stand Treuchel auf, den es nicht mehr auf seinem Sitze hielt, und er rief: „Jawohl, jetzt wissen wir, warum Ihr Meister genannt werdet, Meister Eckhart. Euer Gleichmut ist nicht von dieser Welt; vor ihm müssen sogar die Prediger des Doms, die das Schlechte auf Erden sehr wohl kennen, zu guter Letzt kläglichst kapitulieren."

Wilhelm von Ockham

Der Philosoph Wilhelm von Ockham befand sich mit seinem eigennützigen Förderer, dem Bierbrauer Vinzenz Duttenhofer, auf einer Spazierfahrt durch die Isarauen. Die Luft war klar, eine fast knisternd feine Seidenluft, in der sich die Gegenstände abzeichneten wie gemalt und verewigt. „Ach ja", seufzte Wilhelm von Ockham, „wenn ich es nicht längst wüßte, würde ich meinen: Das Leben ist schön, ein Geschenk, einsichtig und geheimnisvoll zugleich." „Einen Durst hab' ich", knurrte Duttenhofer, der den Zweispänner, auf dem sie gefahren wurden, fast alleine ausfüllte. „Wegen Euch, frommer Mann, ist mir bislang das Frühstück vorenthalten worden." „Du Ärmster", sagte der Philosoph. „An so einem herrlichen Morgen muß man hinaus in Gottes Natur. Wer mag sich da noch um sein Frühstück scheren." „Ich" sagte Duttenhofer. „Was nützten mir alle Schönheiten, wenn mein Magen leer ist und meine Kehle zu verdörren droht wie ein in die Wüste verschlagenes Wasserröslein?" „Gut gebrüllt, Duttenhofer," sagte Wilhelm von Ockham. „Aber dein Frühstück besteht doch nur aus einer gewaltigen Morgengabe Bier." „Da ist all das Gute drin, was der Herrgott für eine menschenwürdige Nahrung hat wachsen lassen", meinte Duttenhofer. „Und das beste aller Biere –" „Ist dein eigenes, ich weiß", sagte der Philosoph. „Du hast es mir schon einige hundert Male mitzuteilen gewußt." „Und doch habt Ihr nie von meinem Bier getrunken, frommer Mann. Dabei kann unser Los auf Erden mit Duttenhofers Bräu erträglich werden. Oder, wie mein neuer Werbespruch besagt: Für den Frieden hienieden sei dir Duttenhofers beschieden. Wie findet Ihr das?" „Entsetzlich", sagte Wilhelm von Ockham. „Ich habe Gott zu danken, daß ich kein Bierbrauer geworden bin." „Das würde ich nicht so sehen", meinte Duttenhofer. „Als Bierbrauer wäret Ihr nicht in die gestrenge Verfolgung der

Kirche geraten." „Aber es hätte mich auch nicht nach München verschlagen", sagte der Philosoph, „eine Stadt, in der weitaus mehr getrunken als gebetet wird." „Und ich dachte, Ihr fühltet Euch wohl hier", sagte Duttenhofer und klang ein wenig gekränkt. „Ich bin gerne in München", stellte Wilhelm von Ockham fest. „Man war hier freundlich zu mir, hat mich aufgenommen ohne Ansehen der Person. Fast möchte ich meinen, daß ich hier sterben sollte. Alt genug bin ich, und die Träume vom Tod, die jedem Ende vorausgehen, habe ich auch schon." „Was redet ihr nur", knurrte Duttenhofer. „Da könnte einem ja glatt der Durst vergehen." „Er bedeutete dem Kutscher anzuhalten. Der Zweispänner kam an einer Uferböschung zum Stehen. Die Isar, die mehr Wasser als sonst führte, war von silbrigen Streifen überzogen. Eine schwächlich schöne Sonne stand am Himmel, der noch keine Wolken gesehen zu haben schien. „Richtig", sagte Wilhelm von Ockham. „Wir wollten ja spazierengehen." „Ihr wolltet spazierengehen", murmelte Duttenhofer. „Ich wäre jetzt lieber im Biergarten." Er befahl dem Kutscher zu warten. „Meinst du, daß er dich verstanden hat?" fragte der Philosoph. „Der Mann schaut etwas stier. Wenn ich nicht wüßte, daß wir uns noch am Anfang eines großartigen Morgens befinden, würde ich vermuten: der Kerl ist jetzt schon betrunken." „Ach was", sagte Duttenhofer. „Ich kenne den Mann. Und er kennt mich, er mag meinen Beruf. Dem Hause Duttenhofer ist er verbunden, weil es ihm geholfen hat, seines Durstes Herr zu werden." „Eben", meinte Ockham. „Also ist er doch betrunken und das ständig, wenn ich dich recht verstanden habe." „Guter und frommer Mann", sagte Duttenhofer. „Ihr wißt nicht, wovon Ihr redet. Habt Ihr je einen Rausch gehabt, könnt Ihr ermessen, was es heißt, die Welt mit ganz anderen, vom Trunk regelhaft aufgefrischten Augen zu sehen? Die Wahrheit nämlich liegt nicht nur im innigen Denken, sondern auch im verheißungsvollen Suff." „Schäm dich, Bierbrauer", rief Ockham lächelnd. „Schäm dich! Du förderst das Schlechte am Menschen, verdienst noch dein Geld damit, und doch –" „Bin ich kein übler Geselle, ich weiß, Meister Wilhelm", sagte Duttenhofer.

Als sie ein Stück am Fluß entlang gegangen waren, rief der Philosoph: „Manchmal denke ich, mein Freund, daß die Schönheit, eine Schönheit, wie wir sie hier und jetzt erleben, zum heimlichen Maß aller Dinge werden könnte. Das Maß, an dem sich unser Gemüt erhebt." „Es heißt: die Maß", sagte Duttenhofer. „Wir bezeichnen damit die handliche Grundeinheit, mit welcher der Bierausschank bewältigt wird. Äußere Einlaufform für die Maß ist der Krug, der sogenannte Maßkrug." „Dummkopf", sagte Ockham. „Das Maß, das ich meine, gehört zu den Intentionen der Seele." „Aha", sagte Duttenhofer, „dacht' ich mir's doch." „Und doch ist das Maß keine Substanz", fuhr der Philosoph fort. „Denn dann wäre das Maß aus Einzelsubstanzen zusammengesetzt, mit dem Subjekt in Rom und dem Prädikat in England, eine Absurdität zweifellos." „Zweifellos", sagte Duttenhofer. „Ein Schmarrn, ein ganzer großer." „Daher gilt", meinte Ockham, „ein Maß ist entweder im Geiste, oder es wird gesprochen oder geschrieben. Seine Teile also können nur als gedachte, gesprochene oder geschriebene vorkommen. Das aber sind keine Einzelsubstanzen. Somit steht fest, daß kein Maß, auch nicht das Maß aller Dinge, aus Substanzen zusammengesetzt ist. Was bewiesen werden sollte." „Ach ja", seufzte Duttenhofer. „Die Maß und die Wies'n. Ihr seid so ein kluger Mann, Meister Ockham. Manchmal könnt' man meinen, daß Ihr dem lieben Gott über die Schulter geschaut habt, so wie Ihr Euch auskennt."

In diesem Augenblick hörten sie Lärm hinter sich. Eine Kutsche näherte sich, ein Zweispänner, der mit affenartiger Geschwindigkeit über den Kiesweg preschte. Auf dem Bock hockte der Kutscher, ein in sich gekehrtes Männchen mit stierem Blick, das die Zügel schleifenließ. „Das ist doch unser Wagen", rief Wilhelm von Ockham, aber da war die Kutsche auch schon vorbei. „Natürlich war das unser Wagen", meinte Duttenhofer ungerührt. „Also habe ich doch recht gehabt", sagte der Philosoph. „Dein Kutscher war betrunken." „Er ist betrunken", sagte Duttenhofer. „Wär' er es nicht, müßte man ihn als krank bezeichnen. Daß er jetzt aber so rast, ist nur zu natürlich." „Wie das?" fragte Ockham. „Ja, riecht Ihr denn nichts, Meister?" rief Duttenhofer. „Der Mann hat Witterung aufgenommen. Hinter der nächsten Wegbiegung ist ein Wirtshaus, das seinen köstlichen Duft verströmt." „Ich rieche nichts", brummte Ockham. „Weil Ihr, mit Verlaub, vollkommen durchgeistigt und verbildet seid", sagte Duttenhofer. „Der Zugang zu den natürlichen Genüssen ist Euch abhanden gekommen." „Und nun?" fragte der Philosoph. „Was machen wir ohne Kutsche?" „Wir gehen ins Wirtshaus", sagte Duttenhofer. „Dort findet sich alles wieder ein: versoffene Wagenlenker und ihre Wagen, Erinnerungen, Hoffnungen, die Freuden des großen Durstes. Im Wirtshaus nehmen wir Maß, frommer Mann. Es hält sich bereit für die Intentionen unserer Seele."

Nikolaus von Kues

Der Philosoph Nikolaus von Kues war in das altfränkische Kloster Hohenfrohnlach gekommen, das, weiß Gott, in keinem guten Ansehen stand. Noch vor wenigen Jahren hatten die Kirchenoberen, zu denen Nicolaus Cusanus, so die etwas vornehmere lateinische Fassung seines Namens, ja mittlerweile auch gehörte, voller Stolz auf das in einem anmutigen Waldstück gelegene Kloster blicken können: Hohenfrohnlach galt als ein Hort der Frömmigkeit; die dort lebenden Mönche waren, wie man hörte, ausschließlich gottergeben, gehorsam und den christlichen Freuden, die der unermüdlichen Ausmalung bedurften, zugetan. Dann aber, welch unerklärlicher Vorgang, hatten sich die Zeiten und mit ihnen die Sitten geändert; eine frivole Lockerheit kam auf, die auch vor den Klöstern nicht haltmachte. Vergnügungssucht breitete sich aus; man verschmähte den himmlischen Ernst zugunsten eines ganzjährig wütenden und fast karnevalistische Züge annehmenden irdischen Frohsinns. Hohenfrohnlach hatte sich dieser Entwicklung kampflos ergeben; sein Niedergang wurde durch die Amtsübergabe des alten Abtes Longinus an seinen Nachfolger Eppler (Eplinius) verdeutlicht: Longinus, ein ebenso hagerer wie gelehrter Mann, mußte dem unglaublich korpulenten Eplinius weichen, der vor seinem Eintritt in das Kloster ein gefürchteter Trunkenbold gewesen war und sich nicht schämte, auch als Abt noch auf seine frühere Maxime hinzuweisen, welche da lautete: „Meum est propositum in taberna mori!" (mir ist es vorherbestimmt, in der Schenke zu sterben.) Nikolaus von Kues war entschlossen, mit dem Lotterleben in Hohenfrohnlach aufzuräumen. In der Weite des Meeres habe ich Gott gesehen, dachte Nikolaus von Kues, als seine Kutsche in den Hof von Kloster Hohenfrohnlach einfuhr. Gott wohnt in mir; da wird es mir doch wohl ein leichtes sein, mit einer

Bande übergewichtiger Mönchlein fertig zu werden. Er stieg aus; kein Mensch war zu sehen. Das Kloster wirkte wie ausgestorben. Der Philosoph ging auf das Hauptgebäude zu. Als er das schwere schmiedeeiserne Eingangsportal öffnen wollte, spürte er auf einmal eine Hand auf seiner Schulter. Er zuckte zusammen. Hinter ihm stand Eplinius, der Abt von Hohenfrohnlach. „Ihr kommt zu einer sehr ungünstigen Stunde", flüsterte er. „Was soll das heißen?" fragte Nikolaus von Kues. „Mein Kommen wurde Euch beizeiten angekündigt." „Darum geht es nicht", wisperte der Abt. „Es ist später Mittag, wie Ihr seht. Wir haben vor kurzem recht gut gegessen, und nun mußten meine Brüder sich zu ihrem wohlverdienten Mittagsschlaf zurückziehen. Wie gesagt: Ihr kommt zu einer sehr ungünstigen Stunde." „Das ist ja unglaublich", rief der Philosoph. „Sie schlafen am hellichten Tag . . ." „Wir führen ein gottgefälliges Dasein", sagte Eplinius. „Und bitte, mäßigt Eure Stimme. Meine Brüder könnten aufwachen, wenn Ihr so herumbrüllt . . ." „Das sollen sie auch", sagte der Philosoph Nikolaus von Kues, der merkte, wie ihm die Zornesröte ins Gesicht stieg. „In einer halben Stunde will ich sie alle versammelt sehen, alle Mönche von Hohenfrohnlach. Ich habe ihnen etwas mitzuteilen." „Ihr meint, ich soll meine Brüder wecken?" fragte Eplinius und starrte ihn ungläubig an. „Ich soll sie aus ihrem seligen Schlummer aufschrecken? So grausam wollt Ihr sein . . . Bedenkt doch: Impossibilium nulla obligatio est, wie der Lateiner sagt: Zu Unmöglichem gibt es keine Verpflichtung." „Und ob es die gibt", erwiderte Nikolaus von Kues. „Ihr tut, was ich sage. In einer halben Stunde will ich Eure Brüder vor mir sitzen sehen, hellwach und begierig, das Wort Gottes zu vernehmen."

Der Philosoph ließ den Abt stehen und ging an den Gebäuden vorbei in den Klostergarten. Man sollte sie aushungern, diese Mönche, dachte er. Eine Bande von Faulpelzen. Aber vielleicht komme ich ihnen mit lodernder Strenge nicht bei, sondern eher mit Milde und jener Großherzigkeit, die uns Gott selber lehrt. Nikolaus von Kues spürte die Wärme der Luft; er sah einen blitzblanken Himmel über sich, und ihn befiel eine leichte Rührung, die seiner eigenen Person und ihrem Bemühen galt. Ja, sagte er sich, ich will ihnen meine tiefe Zuneigung entgegenbringen; ich werde sie bei der Ehre ihres Glaubens nehmen, den ungünstige Umstände beeinträchtigt haben. Aus ihrem dogmatischen Schlummer will ich sie reißen, und dies im wahrsten Sinne des Wortes. Er ging zurück und fand zu seiner Freude und Verblüffung tatsächlich alle Mönche von Hohenfrohnlach im Refektorium versammelt. Die meisten von ihnen sahen recht verschlafen aus, was dem Philosophen aber, der bester Stimmung war, nicht weiter auffiel. „Geliebte Brüder!" rief er. „Euch, die, wie ich weiß, der Eifer für Gott beseelt, halte ich für würdig, den kostbaren Schatz der mystischen Theologie zu eröffnen. Ihr sollt das Licht wahrnehmen, das alles ist und alles hat . . . Laßt mich mit einem Bilde beginnen. Vielleicht kennt ihr ein Bild des Allsehenden, das von geschickter Künstlerhand so gemalt ist, daß es nach allen Seiten zu sehen scheint. Es gibt treffliche Bilder dieser Art auf dem Markt zu Nürnberg oder zu Koblenz in meiner Kapelle zur Heiligen Veronika oder in der Engelsburg zu Brixen. Das Eigenartige an diesen Bildern ist: Wo ihr auch steht, meine Brüder, jeder wird meinen, daß der Allsehende auf alle und jeden zugleich hinschaut. Es ist so: Wir haben die Beweglichkeit des unbeweglichen Blickes vor uns; ein von Menschenhand geschaffener Abglanz des Blickes Gottes, der für das kleinste Geschöpf die gleiche Sorge trägt wie für das ganze und größte Universum." – Nikolaus von Kues hielt inne; ein nahezu gleichmäßiges Schnarchen erfüllte das Refektorium: Die Mönche waren eingeschlafen. Mühsam erhob sich Eplinius, der Abt, und ging auf den völlig verdatterten Philosophen zu. „Seht Ihr", flüsterte er, „ich hatte versucht, Euch zu warnen. Seid gnädig mit uns: ‚Volenti non fit iniuria!' heißt es im altehrwürdigen römischen Recht – dem, der es so haben will, geschieht kein Unrecht."

Machiavelli

Der Philosoph Niccolò Machiavelli hatte den Tag, wie gewohnt, in großer Gelassenheit zugebracht, und nun war es, so leicht ging das, schon wieder Abend geworden, der zwar Zeit für die eigene Muße brachte, dem man zugleich aber mißtrauen mußte, weil er auch mit heimtückischen Verrückungen aufwarten konnte, Momenten eines längst nicht mehr erfreulichen Zweifels, der sich sogar auf die eigene Person bezog, mit der man, wie Machiavelli nur zu gut wußte, gerade in schweren Zeiten überaus pfleglich umgehen sollte. Der Philosoph hatte es an liebevoller Behandlung seiner selbst gerade in den vergangenen Wochen nicht fehlen lassen; das war er sich schuldig, da man ihn seiner öffentlichen Ämter beraubt und auf sein bescheidenes Landgut verbannt hatte, eine Ungerechtigkeit, die zwar ihm persönlich galt, welche als solche aber hohen Wiedererkennungswert besaß, da sie auch andere traf oder treffen konnte – andere, die es viel eher als er verdient hatten, gestraft zu werden. Über sie, diese offensichtliche Ungerechtigkeit, mußte man nicht räsonieren, wohl aber über den schon erwähnten Zweifel, der sich immer dann einstellte, wenn er am wenigsten mit ihm rechnete. Die Gelassenheit, in welcher Machiavelli seine Tage zubrachte, war, wie er selbst nur zu gut wußte, eine künstlich geweckte Gemütsbewegung, die er mit heiterer Strenge am Leben erhielt; nur wer gelassen blieb, konnte eine zwangsverordnete Untätigkeit ertragen – und sogar versuchen, das Beste aus ihr zu machen.

Der Philosoph, der in seinem Arbeitszimmer saß, hatte eine Karaffe mit Wein und ein schlichtes, dennoch bemerkenswert breitbäuchiges Glas vor sich, das er sich jetzt wieder füllte; es war sein eigener Wein, den er trank, kein übertrieben guter Tropfen, aber immerhin süffig genug, um die Gedanken anzuregen und bei Laune zu halten. Machiavelli schrieb einen Brief, der an seinen alten Vertrauten Francesco Vettori gerichtet war, den Gesandten der Republik Florenz in Rom, von dem es, hieß, daß ihn ständiges Heimweh plage. „Werter Freund", hatte Machiavelli geschrieben. „Erlauchter Herr Gesandter! Ihr wolltet etwas über meinen gewöhnlichen Tagesablauf wissen, als ob gleich dieser von besonderem Interesse sein könnte, sei's drum, ich will ihn Euch wohl so schildern, daß Ihr ihn für interessant halten müßt und Ihr Euch zu guter Letzt sogar fragen solltet, ob es, Eures Heimwehs ungeachtet, nicht ohnehin längst an der Zeit sei, mit mir, einem merkwürdigen Emigranten vom Lande, zu tauschen, da es doch offensichtlich ist, daß ich das vortrefflichere, das mit wirklichen Abenteuern der edelsten Art versetzte Leben führe. Nun denn, verehrter Gevatter, leset und höret, auf daß Euch alsbald die Verwunderung überkomme. Ich stehe in der Regel mit der Sonne auf und begebe mich in ein Wäldchen, das ich seit kurzem ausholzen lasse. Dort verbringe ich zwei Stunden, indem ich die Arbeiten des vorigen Tages nachsehe und mir die Zeit mit den Holzhauern vertreibe, die sich ihre Späße nicht nehmen lassen, welche sie gern mit den Nachbarn oder untereinander treiben. Vor kurzem ließ Nachbar Frosino da Panzano, ein trübäugiger Wicht, einige Klafter von meinem Holz abholen, ohne mir etwas zu sagen, und als ich ihn stellte und es ans Bezahlen ging, wollte er mir Geld abziehen, das ich angeblich vor vier Jahren beim Kartenspiel in Guicciardinis Taverne an ihn verloren hätte. Natürlich fing ich einen Höllenkrach an, drohte ihm erst Prügel, dann Klage an, bis ein anderer Nachbar kam und uns, bis zum nächsten Mal, versöhnte. So also geht es zu in meinem Wäldchen, welches wohl froh sein kann, daß es mich hat, so wie ich auch froh zu sein habe, daß es in beträchtlichem Anteile mir gehört. Ich gehe dann weiter, Freund, zu einer Quelle, ein Buch in der Tasche, Dante, Petrarca, Ovid oder auch einer von den kleineren Dichtern. Ich lese von ihren Liebesleiden und Freuden, erinnere mich der eigenen und bin für gute Augenblicke so zufrieden wie einer, der sich über die Zeiten erheben kann, ohne daß er es recht merkt. Danach begebe ich mich zu den Menschen zurück, kehre in ein Wirtshaus ein, wo man mich besser kennt, als es Maria, meinem getreuen Weibe, gefallen dürfte; ich rede mit allen möglichen Leuten, frage nach Neuigkeiten, erfahre dieses und jenes und lerne, wie verschieden die Ansichten und Meinungen der Menschen sind, wobei man zwischen Dummköpfen und den scheinbar gebildeten Herrschaften gar keine großen Unterschiede machen darf, denn diejenigen, die viel zu wissen glauben, wissen oft nur erbärmlich wenig. Nach dem Mittagessen, das immer so üppig sein muß, wie ich es verdiene, widme ich mich den Karten. Schauplatz dafür ist wieder das Wirtshaus, wo ich neben dem Wirt für gewöhnlich einen Metzger, einen Müller und zwei Ziegelbrenner antreffe, mit denen ich derart wüst und laut Cricca spiele, daß man uns oft genug bis San Casciano brüllen und fluchen hören kann. So vergeht die Zeit, werter Herr Gesandter, und ehe ich mich versehe, ist es schon Abend. Nun wird es erst richtig schön: Ich gehe nach Hause und kehre in mein bescheidenes Arbeitszimmer ein. Schon an der Schwelle werfe ich das schmutzige, schmierige Alltagsgewand ab, ziehe mir eine königliche Hoftracht an und betrete damit passend gekleidet die Hallen der Großen, welche alle dem Altertum angehören. Von ihnen werde ich liebevoll aufgenommen, denn im Grunde gehöre ich zu ihnen. Das Gespräch mit den ganz alten Meistern erhebt mich endgültig über die Wonnen der Alltäglichkeit, und sei es nur für wenig mehr als Stunden, in denen ich lese, nachdenke, auch selber ein wenig schreibe und dem Weine zuspreche, von dem ich ja, wie Ihr wißt, genügend habe. So kann ich meinen Kummer vergessen (welchen Kummer? frage ich), fürchte die Armut nicht mehr und schon gar nicht den Tod, weil alles gut ist, Gesandter, unendlich gut. Gehabt Euch wohl und beneidet mich um mein vorzügliches Leben! – Sis felix, sei glücklich!"

Machiavelli trank sein Weinglas aus und schenkte sich nach. Was willst du, lästiger Zweifel, dachte er. An meiner Art zu leben beißt du dir die Zähne aus. Komm wieder, wenn ich wie gewohnt Verwendung für dich habe, am morgigen Tag zum Beispiel, der schon bald wieder mit seinem allerersten ärgerlichen Lichte graut.

Giordano Bruno

Der Philosoph Giordano Bruno, der nun schon recht lange nicht mehr jung war, hatte sich, den zumeist dürftigen Umständen gehorchend, in der Stadt Frankfurt am Main niedergelassen. Es war schon kurios: In Frankfurt, dessen stets leicht muffiges Klima ihm von Anfang an überhaupt nicht behagte, schlief er wie nie zuvor in seinem Erdendasein; und es war ihm gelungen, in der Stadt einige wohlhabende Gönner kennenzulernen, die ihn alsbald für einen bedeutenden Denker hielten, sich aber standhaft weigerten, auch nur eine einzige Zeile von ihm, dem Philosophen, zu lesen. Einer dieser Gönner war der steinreiche Handelsherr Possmann, ein ebenso korpulenter wie extravagant-heiterer Bursche, der den Philosophen öfter zu sich einlud oder Spazierfahrten mit ihm in der vergleichsweise lauschigen Umgebung von Frankfurt unternahm.

An einem schönen Spätsommertag hatten Possmann und der Philosoph sich zu einer Fahrt ins Grüne verabredet. Auf dem Weg zum Hause des Handelsherrn dachte Giordano Bruno über die merkwürdigen Träume nach, die ihn in den vorangegangenen Nächten mit einem fast planmäßig zu nennenden, sanft-tückischen Zuspruch, aus dem Wahnwitz erwuchs, heimgesucht hatten. Sie waren nicht unangenehm, diese Träume, nein, das nicht; eher gaben sie sich lächerlich, spielten mit ihm, einem inzwischen doch schon zweiundvierzig Jahre alten Mann, und beharkten ihn mit jenen dunklen Wunschvorstellungen, denen er als Knabe, als Kind mit eisgrauen Augen, noch nachhängen durfte. Vier Nächte hintereinander hatte sich Giordano Bruno als Held gesehen; er lag im Bett, eingerollt in sein bretterschweres Laken, und das Gesindel der Welt stieg im Traume zu ihm herab: Diebe, Mörder, Fallensteller und die noch verfügbaren freiberuflichen Halunken. Sie lauerten ihm auf, stellten ihm nach; wüste Drohungen stießen sie aus und waren bis an ihre fauligen Zähne bewaffnet. Er aber, ein Philosoph, schwach in den Armen und bärenstark im Geiste, ließ sich davon gar nicht beeindrucken: Er lachte und wurde zum Held. Er war der Held des Tages, aber es gab keine Bewunderer, die ihn feiern wollten in dieser Nacht, und so wachte er schließlich auf, in gekrümmter Haltung, aber sehr zufrieden und noch immer mit einem Gefühl enormer Stärke versehen, das ihn auch jetzt nicht verließ, als er auf dem Wege zum prächtigen Stadtdomizil des stets frohgemuten Handelsherrn Possmann war. Bruno fand, daß die Leute, denen er begegnete, anders aussahen als sonst; sie senkten den Blick, wagten nicht, ihm in die Augen zu schauen. Ja, es wird wohl schon so sein, dachte der Philosoph, über Nacht bin ich, unwiderruflich, zum Helden geworden.

Possmann wartete vor dem Haus auf ihn; die Kutsche war angespannt. „Ihr seht, mit Verlaub, noch recht verschlafen aus, mein guter Bruno", sagte er. „Ich hatte schöne Träume", entgegnete der Philosoph. „Und wie es scheint, reichen sie weit hinein in den Tag." – Sie fuhren aus der Stadt hinaus; die Luft blieb muffig, aber die Landschaft veränderte sich: Am Horizont sah man dunkelgrüne Waldberge; eine matte Sonne stand am Himmel, und das Land wurde auf einmal weit. Wälder taten sich auf; die Kutsche schien auf einem Weg zu sein, der zielsicher von allen mühsam errichteten menschlichen Behausungen wegführte. Possmann schwieg, was insofern verwunderlich war, weil es überaus selten vorkam. Er lächelte auch nicht vor sich hin, sondern schaute vergleichsweise ernst und verbiestert drein, so als setze ihm ein hartnäckiges Problem zu, das mit Geld allein nicht aus der Welt zu schaffen war. „Und Ihr glaubt es wirklich und wahrhaftig", meinte er schließlich, „Ihr glaubt, daß da noch andere Himmelskörper existieren, auf denen es Leben geben könnte?" – „Ich glaube es nicht nur, ich weiß es", sagte der Philosoph. „Ebenso wie diesen herrlichen Planeten, den wir Erde nennen, gibt es noch unendlich viele andere, die einen besonderen Abstand voneinander halten und durch eigene Schwerkraft in ihrer Bahn gehalten werden. So entsteht dauerndes Leben und dauerndes Licht. Es sind flammende Körper, die den Ruhm der göttlichen Majestät verkünden und das Werk seiner Hände sind. Von hier aus kommen wir zur Anschauung der Gottheit – nicht als einer, die außerhalb unserer selbst wäre, für sich seiend und in großer Entfernung von uns, sondern als einer, die in uns selbst ist. – Diese Gottheit ist uns innerlicher, als wir uns selber innerlich sein können." – „Gut gebrüllt, Herr Philosoph", sagte Possmann. „Auch wenn ich Euch nicht ganz folgen kann."

In diesem Augenblick kam die Kutsche abrupt zum Stillstand. Unfreundliche Stimmen waren zu hören; dann wurden die Türen aufgerissen. „Das sind Räuber", flüsterte Possmann noch, bevor man ihn und den Philosophen aus dem Wagen zerrte. Es waren vier verwegen aussehende Gestalten, die sie umringten; der Anführer, ein wahres Galgenvogelgesicht, fuchtelte mit seiner Pistole herum und brüllte: „Geschmeide und Geld. Alles, was wertvoll ist." – Bruno lachte; er erinnerte sich an seine Träume und fühlte sich stark. „Aber meine Herren", sagte er und ging auf die Räuber zu. „Wir wollen doch gar nichts kaufen. Gleichwohl schätze ich mich glücklich, daß Sie es wagten, uns anzuhalten. Denn damit geben Sie mir die Gelegenheit, mich zu beweisen. Der Held nämlich ist Held auch am Tag, nicht nur im Schutze der Nacht. Gestatten Sie zunächst, daß ich mich von der Qualität Ihrer Waffen überzeuge?" Der Philosoph griff nach der Pistole des Anführers, der darob so verblüfft war, daß er sie ihm widerstandslos überließ. „Meine Herren Halunken", rief Bruno. „Es wird Zeit: Zurück in die Wälder!" Er schoß in die Luft, und die Räuber, alle verdutzt, ja fast einfältig dreinblickend, stürmten davon. – „Sehen Sie, mein lieber Possmann", sagte der Philosoph zu dem verdatterten Handelsherrn. „So einfach ist es, ein Held zu sein. Was ich schon immer ahnte, weiß ich nun: Die Nacht macht uns stark, und der Tag muß es büßen."

Böhme

Der Philosoph Jakob Böhme befand sich im Riesengebirge. Durch dichtes Gestrüpp hatte er sich vorwärtsgearbeitet und einen Weg erreicht, der in sanfter Steigung bergauf führte. Es regnete, und der Untergrund war glatt; über den Baumkronen aber schimmerte ein seltsam klares Licht, das dem Philosophen jene Einsicht zu verbürgen schien, nach der er schon länger suchte. Er hatte über die Signaturen des Lebens nachgedacht und war dabei wieder einmal auf das Wissen selbst zurückgekommen, dem er nicht allzusehr traute. Wissen war trügerisch, eine Fabel der Hoffart, ein Pensum zum Abarbeiten und Vergessen; wer zu wissen vorgab, verriet sich vor Gott. Eine solche Erkenntnis aber war eigentlich auch trostlos, und Jakob Böhme hatte es auf einmal nicht mehr in seiner Stube ausgehalten, und er war hinausgestürzt ins Freie. Er rannte durch die Gassen der Stadt und erreichte ungeschütztes Gelände. Über stinkende Felder hinweg, durch Wiesen und Gräben kam er ungeahnt schnell ins Gebirge, das in Wolken lag. In den Wäldern verlor sich die Zeit des Tages; strafend düster war es, wenn da nicht dieses Licht heraufgezogen wäre, das den Philosophen beruhigte und in erwartungsfrohes Bangen versetzte. Auf einem umgestürzten Baumstamm machte Böhme Rast; er atmete schwer, und für einen Moment kam es ihm vor, als wäre er nicht mehr allein, sondern längst zum Verfolgten geworden, dem ein Unbekannter nachstieg. Waren da nicht Schritte gewesen hinter ihm, ein Knacken im Unterholz und flüsternde Stimmen, die zum wiederholten Male über ihn berieten?

Es kann mir nichts zustoßen, dachte der Philosoph. Den Boden ruhiger Gewißheit habe ich mir bereitet. Als ich die Tiefe dieser Welt anschaute, dazu Sonne und Sterne und Wolken, dazu Regen und Schnee, betrachtete ich in meinem Geist die ganze Schöpfung dieser Welt. In allen Dingen fand ich

Böses und Gutes, Liebe und Zorn, in den unvernünftigen Kreaturen wie in Holz, Steinen, Erden und Elementen sowohl als in Menschen und Tieren.

Böhme wurde ruhiger, und er schloß die Augen. Da klatschte auf einmal ein Geschoß neben ihm zu Boden, ein übelriechender Sack, aus dem schwärzlich-grüne Flüssigkeit quoll, die sich rasch verbreitete. Danach war ein teuflisches Lachen zu hören, das von oben herab kam und zu wahrer Hohnstärke anschwoll. Das muß er sein, dachte der Philosoph, Rübezahl, der Herr der Berge, an den das einfache Volk mit zäher Inbrunst zu glauben beliebt. Auch Böhmes Freund Praetorius, der kein Freund satter Phantastereien war, hatte Rübezahls Existenz für erwiesen gehalten und damit begonnen, alle Sagen und Legenden, die über den geheimnisvollen Riesengebirgsherrscher in Umlauf waren, zu sammeln. Praetorius war es sogar gelungen, einen Verlag zu finden, der die Absicht kundtat, aus seiner Sammlung ein Buch zu machen, das unter dem Titel „Daemonologia Rubinzalii Silesii" an Michaelis des übernächsten Jahres erscheinen sollte. Konnte es sein, daß der Freund recht hatte und dieser Rübezahl hier tatsächlich sein Unwesen trieb? Jakob Böhme fühlte sich nicht in der Lage, es auf eine Wahrheitsprobe ankommen zu lassen; er sprang auf und rannte weiter. Durch dichtes Gestrüpp arbeitete er sich vorwärts und erreichte schließlich einen sanft ansteigenden Weg, der ihm sehr bekannt vorkam. Die Kunst, im Kreise zu gehen, dachte er, aber da er keine Schritte mehr hinter sich hörte, kein Schleifen und kein Ziehen, und auch das teuflische Gelächter verstummt war, legte sich seine Ängstlichkeit. Noch immer stand das seltsam klare Licht am Himmel, von dem er hoffte, daß es ihn führen würde – und erleuchten. „Wenn alle Bäume Schreiber und alle Äste Schreibfedern wären", rief er, kühner werdend, aus, „wenn alle Berge Bücher und alle Wasser Tinte wären, sie könnten den Jammer und das Elend nicht genug beschreiben, die Luzifer an seinen Ort gebracht hat ... Aus dem Haus des Lichts hat er ein Haus der Finsternis gemacht und aus dem Haus der Sanftmut ein ewiges Pochen, Donnern und Blitzen ... Aus dem Haus des Friedens ist ein Haus des Heulens und Zähneklapperns geworden und aus dem Haus des Lachens eines des Zitterns und Zagens."

In diesem Moment spürte der Philosoph einen Schlag im Kreuz; man hatte ihn abermals unter Beschuß genommen, und auch das dreiste Gelächter war wieder zu vernehmen. „Ich werde dir helfen, Freundchen, von Dingen zu reden, von denen du nichts verstehst. Heißt es nicht schon im Munde des Volkes, daß der Schuster bei seinen Leisten bleiben soll?" brüllte eine Stimme, und der dazugehörige Mann, vermutlich ein Riese an Gestalt, den man noch immer nicht sehen, dafür aber sehr wohl ahnen konnte, schien ihm nun persönlich an den Kragen zu wollen, denn er kam den Krüppelholzhang heruntergestapft, unüberhörbar, ein Berserker, der schnaubend durch die Büsche brach, um sich seinen Philosophen zu holen. Jakob Böhme ergriff die Flucht, ja er rannte um sein Leben. Sein Verfolger blieb hinter ihm; die Erde bebte, aber er kam nicht näher. Es war, als wollte er einen immergleichen Schrekkensabstand einhalten, der ihm zudem die Gelegenheit gab, mit schweren Gegenständen nach dem Philosophen zu werfen, die diesen jedoch, erstaunlich genug, allesamt verfehlten. Böhme keuchte; der Schweiß stand ihm auf der Stirn. An einer abschüssigen Wegbiegung stolperte er über eine heimtückisch aufragende Baumwurzel und stürzte; er fiel tief und schlug auf einem Fleckchen steinharter Erde auf. Vor seinen Augen tanzten rote Punkte, und es wurde dunkel um ihn her. Als er erwachte, fand er sich auf dem Waldboden wieder; es war, als hätte ihn jemand zur vorsorglichen Ruhe gebettet, denn er lag geschützt am Fuße eines hohen Baumes und war mit Zweigen zugedeckt. Schmerzen spürte er keine, im Gegenteil: Er fühlte sich erfrischt wie nach einem langen Schlummer. Als er sich erhob, kam ihm ein Erinnerungsbild zu, das nur noch ein Schatten seiner selbst war. Er hatte den Gang in die Wälder gesucht und war unter das Licht seiner Einsicht gelangt, das ihn verfolgen ließ, bis er, fliehend und einer ihm neu zugedachten Eingebung gehorchend, zur Ruhe kommen mußte, die einem gewährenden Schlafe glich; und so wußte der Philosoph nun, was er wissen wollte: Das Licht steht frei für sich, dachte er.

Und weil es sich nunmehr gänzlich offenbaren will wie in einem hellen Spiegel, so ist zu vermuten, daß der große Tag der Offenbarung Gottes längst vorhanden ist. Die Grimmigkeit und das entzündete Feuer werden sich von dem Licht scheiden. Darum soll keiner mehr unbedacht in die Wälder fliehen oder sich selber stockblind machen, denn die Zeit der Wiederbringung dessen, was der Mensch verloren hat, ist gekommen; die Morgenröte bricht an, und es ist endgültig Zeit, vom Schlafe aufzuwachen.

Montaigne

Der Philosoph Michel de Montaigne war zu Beginn einer gro-
ßen Reise, die ihn über Lothringen, Süddeutschland und die
Schweiz bis nach Rom führen sollte, in das bekannte Kurbad
Plombières gekommen, das im Ruf einer gewissen Freizügig-
keit stand, obwohl es von seiner Lage her eher auf drängende
Enge schließen ließ, denn der Ort duckte sich in eine schmale
Felsenschlucht, durch welche die schäumenden Wasser der
Augronne schossen. In Montaignes Begleitung befanden sich
vier mehr oder weniger noble Herren: allen voran Bertrand-
Charles de Mattecoulon, der jüngste Bruder des Philosophen,
der in Italien an einem Intensivkurs zur Verbesserung seiner
Fechtkünste teilzunehmen beabsichtigte; dann die Herren
Bernard de Cazalis und Charles d'Estissac, beide bei Hofe
wohlgelitten und mit vielseitig verwendbaren Empfehlungs-
schreiben der Königinmutter Katharina von Medici ausgestat-
tet, sowie ein gewisser Monsieur Hautoy, der als wohlhabend
galt und gern laut und ausgiebig über die eigenen Witze lachte.
Die Badeanlagen von Plombières, das schon die Römer zu Er-
holungszwecken aufgesucht hatten, waren gepflegt, und man
legte, zumindest während des Badebetriebs, Wert auf gesittetes
Betragen. Laute oder gar unkeusche Reden waren uner-
wünscht, desgleichen abfällige Bemerkungen der katholischen
Kirche gegenüber; zudem gab es eine Badeordnung, die sowohl für die Einzelwannen, in denen es zur Vor- und Nach-
reinigung kam, als auch für das langgestreckte Quellbecken
galt, in dem sich die Badegäste schwimmend und plaudernd
ergingen; sie sah vor, daß der Herr sich mit Hose, die Dame
dagegen nur im langen Hemd ins Wasser begeben durfte.
Montaigne gefiel es in Plombières; seine Begleiter hingegen,
die allesamt deutlich jünger waren als er, äußerten schon nach
drei Tagen ihren Unmut über die „wenig ergiebigen" Baderi-

tuale, denen sie sich zu unterziehen hatten. Der Philosoph jedoch fühlte sich in bemerkenswertem Einklang mit jenem unspektakulären, seelisch und körperlich ausgewogenem Wohlbefinden, das er zeit seines Lebens angestrebt, aber mit zunehmendem Alter immer mehr verfehlt hatte. Montaignes Zufriedenheit wurde von seinen Mitreisenden mit deutlichem Argwohn bedacht; sie fanden es zudem ausgesprochen übertrieben, daß er als Badegast entschieden mehr tat, als man von ihm erwartete: Der Philosoph badete nämlich nicht nur im Quellwasser von Plombières, nein, er trank es auch – und zwar jeden Morgen um sieben Uhr neun große Gläser, die er, ohne Anzeichen des Widerwillens, sondern eindeutig vergnügt und bei bester Stimmung, nacheinander leerte. „Ihm beim Wassertrinken zuzusehen macht mich ganz krank", klagte Herr d'Estissac. „Es kommt einer Provokation gleich, einer Anmaßung vorgeblicher Gesundheit, die mehr will als nur blühen." „Dabei ist es gar nicht gesund", meinte Monsieur Hautoy. „Der Bademeister, dem ich eine kleine Aufmerksamkeit zukommen ließ, hat mir verraten, welche Inhaltsstoffe in diesem Quellwasser treiben ... Ich kann Ihnen sagen, meine Herren." „Genug", rief Bertrand-Charles de Mattecoulon. „Mein Bruder ist ein großer Denker, dessen Gesundheit uns allen am Herzen liegt. Aber ich will nach Rom, um mit dem Degen zu arbeiten. Also sollten wir Herrn de Montaigne dazu veranlassen, die nötigen Schritte für eine baldige Weiterreise einzuleiten ... Ich wüßte da auch schon, wie wir ihn unseren Absichten gewogener machen könnten." Am nächsten Morgen stand, wie gewohnt, die große Karaffe bereit, aus der sich der Philosoph mit dem Quellwasser zu versorgen pflegte, dessen Wirkung er nicht genug rühmen konnte. „Hoffentlich merkt er nichts", flüsterte de Cazalis, „für den Kenner sieht guter Wein allemal anders aus als trübes Wasser." „Seien Sie still", zischte de Mattecoulon, „mein Bruder hat noch den Schlaf in den Augen; er kann gar nichts merken." „Aber danach", rief Monsieur Hautoy und konnte sich vor Lachen kaum halten, „danach wird er's merken." „Meine Freunde", sagte Michel de Montaigne. „Ihr seht mich so merkwürdig an ... Ist etwas mit euch? Oder gar mit mir?" „Aber nein", meinte d'Estissac. „Nichts ist ... Sie sollten jetzt trinken." Gespannt verfolgten sie, wie der Philosoph das erste Glas in einem Zug leerte. „Dieses Wasser ist wundersam", sagte er und leckte sich die Lippen. „Es schmeckt von Tag zu Tag besser. Heute mundet es mir besonders gut; es ist so kräftig und voller Geschmack. Wenn ich nicht wüßte, daß es Wasser ist, würde ich es für Wein halten." Als der Philosoph sein fünftes Glas geleert hatte, hielt er sich am Tisch fest und murmelte: „Dieses Wasser hat auch wahrheitsfördernde Wirkung. Im Augenblick macht es mir klar, daß ich nicht mehr der allerjüngste bin." „Ich glaube nicht, daß er neun Gläser schafft", flüsterte de Cazalis. „Er schaut schon so schief." „Ach was", sagte de Mattecoulon. „Mein Bruder ist, wie die meisten Philosophen, trinkfest. Er wird kaum merken, daß wir ihm Wein anstelle des trüben Quellwassers eingeschenkt haben. Nach dem Genuß desselben aber dürfte er zur baldigen Abreise bereit sein." Montaigne leerte sein neuntes Glas. Er beäugte die leere Karaffe und machte sich dann kopfschüttelnd auf den Weg zum Schwimmbecken, wobei er, zugegeben, ein wenig schwankte, aber im Groben doch die Richtung zu halten wußte. Ohne anzuhalten oder sich wie sonst seines Mantels zu entledigen, ging er ins Wasser, in dem er wie ein Stein versank. „Er säuft uns ab", rief Monsieur Hautoy und eilte, gefolgt von den anderen, an den Beckenrand. Der Philosoph trieb auf der Wasseroberfläche; er lag auf dem Rücken und hatte die Arme über der Brust verschränkt. Als man ihn an Land zog, schlug er die Augen auf und lächelte. „Was für ein Wasser", sagte er. „Mir ist, als wäre ich auf einer langen Reise gewesen und hätte mehr gesehen, als ich sehen sollte. Eine Ahnung ist mir zur Gewißheit geworden, und so erinnere ich mich mit einem Mal an die Oden des Horaz, in denen es heißt: ‚O fortes, pejoraque passi / Mecum saepe viri! Nunc vino pellite curas: / Cras ingens iterabimus aequor – Brave Gefährten, mit mir härterer Schickungen Dulder, / Scheuchet die Sorgen durch Wein, / Morgen durchwallen wir das weite Meer'."

Hobbes

Der Philosoph Thomas Hobbes sah mit Sorgen auf seinen Zögling, den jungen Lord Cavendish, der gerade seinen vierten Imbiß zu sich nahm, und es war noch nicht einmal Mittag. Cavendish, erstgeborener Sohn eines spät geadelten Landmannes und Tabakhändlers, auf dessen Anwesen der Philosoph seit etwa zwei Jahren als Erzieher wirkte, mußte als Sorgenkind gelten. Der Junge, gerade mal siebzehn Jahre alt, besaß das Benehmen eines Bierkutschers; er war grobschlächtig, ungehobelt, rücksichtslos, dazu dick, dumm und faul, eine wahrhaft deprimierende Kombination von Eigenschaften. Was die Dummheit seines Schützlings anging, so mußte sich Hobbes allerdings eingestehen, daß man da auch seine Zweifel hegen durfte; manchmal nämlich blitzte eine seltsame Klugheit in der Rede des jungen Lord auf, eine Art Erkenntnisschalk, der den Zugang zu verlorengegangenen Weisheiten zu verbürgen schien. Er spielt mit mir, dachte der Philosoph dann. Der Junge macht sich unerhört lustig über mich. In der Philosohie, die er als seine eigentliche Berufung verstand, suchte Hobbes Trost; schade nur, daß sie ihm nicht die Finanzen regelte und den Lebensunterhalt besorgte. So hatte er denn das Angebot des alten Cavendish angenommen und sich als Erzieher einstellen lassen, wobei noch zu erwähnen wäre, daß er seinen Zögling erst nach Dienstantritt kennenlernte; wäre dies früher geschehen, da war sich der Philosoph sicher, hätte er wohl beizeiten die Flucht ergriffen.

Immerhin, der alte Cavendish war einigermaßen großzügig. Er hatte Sohn und Erzieher auf eine Bildungsreise geschickt, die von der Insel weg auf den Kontinent, ins alte Europa also, führte; dort befand man sich nun seit geschlagenen dreizehn Wochen. Sie hatten die deutschen Lande erreicht, eine insgesamt eher trostlose Gegend; der Ort, in dem sie jetzt in einem

Gasthaus hockten, hieß Schönau, ein Marktflecken, umgeben von steilen Bergen, die sich fast ständig in Nebel- und Wolkenbänken befanden. Und: es regnete, ausdauernd und streng; ein Wetterchen wie auf der Insel; mit Bildung war da nichts getan, allenfalls noch mit Einbildung. Und der junge Lord fraß, man konnte es nicht anders sagen; er schaufelte in sich hinein, was auf den Tisch gebracht wurde – mit hörbarem, unerträglich lautem Appetit. „Hab' ich dir nicht längst die Kunst des Benehmens beigebracht?" fragte Hobbes. „Anscheinend nicht", sagte Cavendish. Er sprach einer regionalen Spezialität zu, einer sogenannten Schlachtplatte, die allerlei Schweinernes enthielt; der Philosoph sah es mit Grausen. „Schmeckt nicht gut", murmelte Cavendish kauend. „Diese Deutschen, wie schaffen sie es nur immer wieder zu überleben. Ich werde mir noch etwas Leichtes bestellen, einen großen fangfrischen Fisch etwa." „Du willst weiteressen?" sagte der Philosoph ungläubig. „Manch einer ist schon an Völlerei zugrunde gegangen." „Ich befinde mich noch in der Wachstumsphase", erwiderte der Lord. „Da muß man ordentlich essen." „Ordentlich ja", brummte Hobbes. „Aber nicht so viehisch viel." Cavendish winkte dem Wirt, der sogleich herbeigeeilt kam. „Nimm diesen Fraß, Schafsgesicht, und verschwinde", rief der Lord. „Ich will einen Fisch, einen frischen, gut angemachten Fisch, wenn du Wicht verstehst, was ich meine." „Aber natürlich", sagte der Wirt, der ganz rote Ohren bekommen hatte. „Ihr werdet nicht enttäuscht sein, Herr." Er verschwand in Richtung Küche. „Wir sind zu Gast in diesem Lande", sagte der Philosoph mißbilligend. „Da spricht man nicht wie ein Bauer, und wenn man sich über das Essen beklagen will, kann man dies auch auf feinere Weise tun." „Ich weiß", sagte Cavendish lächelnd. „Du meinst die Worte zarter Ironie, die meinem Vater gar nicht und dir selber nur in sehr begrenztem Maße geläufig sind, wie wir wissen. Ich hingegen beherrsche sie durchaus, die feinsinnige Ironie, kann über sie verfügen, wann immer mir danach ist." „Das glaubst du doch wohl selber nicht", sagte Hobbes. „Ihr werdet es sehen, mein Herr", sagte Cavendish würdevoll. „Oder besser gesagt: hören. Im übrigen bin ich immer und überall in der Lage, ein geistiges Gespräch zu führen. Frag mich ruhig etwas, Mr. Hobbes, der du dich seltsamerweise für einen Philosophen hältst." „Nun ja", meinte Hobbes und räusperte sich. „Was fällt dir zum Beispiel zur Einbildungskraft ein?" „Aber Mr. Hobbes", sagte Cavendish. „Hast du so wenig Einbildungskraft? Die Sache ist doch klar: So wie auf dem Meer die Wogen sich beim Aufhören des Windes nicht auf einmal legen, so ist es auch mit der Bewegung, die im Innern des Menschen stattfindet, wenn er sieht, schaut oder träumt. Denn nachdem der Gegenstand entfernt und das Auge geschlossen ist, bleibt doch dessen Bild gegenwärtig, wiewohl etwas dunkler. Nach diesem Bild wird das dazugehörige Vermögen Einbildungskraft genannt. Noch richtiger nannten es die Griechen ‚phantasia'. – Bilder aber können nur von sichtbaren Dingen erstellt werden. Die Einbildungskraft ist daher nichts anderes als aufhörende Empfindung oder die geschwächte und schwindende Vorstellung; sie ist dem Menschen mit fast allen anderen Lebewesen gemein."

Cavendish grinste, und der Philosoph wußte nichts zu sagen. Vielleicht sollte ich auch etwas essen, dachte er. Eine solche Antwort verlangt Stärkung. Er war froh, daß in diesem Augenblick der Fisch gebracht wurde. Der Wirt, der ihn servierte, schien es eilig zu haben; er hielt den Blick gesenkt, wünschte guten Appetit und hastete zurück in die Küche. Cavendish rümpfte die Nase; er beugte sich über den Tisch und begann auf den Fisch einzureden. „Was murmelst du da vor dich hin", fragte Hobbes. „Wir sprachen doch über feine Kritik an einem weniger feinen Essen, Mr. Hobbes", sagte Cavendish. „In diesem Zusammenhang habe ich das Wort an diesen unschuldigen Fisch gerichtet und ihn gebeten, mir doch etwas zu erzählen, ein paar Neuigkeiten aus diesem unwirtlichen Landstrich." „Und", meinte Hobbes. „Hat er etwa geantwortet?" „Aber natürlich", sagte der Lord. „Er teilte mir mit, daß er leider gar nichts berichten könne, weil er schon lange, viel zu lange in diesem düsteren Gasthaus sei."

Francis Bacon

Der Philosoph Francis Bacon, der sich gerade noch überaus behaglich gefühlt hatte, spürte mit einem Mal ein leises Unbehagen, das vom Bauch ausging, wie er glaubte, und sich nun, leibesinnerlich, langsam zum Kopf hochgetastet hatte, den der Philosoph mit beiden Händen abstützte, wobei er recht besorgt dreinschaute; schließlich hielt er da sein bestes Stück in den Händen. Das Unbehagen verstärkte sich, wurde nun, ohne sich aufhalten zu lassen, zum Schmerz, der zunächst von einem Punkt, in der Kopfmitte etwa gelegen, ausging und sich dann verbreiterte. Er schien mit dem Kreisgang des Blutes vorwärtszudringen, ohne wirkliche Fortschritte zu machen; dazu war der Kopf denn doch zu klein, sogar der Kopf eines berühmten Philosophen, und als berühmt, dazu noch als Mann von Welt, durfte sich Bacon durchaus fühlen. Vielleicht war er nicht ganz so berühmt und nicht so ganz bedeutend, wie er glaubte; für einen Augenblick, kurz bevor ihn das Unbehagen ereilte, hatte sich der Philosoph dieser Vermutung hingegeben, – eine für ihn, zugegeben, recht untypische Vermutung, der, wie zur Strafe, der prompte Schmerz gefolgt war, den er nun aushalten mußte, ungeachtet seiner für den großen Teil der Welt nicht sehr strittigen Bedeutung. Der Philosoph, dem Selbstzweifel bislang eher fremd gewesen war, hatte sich zuvor gerade an einem Thema versucht, welches er vom Kern her, ohne den dazugehörigen Übertreibungen anheimzufallen, sehr wohl zu beurteilen wußte. Bacon nämlich schrieb eine kleine Abhandlung „über die Prahlerei", ein Gegenstand, wie gesagt, dem er sich als Vertrauter nähern konnte, ohne deswegen, darauf mußte er Wert legen, auch nur ansatzweise selbst als prahlender Hans oder gar als Maulheld zu gelten. Als er mit seiner Schrift begann, war er noch guter Laune gewesen, in der ihn auch der elegante Auftakt bestärkte, den er für seinen Gedankengang fand: „Ein guter Einfall von Äsop ist folgender", hatte er geschrieben. „Die Fliege saß auf der Achse des Wagenrades und rief: ,Was für Staubwolken rühre ich auf!' So glauben dünkelhafte Menschen bei allem, was von selbst seinen Gang nimmt oder durch stärkere Hebel in Bewegung gesetzt wird, mögen sie dabei auch noch so wenig die Hand im Spiel haben, sie hätten es bewerkstelligt. Wer prahlerisch ist, muß notwendigerweise auch parteilich sein, denn alle Großtuerei beruht auf dem Vergleichen. Unverschämt muß er ebenfalls sein, um zu seinen eigenen Prahlereien zu stehen."

Stimmte das denn? Der Philosoph, der noch immer mit den Händen seinen Kopf abstützte, fand es etwas merkwürdig, daß er alles, was mit dem Begriff ,Prahlerei' zu tun hatte, ungefragt auf sich selber bezog – wie zur gefälligen Überprüfung durch einen weithin bekannten und ausgewiesenen Experten. Kam da nicht ein lästiger Verdacht auf, eine Ahnung, die in Richtung jener Unbescheidenheit wies, welche er gern, unter Berufung auf alte Tugenden sogar, gegeißelt hatte; er wußte ja stets, was er sagte. Vielleicht bin ich selber nur unverschämt, dachte Bacon, wobei der dumpfe Schmerz im Schädel nun in ein gleichmäßiges Pochen überging, das deutlich weniger unangenehm war. Er richtete sich auf, vorsichtig, wobei er seinen geplagten Kopf losließ, der auch ohne Unterstützung auf dem ihm angestammten Platz verblieb, immerhin; es ging wieder besser, zweifellos, ein vorübergehender Schwächeanfall, mehr nicht, mit Schmerzen verbunden, die aber der gewohnten Bedeutsamkeit seines Denkens, wie er feststellen durfte, keine dauernde Behinderung in den Weg legen konnten. So schrieb er denn weiter, frohgemut – und von der eigenen Stärke wieder auf das angenehmste überzeugt. „Überheblichkeit", notierte er, „wer kennt sie nicht. Weitverbreitet ist sie und doch als Vorgang, der zur Gewöhnung ruft, noch immer nicht recht besichtigt. Bei Feldherren und Soldaten etwa darf die Überheblichkeit als wesentliche Eigenschaft gelten, denn wie das Eisen vom Eisen geschärft wird, so wetzt sich durch Großsprecherei der Mut des einen an dem des andern. Bei großen abenteuerlichen Privatunternehmungen bringt eine Gruppe ruhmessüchtiger Naturen die Sache häufig erst in Schwung, während die Gediegenen und Nüchternen mehr vom Ballast als vom Segel-im-Wind an sich haben. Der Flug des Gelehrtenruhms wiederum bleibt ohne die maßvolle Einwirkung von Prahlerei ganz schwerfällig. Schon bei Cicero nämlich können wir lesen: ‚Qui de contemnenda gloria libros scribunt, nomen suum inscribunt‘, was, frei übersetzt, soviel heißt wie ‚Wer über die Verächtlichkeit des Ruhmes Bücher schreibt, wird es trotzdem nicht versäumen, seinen Namen auf das Titelblatt zu setzen‘.“

Bacon erhob sich von seinem Schreibtisch. Er fühlte sich gut; der Schmerz im Kopf war verschwunden, desgleichen das Pochen, an das er sich fast schon gewöhnt hatte. Die Prahlerei als solche kann störend wirken, dachte der Philosoph, es kommt allerdings darauf an, wer da prahlt. Bei Leuten meines Schlages, von denen es leider nur sehr wenige gibt, wird die Prahlerei möglicherweise nur zur bloßen Ehrlichkeit, und mit dieser tun sich bekanntlich die meisten Menschen sehr schwer. Bacon verließ das Haus, um im weitgestreckten Garten vor seinem Anwesen einen Spaziergang zu wagen. Die Sonne schien, aber es war unangenehm kühl; der längst angekündigte Frühling ließ noch immer auf sich warten. Als der Philosoph die mächtige Rosenhecke erreichte, die das Ende seines Grundstücks markierte, erblickte er seinen Nachbarn Fitzwater, einen als Sonderling und Trunkenbold bekannten Mann, der prüfend den blaßblauen Himmel betrachtete. Für Bacons Gedankengang, der sich noch immer bei der Prahlerei aufhielt, kam Fitzwater wie gerufen; der Nachbar nämlich, welcher einst als Mathematiklehrer gewirkt hatte, ehe er sich ganz dem tagtäglichen Genuß seiner sorgfältig gelagerten Faßweine widmete, verstand sehr viel von der Großmannssucht; das Prahlen, mit anderen Worten, war ihm längst zum wesentlichen Bestandteil der von ihm praktizierten, in der Regel recht unangenehmen Gesprächskultur geworden. „Nun, mein lieber Bacon“, begrüßte er den Philosophen, wobei unschwer festzustellen war, daß er wohl schon wieder kräftigst dem Weine zugesprochen hatte, „kommt Ihr nicht weiter mit Eurer Philosophie? Das Denken, ich sagte es Euch schon des öfteren, ist Eure Sache nicht; es fehlt Euch, leider, leider, am nötigen Format." „Das Ihr zweifelsohne besitzt", sagte Bacon. „Natürlich", meinte Fitzwater. „Ich bin ein Philosoph, dazu Dichter, Denker, König des wahren Menschenverstandes, was immer Ihr wollt." „Ein Prahlhans seid Ihr, weiter nichts", sagte Bacon, „ein Prahlhans der dreisten Art. Als Lehrer seid Ihr kläglich gescheitert; nicht mal mehr einzelne Stunden könnt Ihr geben, weil Euch die Trunksucht auf geradezu jämmerliche Weise in Ihren Klauen hält." „Aber Herr Nachbar", sagte Fitzwater, „Ihr zieht aus allem die falschen Schlüsse. Die Logik scheint Euch völlig fremd zu sein. Ich gebe jeden Tag meine Stunden, um trinken zu können; warum also sollte ich der Trunksucht, wie Ihr sie einfältigerweise nennt, entsagen, nur um wieder Stunden geben zu können? Geht in Euch, Meister Bacon, lernt nachdenken, und wenn dieses Bemühen, wie ich vermute, bei Euch nichts fruchtet, dann solltet Ihr vielleicht Abschied vom Glauben nehmen, ein Philosoph zu sein, und eine Umschulung in Erwägung ziehen."

Descartes

Der Philosoph René Descartes befand sich im Winterquartier in Neuburg an der Donau. Das Heer, in dem er als Offizier diente, war zur Ruhe gekommen. Da lag es nun, das Heer, mit Mann und Maus, und es glich einem ärmlichen Zirkus, der sich zur letzten Rast begeben hatte. Man war noch einmal zusammengekommen, um neue Informationen auszutauschen; als festgestellt wurde, daß es diese nicht gab, ging man frohgemut auseinander und bezog den Wohnraum, der beizeiten requiriert worden war. Descartes hatte, wie so oft, Glück: Ihm wurde auf einem etwas abseits gelegenen Bauernhof ein komfortables Dachzimmer zugewiesen; nicht weit von ihm, auf dem Nachbargehöft, kam sein Freund Ivo unter, der es schon seit mehr als anderthalb Jahren vorzüglich verstand, den Philosophen von der Philosophie abzuhalten. Descartes hörte seinem Freund gerne zu; nicht daß er dessen Tiraden sonderlich interessant oder gar klug gefunden hätte, nein: Ivo besaß nur eine überaus angenehme Stimme, das Organ des geborenen Märchenerzählers, der auch dem Schweigen noch Bedeutungsschwere verlieh. Man lauschte seinen Berichten aus dem Unterstand der lebens- und lügensnotwendigen Nichtigkeiten; seine Stimme flog auf über das Gebrechliche der Welt und erinnerte an die Chimären des Glücks. Descartes schaute aus dem Fenster. Es schneite; die Schneeflocken fielen unendlich langsam zu Boden. Hinter einem kahlen Wäldchen ragten Türme auf; dort gab es ein Schloß, in dem sich ängstliche Menschen vor einem schwachen Feuer versammelt hatten. Von der Schloßkapelle kamen leise Glockenschläge herüber; sie sprangen zwischen den Schneeflocken hindurch und verwehten in der Ferne. Der Philosoph fühlte sich ausgesprochen behaglich: Sein Zimmer war bequem und warm, und über dem Land lag eine gewalttätige Ruhe, die Trost spendete und den Schrecken auf Eis legte. Einen ganzen Winter lang habe ich nun Muße, mich mit meinen Gedanken zu unterhalten, dachte Descartes, und die Aussicht darauf machte ihn schlagartig müde. Ich werde ein wenig nachdenken, murmelte er und legte sich auf sein Bett. Als er die Augen schloß, war es ihm, als sei er auf einmal wieder hellwach: Das Winterquartier war urplötzlich aufgehoben worden, der Krieg ging weiter, sollte aber im letzten aller Sommer, wie es hieß, ein für allemal beendet werden. Irgendein Laufbursche hatte den Philosophen in aller Herrgottsfrühe geweckt, was der, jedermann wußte das, wie die Pest haßte: Ein anständiger Tag begann für ihn erst gegen Mittag. Nun aber hatte man ihn geweckt; und der Dummkopf, der dafür verantwortlich war, schien verschollen; überhaupt war das ganze Heer verschwunden. Descartes rannte vor die Tür; niemand war zu sehen. Krähen kreisten über den Feldern; auch sie blieben stumm. „Wo seid ihr denn?" rief er, aber er brachte nur ein lächerliches Stammeln hervor. Ich bin allein unter der Sonne, dachte er, ist es das, was ich schon immer wollte? Am nächsten Tag traf er seinen Freund Ivo, der erstaunlich blaß und angegriffen aussah. „Was ist mir dir?" fragte Descartes, „hast du wieder zuviel und zu lange dem Wein zugesprochen? Wer war die Schöne, von der du dich nicht trennen konntest?" – „Nichts dergleichen, mein Freund", ächzte Ivo; seine Stimme klang nicht so schön und verführerisch wie sonst, sondern alt und krank. „Ich war bei einer Wahrsagerin, einem entsetzlichen Weib; sie hat mich in die Zukunft blicken lassen, und nun bin ich – am Ende." „Du Wirrkopf", lachte Descartes, „glaubst du etwa an Scharlatane und dumme heimtückische Seher?" „Ich muß daran glauben", sagte Ivo. „In meiner armen Seele spüre ich, daß es recht hat, das Weib." Er schlurfte davon, ein Bild des Jammers, und der Philosoph erschrak. Ich muß selbst zu dieser Kröte in Menschengestalt, dachte er: sie soll das tun, was erwiesenermaßen niemand kann: mir meine Zukunft zu Füßen legen. Die Wahrsagerin hauste in einem winzigen Haus am Rande der Stadt. Zu Descartes' Verblüffung aber war sie nicht häßlich, sondern auf seltsame Weise schön: Sie hatte das Gesicht eines jungen Mädchens, das längst gestorben und zu neuem unverhofftem Leben gekommen war. Diese Frau ist ein Kind, dachte er. Die Wahrsagerin nahm seine Hand und schaute ihm tief in die Augen; Descartes wurde es warm ums Herz, und eine Erinnerung, die weit vorausgriff, streifte ihn. „Ich kann Euch nur sagen, was Ihr tun müßt", flüsterte die Frau. „Und ich kann euch berichten von dem Ende, das Ihr nehmen werdet." „Wird es schlimm sein?" fragte der Philosoph. „Nein", sagte die Wahrsagerin, „Ihr werdet Glück haben. – Zunächst aber müßt Ihr, für lange Zeit, Eure Augen schließen, die Ohren verstopfen und alle Eure Sinne ablenken, auch die Bilder körperlicher Dinge sämtlich aus dem Bewußtsein tilgen ... Mit Euch allein müßt Ihr reden, tiefer in Euch hineinblicken, unentwegt – und so versuchen, Euer Selbst nach und nach bekannter und vertrauter zu machen. Ihr seid ein denkendes Wesen, dessen sollt Ihr gewiß werden. Eine Eingebung kommt, aber die Wahrheit erobert Ihr nicht im Handstreich. Ihr seid allein, und der Traum, den Ihr hattet, rückt auf in die Wirklichkeit ..." „Und mein Ende?" fragte der Philosoph ängstlich, „was ist mit meinem Ende?" – „Ihr werdet unter Ehren in ein nördliches Land berufen. Dort ist es kalt; Ihr kommt in ein Land der Bären, mitten unter Felsen und Eis. Aber Ihr werdet gut aufgehoben sein am Hof der Königin, die Euch sehr zugetan ist." – „Das ist doch höchst erfreulich", rief Descartes. „In der Tat: Mir scheint das Glück verordnet zu sein." „Eines solltet Ihr allerdings noch wissen", sagte die Wahrsagerin lächelnd. „Ihr müßt mit der Königin philosophieren, und dazu wird sie Euch jeden Morgen um halb fünf wecken lassen." – „O Gott", murmelte Descartes. „Wie es scheint, hast du mir doch nicht das Glück beschieden. Unter diesem Stern, den du da über mich setzt, kann man nicht philosophieren, sondern nur sehr bald sterben – gegen Mittag, nach einem langen, erfrischenden Schlaf ..."

Pascal

Der Philosoph Blaise Pascal hatte sich seit mehr als einem Jahr der Nächstenliebe gewidmet, ohne sonderliche Genugtuung dabei zu empfinden. Pascal konzentrierte sich besonders auf die Altenpflege; sein hartnäckigster Fall war der alte Fignon, ein Greis von fast achtzig Jahren, der seit Menschengedenken darniederlag und noch immer nicht sterben konnte. Fignon lebte auf heimtückische Weise: Seine nicht endenwollende Krankheit hatte er zu einem Kommandostand ausgebaut, von dem er Pascal die Dienstanweisungen eines Todeskandidaten zukrächzte, dem man anscheinend ewigen Aufschub gewährt hatte. Im Laufe der Zeit waren die regelmäßigen Besuche bei dem Greis für ihn zu einer Tortur geworden, und er mußte sich mehr als einmal mit sanfter innerer Stimme ermahnen, ruhig zu bleiben und Freundlichkeit zu zeigen, wenn es der Alte gewohnt toll mit ihm trieb.

Als er an diesem Tag die Krankenstube betrat, lag Fignon wie immer stocksteif auf seinem Bett und starrte ihm tiefäugig entgegen. „Guten Morgen", rief der Philosoph, „hast du gut geschlafen?" „Ja, mach dich nur lustig!" schnarrte Fignon. „Eine gute Nacht? Seit dreiundzwanzig Jahren hab' ich keine gute Nacht mehr gehabt." „Du übertreibst, mein Bester", sagte Pascal. „Daß Gott dir ein so langes Leben vergönnt, hat auch mit deinem vorzüglichen Schlaf zu tun. Du bist alt und, zugegeben, ein wenig krank, aber du schläfst noch immer wie ein Beuteltier..." Er setzte sich zu Fignon ans Bett. „Zieh die Vorhänge zur Seite", krächzte der Greis, „ich will noch einmal das Licht sehen. Wer weiß, wie lange mir das noch gestattet sein mag..." Seufzend erhob sich der Philosoph und tat, wie ihm geheißen. „Es ist zu hell", rief Fignon, „die Sonne sticht mir in die Augen. Zieh die Vorhänge wieder zu, aber nicht ganz: In der Mitte möchte ich die Helligkeit haben, in einem langen Streifen. So sieht sie aus wie der Türspalt zur Welt, die ich nie mehr betreten werde..." „Noch bist du auf dieser Welt", sagte Pascal, und leise fügte er hinzu: „Leider..." Er erschrak über sich selbst. Verzeih mir, mein Gott, dachte er, es soll nicht wieder vorkommen. Er lächelte Fignon zu. „Was grinst du so blöde?" fragte der Alte. „Mein Guter", sagte Pascal, „was ich an dir bewundere, ist dein sonniges Gemüt. Das muß dich doch schon als kleines Kind ausgezeichnet haben, oder?" „Meine Eltern waren streng", sagte Fignon, „ich hatte nichts zu lachen." „Das meine ich", sagte der Philosoph. „Soll ich dir etwas vorlesen?" „Wenn es sein muß", ächzte Fignon. „Aber es darf nur aus einem guten Buch sein: Ich verabscheue die moderne wachsweiche Literatur!" „Ich habe ein solches Buch zufällig immer bei mir", sagte Pascal und griff in seine Jacke. „Es ist, meiner unmaßgeblichen Meinung nach, das Beste, was in letzter Zeit geschrieben wurde – ein philosophisches Werk von hohen Graden, das..." „Fang schon an", seufzte Fignon. „Ein philosophisches Werk – mir bleibt auch nichts erspart..." „Der Mensch", begann Pascal, „ist ein Nichts im Hinblick auf das Unendliche, ein Alles im Hinblick auf das Nichts. Er scheint jedoch gleichermaßen unfähig, das Nichts zu sehen, aus dem er gezogen, wie das All, in das er verschlungen ist. – So bleibt der Mensch für sich selbst der wunderlichste Gegenstand der Natur..." – „Wasser", ächzte Fignon, „gib mir Wasser." Der Philosoph stand auf und begab sich in den rückwärtigen Teil der Stube, wo auf einer Anrichte eine große Karaffe stand, aus der er dem Alten ein Glas Wasser einschenkte und kredenzte. „Kann ich jetzt weiterlesen?" fragte Pascal. „Die Strafen im Himmel können nicht härter sein als die Qualen hienieden", sagte Fignon. „Lies ruhig; *dir* scheint es ja immerhin Spaß zu machen..." „Das also ist unser wahrer Stand im Dasein", fuhr der Philosoph fort, „wir treiben dahin auf einer unmeßbaren Mitte, immer ungewiß und schwankend, von einem Ende zum andern gestoßen. An welcher Grenze wir auch immer gedachten, uns anzuheften und Halt zu gewinnen, sie wankt und läßt uns fahren – und wenn wir ihr folgen, entwindet sie sich unserem Zugriff, entgleitet uns und flieht in einer ewigen Flucht! – Der Mensch ist ein denkendes Schilfrohr; seine ganze Würde liegt im Denken. Wenn das All ihn zermalmte, wäre der Mensch doch noch erhabener als das, was ihn tötet, weil er weiß, daß er stirbt, und welche Überlegenheit das All über ihn hat; das All weiß davon nichts ... Alles Unglück in der Welt aber kommt letztlich daher, daß man nicht versteht, ruhig in einem Zimmer zu sein. Unablässig trachtet der Mensch, Ablenkung zu finden, sich selbst zu vergessen. – So befällt ihn, unausweichlich, die Düsternis, Traurigkeit, der Kummer, der Verdruß, die Verzweiflung. Sein Nichts fühlt er, seine Verlassenheit, Unzulänglichkeit, seine Abhängigkeit, seine Ohnmacht und Leere ...“ „Aufhören!“ brüllte Fignon. „Aufhören. Bring mir Wein. Dieses Gestammel ist nur mit Wein zu ertragen. Gib zu, daß es von dir ist. Du selbst hast diesen Wahnwitz in ein Buch gepreßt ...“ „Ja“, sagte Pascal, der spürte, wie ihm die Zornesröte zu Gesicht stieg. „Es sind meine eigenen Gedanken ...“ „Du bist nicht nur ein miserabler Krankenpfleger“, höhnte der Alte, „sondern auch ein hundserbärmlicher Schriftsteller, das walte Gott. Hole mir Wein, hab’ ich gesagt, ich will auf dein fortwährendes Schweigen anstoßen.“ Der Philosoph sprang auf, rannte zur Anrichte und kehrte mit der Karaffe zurück, die er mit Schwung über dem Kopf des verdutzten Fignon entleerte. „Da“, brüllte Pascal, „da hast du deinen Wein. Du elendig-gichtiger Wicht! Groß wird unser Entzücken sein, wenn du endlich zur Hölle fährst!“ „Mein guter Freund!“ rief der Greis und schüttelte sich. „Ich kann dir gar nicht sagen, wie froh ich bin. Endlich habe ich dich einmal zornig gesehen. Du warst mir unheimlich in deiner überirdischen Geduld. Jetzt aber weiß ich, daß du ein Mensch bist wie wir alle. Darauf wollen wir trinken – und dann mag ich getrost zur Hölle fahren, in der wir uns dereinst wiedersehen ...“

Spinoza

Der Philosoph Spinoza saß, in eine Wolldecke gehüllt, an seinem Arbeitstische und las die Aufzeichnungen, die er in den letzten anderthalb Stunden zu Papier gebracht hatte. Es war kalt im Raum; ein kräftiges Stürmchen, das vom Meer kam und dort seinen Nachschub bezog, rüttelte am Haus. Seit Tagen regnete es; die Wege glichen Morastbahnen, und die alten Hinterlanddeiche drohten zu bersten. Spinoza liebte dieses Wetter; es machte ihn traurig und fröhlich zugleich. Wenn der Regen rauschte und die Winde pfiffen, fühlte er sich in elegische Hochstimmung versetzt; ihm war, als müßte er das Erkenntnisprogramm, das er wie eine Mauer um sich herum aufgebaut hatte, noch einmal erhöhen, um auch zu den begründenden, den aberwitzigen Geheimnissen vorstoßen zu können. In den letzten Tagen allerdings war sein Arbeitspensum empfindlich gestört worden: – Tagträume setzten ihm zu, die über ihn kamen und ihn veranlaßten, mit verschüchtertem Blick ins Leere zu starren. Zwei dieser Träume hatten sich als besonders hartnäckig erwiesen; sie schienen in einem vertrackten inneren Zusammenhang zu stehen, der sich den Deutungsbemühungen des Philosophen verschloß. Im ersten Traum sah Spinoza sich als Kleinkind, das zu Füßen seines Vaters auf einem teppichbelegten Boden lag und Überlegungen anstellte, wie es wohl sein mochte, wenn man das Laufen erlernen mußte. Der kleine Spinoza zog sich am Stuhlbein hoch, stand steif und starr wie ein Sockelzwerg, ließ sich dann, die Kühnheit überkam ihn, los, machte einen Schritt nach vorn und – fiel um. „Ach, du willst das Laufen lernen“, sagte sein Vater. „Komm, ich helfe dir.“ Er nahm den Sohn auf, hielt ihn an den Händchen fest und setzte sich mit ihm, den er unerbittlich vor sich her schob, in Bewegung. „Na bitte, es geht doch!“ sagte der Vater. „Man muß nur wollen!“ Der Sohn nickte, und so machte man einmal die

Runde. Spinoza lachte; das Laufen war zwar anstrengend, aber es machte auch Spaß. Als der Vater ihn losließ, lief er noch ein paar Schritte weiter, griff dann in die Luft und fiel wieder um. Es gab kein Verschnaufen: Ihm wurde aufgeholfen; der Vater, ganz gütige Unerbittlichkeit, führte ihn, wanderte mit ihm durchs Zimmer. Er ließ den Sohn wie eine Holzpuppe vor sich her stolzieren; der aufrechte, schwankende Gang. Und immer weiter ging es, eine Runde nach der andern; er ließ nicht los, dieser Vater; wollte er dem Sohn in nur einer einzigen Stunde das Laufen beibringen? – Spinoza war zu erschöpft, um zu protestieren; er marschierte, umrundete Tisch und Stühle; er stieß irgendwo an und fiel nicht, denn der Vater wollte weiter. Der Sohn torkelte seines Weges, und allmählich schien auch der Vater müde zu werden. „Hienieden auf Erden", murmelte er, „gehen wir alle, soweit die Füße tragen", – und er ließ den Sohn los, der das tat, was der Vater erhofft hatte: Er ging weiter, tappte ein weiteres Mal im großen Kreise, die Augen waren ihm schon zugefallen; – er ging, als wäre er schon im Laufschritt zur Welt gekommen, und sein Alleingang endete erst, als er gegen eine Wand lief und wie ein Sack umfiel. Er schlief auf der Stelle ein, und sein Vater verließ leise den Raum ...

Im zweiten Traum war Spinoza zu einem alten Mann geworden. Es hatte ihn in die Berge verschlagen, ins Hochgebirge, das er in Wirklichkeit nur vom Hörensagen kannte. Die Berge waren gewaltig; sie lagen in einem Licht, das wie der erste Widerschein alles Tatsächlichen war; aufgehoben die Konturen und Grenzen, zurechtgestutzt der Horizont, der aus Eisschründen aufwuchs, ein glänzendes, Nähe beschwörendes Himmelsdach, weitreichend hell, und was sich auftat, war wie die Sichtbarkeit der Dinge selbst. Spinoza, der alt gewordene Philosoph, saß auf einer Bank am Rande eines wahrhaft göttlichen Tales; das Licht nahm ihn in sich auf, die Bergriesen trugen den Himmel, der sich auf Schneefelder und Steilgärten herabsenkte; – das Land öffnete sich, als wenn es eine letzte, alle Zweifel verwehende Befragung erhoffte. Auf einmal aber tauchte Spinozas Vater auf; er schien eher jünger geworden zu

sein mit der Zeit, und der Sohn war ihm nun nicht nur an
Weisheit voraus, sondern auch an Alter. Der Philosoph sprang
auf und rannte davon; er stolperte einen Abhang hinunter. Er
lief, als ginge es um sein Leben. Vor ihm türmten sich Steil-
hänge auf, und rasch gewann er an Höhe. Er ließ Strauchwerk
und verkrüppelte Büsche hinter sich, die letzten Bäume;
schließlich sprang er, komisch mußte das aussehen, wie ein
gichtiger, ganz und gar erleichterter Bergmensch von Felsblock
zu Felsblock. Dann kam auch schon der Schnee; weithin-
gestreckte, wuchtig nachgezogene Flächen, die ein scharfes
Sonnenlicht zurückwarfen und in die Augen brachten. –
Nachgiebig war der Schnee; man sackte ein bis zu den Knien,
kam nicht mehr weiter, und alle Standgeräusche des Himmels,
die er zuvor noch auf unvergleichliche Weise zu hören geglaubt hatte, wurden aufgesogen und verschluckt. Spinoza
sank immer tiefer ein; Eiseskälte stieg in ihm auf, machte ihn
warm und wärmer. Aus dem Himmel, der nur noch zwei
Handbreit über ihm war, fiel Schnee; er strich mit Bleifedern
über sein Gesicht, hüllte es ein –, und nun, da er zugedeckt war
und sich um nichts mehr zu kümmern hatte, – nun konnte er
sehen . . .

Spinoza schreckte hoch. Es war merkwürdig still im Raum.
Seine Aufzeichnungen lagen auf dem Boden verstreut. Er ging
ans Fenster. Der Wind hatte nachgelassen, und der Regen war
in Schnee übergegangen. Ein aufgepumpter Himmel stand
über dem Land; er hatte den Wolkenzug, der die Entscheidung
bringen sollte, vor sich versammelt und war in schwärzliches
Licht getaucht. Die Träume des Tages sind eine Macht, dachte
der Philosoph. Sie stellen mir nach, aber sie können mich nicht
treffen. Dem Zugriff der Unvernunft entziehe ich mich im
selbstbewußten Erwachen . . . Als er seine Papiere, die ihm im
Tagtraum aus den Händen geraten waren, einzusammeln begann, las er auf einem der Blätter: – Gott existiert notwendig
und dennoch frei, weil er allein aus der Notwendigkeit seiner
Natur existiert. So begreift Gott in freier Weise sich selbst . . .
(Wir selber aber begreifen oft – gar nichts . . .)

Locke

Der Philosoph John Locke stand wie so oft gut zum Ball, und so war die Rückhand, die sein Freund Cooper ins Halbfeld geschlagen hatte, kein Problem für ihn. „Einstand", verkündete Anthony, Coopers Diener, der an diesem herrlichen Spätsommertag auf einem verschlissenen Sessel am Spielfeldrand saß und als Schiedsrichter fungierte. „Du bist nervös, Cooper", rief der Philosoph. „Ich bin bereit zu wetten, daß du wieder deinen Aufschlag verlieren wirst." „Ich wette nicht", brummte Cooper, „schon gar nicht gegen Philosophen, die sich auf dem Tennisplatz herumtreiben." Kurz darauf machte er einen Doppelfehler, und Anthony, der sich zu freuen schien, gab den Vorteil von Mr. Locke bekannt. Als Cooper wenig später einen leichten Volley ganz unbedrängt ins Netz schlug, hatte der Philosoph ihm das Aufschlagspiel abgenommen und servierte zum Satz- und Matchgewinn, den er sich nicht mehr nehmen ließ. „An sich bin ich der bessere Spieler", sagte Cooper und gratulierte dem Freund mit säuerlicher Miene. „Aber du hast etwas an dir, was mich unkonzentriert werden läßt. Ich verschlage dann Bälle, die ich sonst nie verschlage ..." „Die du immer verschlägst", sagte Locke, „ich kenne dich, mein Freund." Anthony brachte einen Krug Apfelwein und zwei Gläser. Er schenkte ein. „Zum Wohl", sagte John Locke. „Auf meine Gesundheit", erwiderte Cooper. Sie tranken. „Als einem unserer angeblich größten Philosophen sagt man dir doch die Gabe des Schnelldenkens nach", meinte Cooper nach einem zweiten Schluck. „Nun ja", murmelte Locke. „Könnte ein Schnelldenker wie du auch Erhellendes über das Tennisspiel zu Papier bringen?" fragte Cooper. „Oder noch besser: über die Freiheit des Tennisballs, dem es nichts ausmachen darf, geschlagen zu werden." „Laß mir den Apfelwein da und gib mir eine halbe Stunde", sagte Locke, „danach will ich dich wohl belehren." „Das schaffst du nicht", rief Cooper. „Nie und nimmer. Aber sei's drum. Wenn es dir gelingt, will ich dich zum Essen einladen und dabei nicht geizen." „Das wiederum kann ich kaum glauben", sagte Locke.

Cooper zog sich zurück. Nach genau einer halben Stunde kam er wieder. „Nun?" fragte er. Locke deutete auf sein Notizbuch, in dem er geschrieben hatte. „Setz dich", befahl er. „Und schweig. Du willst doch etwas lernen." „Aber ob ich dir auch vertrauen kann", sagte Cooper. „Schließlich schleppst du dieses Notizbuch doch fast immer mit dir herum. Wer sagt mir also, daß du nicht ältere Aufzeichnungen zu Gehör bringst, die schon sehr viel länger in deinem Büchlein stehen." „Ich sage es dir", erwiderte der Philosoph. „Und du hast mir gefälligst zu glauben. Also höre: Ein Tennisball, mag er sich nun vom Schläger getroffen bewegen oder still liegen, wird von niemandem für ein frei handelndes Wesen angesehen werden. Wenn wir nach dem Grunde dafür fragen, so finden wir diesen darin, daß wir von dem Tennisball annehmen, er denke nicht und kenne folglich auch kein Wollen, gebe weder der Bewegung den Vorzug vor der Ruhe noch umgekehrt; deshalb hat er keine Freiheit, ist kein frei handelndes Wesen, vielmehr fallen seine Bewegungen ebenso wie seine Ruhe unter unsere Idee des Notwendigen. Ebenso hat ein Mann, der ins Wasser fällt, weil eine Brücke unter ihm bricht, hierbei keine Freiheit. Denn, obgleich er wollen kann und das Nichtfallen dem Fallen vorzieht, so folgt doch, weil das Unterlassen dieser Bewegung nicht in seiner Macht steht, das Anhalten oder Aufhören derselben nicht auf sein Wollen, und er ist deshalb hierin nicht frei. So denkt auch, wenn jemand infolge einer krampfhaften Bewegung seines Armes, die er durch Anweisung seines Geistes nicht aufzuhalten oder zu unterlassen vermag, sich selbst oder seinen Freund schlägt, niemand, daß er sich dabei in Freiheit befunden habe; jeder bemitleidet ihn, weil er aus Notwendigkeit und Zwang so gehandelt hat."

Cooper kratzte sich am Kopf. „Das ist eine Notwendigkeit", sagte er. „Der Zwang zum Kratzen. Nicht etwa, daß ich dich, meinen Freund, infolge einer krampfhaften Bewegung meines

Armes zu schlagen gedächte." „Ich kann dich nicht bemitleiden", antwortete Locke. „Aber ich darf an deine Einladung zum Essen erinnern." „Welche Einladung?" meinte Cooper. „Ich weiß nicht, wovon du sprichst. Also gut: Wir gehen zu Hurt's." „O Schreck, laß nach", sagte der Philosoph. „Dann sollte ich vielleicht vorher noch einen Imbiß zu mir nehmen. Dieses Etablissement ist bekannt für seine sparsamen Portionen." „Bei Hurt's, mein Freund, stimmt das Preis-Leistungsverhältnis", sagte Cooper. „Kleine Portionen, dezente Preise. Das paßt zusammen. Und überhaupt ist es gut, nicht so viel zu essen. Man schläft dann besser, träumt schön und nimmt den neuen Tag an wie ein zweifelhaftes Geschenk." „Wer von uns beiden ist denn nun der Philosoph", sagte Locke. „Du überraschst mich, mein Bester. Zumindest gelegentlich." „Weise zu sein ist keine Kunst", sagte Cooper würdevoll. „Unterhalb der Philosophie, die du bedienst, Locke, gibt es noch die Weltweisheit. Zu ihr haben alle Zutritt, sogar die Dummköpfe, die guten Willens sind. Eine kluge Sentenz gelingt jedem im Leben." „Meinst du", sagte Locke. „Wenn dem so wäre, müßten wir Philosophen uns noch beträchtlich steigern."

Am Abend gingen sie dann zu Hurt's. In der Gaststätte, die in einem ehemaligen Pferdestall untergebracht war, roch es wie immer. „Nicht gut", sagte Locke und rümpfte die Nase. „Es riecht nach Pferd, zweifelsohne." „Sei nicht so empfindlich", sagte Cooper. „Deine Sinne sind hypernervös geworden, besonders deine Nase, die ja ohnehin nicht die allerkleinste ist." „Ich rieche, was ich rieche", erwiderte Locke. „Und was ich rieche mit meiner kleinen formschönen Nase, ist nicht gut." Ein Kellner erschien und brachte die Speisekarte. „Nicht nötig", sagte Locke. „Wie meinen?" Der Kellner war verblüfft. „Ich meine, es ist nicht nötig, daß Sie mir die Speisekarte bringen", sagte Locke. „Ich weiß ohnehin, was es gibt, nämlich, wie so oft, nur noch ein Menü, und deswegen nehme ich, in Ermangelung jeglicher Alternativen, zunächst die Graupensuppe, danach den Braten à la Mistingale und als Dessert den Himbeerpudding mit Krokantstäbchen." „Aber woher wissen Sie, mein Herr?" fragte der Kellner, und Cooper rief: „Ja, woher weißt du? Sind Philosophen neuerdings auch prophetiebegabt?" „Aber nein", sagte Locke. „Ganz und gar nicht. Philosophie, wie ich sie betreibe, ist eine reine Erfahrungswissenschaft. Und als Mann der Erfahrung, meine Herren, braucht man sich nur dieses überdeutlich befleckte Tischtuch anzuschauen, um zu wissen, welche Speisefolge dem unschuldigen Gast hier zugemutet wird."

Leibniz

Der Philosoph Gottfried Wilhelm Leibniz war ein Freund des Mittagessens, das er sich für gewöhnlich aus dem Wirtshaus bringen ließ. Da er eigentlich ständig einen imposanten Appetit verspürte, hatte er es sich untersagt, besonders wählerisch zu sein: Der Philosoph pflegte zu essen, was man ihm auf den Tisch seiner Gelehrtenstube brachte. Manchmal allerdings waren die Mahlzeiten, die er einnehmen mußte, nicht vom allerbesten; der Philosoph fühlte sich dann übervoll, aufgebläht und aufgepumpt, die sauren Magensäfte stiegen ihm im Schlund empor, und ein Rumoren setzte ihm zu, das sich auf eher unfeine Weise Luft zu machen suchte. Leibniz kannte alle diese Symptome zur Genüge; da er aber für sein Leben gern aß, gelang es ihm nicht, sich zur Mäßigung zu bewegen.

Während einer Reise kam der Philosoph eines Tages in einen Ort namens Nordhausen, in dem auch eine weithin gefürchtete Schnapsbrennerei zu Hause war. Da es auf den Mittag zuging und er den üblichen Heißhunger verspürte, stieg er in einem Gasthaus ab, welches ihm halbwegs vertrauenerweckend erscheinen wollte. „Zum Kneifling" hieß dieses Etablissement, ein etwas seltsamer Name, wie Leibniz fand, aber er dachte sich nichts weiter dabei, zumal das Äußere der Beherbergungs- und Bewirtungsstätte ihm gediegen vorkam und die Essensdünste, die er schnupperte, alles andere als abschreckend waren. Schwerer Bratenduft stieg ihm in die Nase, und der Philosoph, der sich schon lange mit dem Gedanken trug, ein „Alphabet der menschlichen Gedanken" zu entwickeln, dachte nur noch an das eine: Essen würde er, Schüsseln und Teller leerräumen, und wenn die wiederkehrende Begierde gestillt wäre, durfte er sich, wieder einmal, der klammheimlichen Hoffnung hingeben, daß sein Magen mitzuspielen gedachte und die Nachwirkungen der Mahlzeit nicht zu unangenehm werden ließ. Der Philosoph betrat die Gaststube, wo ihn ein finster dreinblickender Schankwirt erwartete, der ihm, ohne zu grüßen, ein gewaltiges Glas Schnaps zuschob. „Ich gedenke zu essen", sagte der Philosoph. „Und gegebenenfalls eine Nacht unter Eurem Dach zu nächtigen." „Aber zunächst – solltet Ihr trinken", sagte der Wirt. „Ihr seid in Nordhausen, Herr."

Da dieser Satz wie eine Drohung klang, hielt es Leibniz für angebracht, das Glas in einem Zuge zu leeren. Es schüttelte ihn; eine herrische Wärme machte sich in ihm breit und stieg hinauf bis unters Schädeldach. „Ich möchte jetzt essen!" murmelte er. „Folgt mir", sagte der Wirt, nahm das Glas, die dazugehörige Schnapsflasche und brachte den Philosophen auf dessen Zimmer, ein düsteres Gemach, das aber zwei kleine Fenster hatte. „Euer Essen werde ich Euch bringen lassen", sagte er und schenkte Leibniz ein zweites Glas Schnaps ein. „Aber zuvor solltet Ihr noch einmal – trinken." „Ich weiß", sagte der Philosoph. „Dem Anschein nach bin ich ja wohl in Nordhausen." Er leerte sein Glas, und die Wärme in ihm wurde angenehmer. Sie war nun nicht mehr so fordernd, sondern kroch ihm durch alle Poren, als hätte sie die Anweisung erhalten, ihn ohne Ablaß zu trösten. Leibniz schaute aus dem Fenster; was er sah, stimmte ihn tröstlich: Hinter dem Wirtshaus begann eine Landschaft, die ihm wie ein endlos wilder Nutzgarten vorkam. Sanfte Wiesen erstreckten sich zu einem Gewässer hin, das Blumen trug und im Licht glänzte; ein Summen war in der Luft, das sprang ihm direkt aus dem Kopf und ließ sich gar nicht beruhigen. Schwanger von Zukunft, beladen mit Vergangenheit, dachte der Philosoph und wußte kaum, was er meinte.

Es klopfte. Der Wirt brachte das Essen. „Eigentlich habe ich keinen ganz großen Hunger mehr", sagte Leibniz. „Laßt mir doch für alle Fälle noch ein Glas mit Eurem eindringlich-kräftigenden Hauselixier da." „Warum nur ein Glas", sagte der Wirt und schien nun zum ersten Mal so etwas wie ein aufmunterndes Grinsen zu zeigen. „Ich vertraue Euch die ganze Flasche an. Ihr seid doch, wie Ihr wißt, in Nordhausen." „Ja."

Als der Wirt sich entfernt hatte, saß der Philosoph vor Schüsseln und Teller und versuchte, sich über seine Absichten klarzuwerden. Ich rieche den Braten, dachte er. Aber ob er mir jetzt noch mundet? Er schenkte Schnaps nach, trank. Winzige Punkte tanzten ihm vor den Augen herum, ab und zu schoß ihm ein kleines Flämmchen durch den Kopf, dem ein mildtätiges Kneifen im Oberbauch antwortete. Ein beständiges Ausblitzen ist das Leben, dachte der Philosoph, und ein sich aufwölbendes Kneifen, das wahre Kraft in sich hat. Der Kneifling! Das also ist er, der Kneifling, ein lebendiger, immerwährender Spiegel des Universums, ein Mikrokosmos, ja: eine kleine Gottheit. Und Leibniz lachte, bis ihm die Tränen die Wangen herunterliefen. Er schnitt sich ein mächtiges Stück Braten ab und nahm einen Schluck Schnaps. „Überall auf Erden ist Nordhausen!" rief er und ließ sich aufs Bett fallen, wo ihn alsbald ein wohltätiger Schlummer überkam. Im wachen Traum hatte er sich schnell wieder gefunden, und Leibniz, der noch immer in Nordhausen war, ging hinaus in den Garten hinter dem Wirtshaus. Die Sonne schien, und ein milder Wind strich durch das Zweigwerk der Bäume. Der Philosoph fühlte sich blendend, auch wenn er sich wie zum Spaß an einen Schmerz, der nur vom Kopfe seinen Ausgang nehmen konnte, zu erinnern meinte. Die ganze Natur ist voller Leben, dachte er. Und alles erwächst aus ihrem eigenen Grunde. Jedes Stück Materie kann gleichsam als ein Garten voller Pflanzen oder als ein Teich voller Fische aufgefaßt werden. Aber jeder Zweig der Pflanze, jedes Glied des Tieres, jeder Tropfen seiner Säfte ist wieder ein solcher Garten und ein solcher Teich. Und obwohl die Erde und die Luft zwischen den Fischen des Teiches weder Pflanze noch Fisch sind, enthalten sie doch auch noch Pflanzen und Fische, nur meistens von einer uns unerfaßbaren Feinheit. So gibt es nichts Ödes, nichts Unfruchtbares, nichts Totes im Universum – und in Nordhausen.

Voltaire

Der Philosoph François Marie Arouet, genannt Voltaire, war in ein Abenteuer der besonderen Art geraten: Zunächst hatte er die Kühnheit besessen, in einem deutschen Gasthaus zu Mittag zu essen, weil er sich auf einmal wie ausgehungert und ausgedörrt vorgekommen war; keine Vernunftgründe hatte er gegen diesen bärbeißigen Appetit ins Feld führen können, und die warnenden Stimmen trüber Erinnerungen, die sich in ihm erhoben, waren von seinem penetranten Magenknurren überdeckt worden. Hast du denn je gut gegessen in deutschen Landen, rief eine dieser Stimmen, und sie gab gleich die Antwort: Nein! Es war alles ein einziger Schlangenfraß, ein gnadenloses Zusammenbürsten und Verkochen edler bis zweifelhafter Ingredienzen; auch in Potsdam, am preußischen Hofe, der sich ja neuerdings vornehm gab, hatte man die Kochkunst als eine Art Wehrwissenschaft verstanden, die sich dazu bereitfinden mußte, den Magen zu wappnen, ihn aufzurüsten für die täglichen Feldschlachten der Verdauung. Wen wundert's, höhnte die Stimme, daß es alles rein deutsche Erfindungen sind, die da über uns kamen: das Völlegefühl und das Sodbrennen, der Reizmagen (Gastropathia neurogenica) und die Hyperazidität.

All das wußte der Philosoph, und er konnte der in ihm keifenden Stimme auch gar nicht widersprechen; sein Hunger aber war groß, und so hatte er dem Kutscher befohlen, das am Wege liegende Gasthaus „Hühnerkoch" anzusteuern. Voltaire befand sich im Hessischen; die Stadt Frankfurt, in der man ihm aufs übelste mitgespielt hatte, lag leider noch gar nicht so weit hinter ihm: Die Wetterau nannte man diese Gegend, in die es den Philosophen, der Fluchtgedanken hegte und von einem herrlichen Alterssitz träumte, verschlagen hatte. Er betrat das Gasthaus, wo man ihn freundlich willkommen hieß; der Wirt, der aussah wie ein deutscher Wirt, erkundigte sich nach seinen

Wünschen. „Was habt Ihr zu essen?" fragte Voltaire. „Nur vom Besten", scherzte der Wirt, und sein Gast lächelte gequält. „Ich kann Euch meine Pastete empfehlen, dazu gedünstetes Gemüse und unseren selbstgemachten Apfelwein." Voltaire zuckte zusammen. „Ich esse alles", seufzte er, „was bleibt mir auch anderes übrig." „Ihr werdet es nicht bereuen", sagte der Wirt und grinste. Die Reue wird ohnehin kommen, dachte der Philosoph. Zunächst geht es ums Überleben! Er schaute sich um und entdeckte in der Ecke eine junge Frau, die ihn anzulächeln schien. Sogleich ging es ihm besser. „Wollt Ihr Euch nicht zu mir gesellen?" rief er, „ich bin der älteste, einsamste und hungrigste Mensch auf der Welt! Und gerade deswegen, Mademoiselle, für ein schönes Kind, wie Ihr es seid, ganz und gar ungefährlich." „Meine Tochter", sagte der Wirt, der zurückgekehrt war und einen großen Krug Apfelwein auf den Tisch stellte. „Meine Tochter, eine meiner fünf Töchter, mit denen ich gestraft worden bin. Komm ruhig, Marie, und leiste dem Herrn ein wenig Gesellschaft." Die junge Frau setzte sich zu ihm. Guter Gott, dachte Voltaire. Oh Gott, der ich Dich doch so gern in Ruhe lasse; warum gönnst Du mir, der ich auf mein sechzigstes Lebensjahr zugehe, noch immer keine Ruhe? Dem Philosophen war ganz schummrig im Kopf, und diesmal hatte es nichts mit seinem Hunger zu tun, der ihm, als der Wirt die Speisefolge genannt hatte, mit der er ihn abzustrafen gedachte, fast schon wieder vergangen war; nein, das flaue Gefühl, jene Schwäche, die von seinem vielgeprüften Herzen ausging, kam von der jungen Frau auf ihn, die ihn ansah wie eine zu allem entschlossene Vertraute. Ein Mädchen war diese junge Frau eigentlich noch, ein Mädchen mit rötlich schimmerndem Haar und strahlenden Augen. Freidenker aus dem Verkehr ziehen, können die Herrscher dieser Welt, dachte Voltaire, aber können sie auch solche Augen verbieten?

„Gedenkt Ihr länger zu bleiben, mein Herr?" fragte das Mädchen und berührte wie unabsichtlich seine Hand. „Eigentlich nicht", murmelte Voltaire. „Ich habe noch einen weiten Weg vor mir und ..." „Wir haben ein sehr schönes Gastzimmer", sagte das Mädchen und schaute ihm in die Augen.

„Es liegt direkt neben dem meinen..." Der Philosoph war
dankbar, daß der Wirt in diesem Moment zurückkkam, um das
Essen zu servieren, das genauso roch, wie er es befürchtet hatte. Voltaire aß; das Mädchen sah ihm dabei zu und lächelte.
Der Philosoph merkte, daß ihm etwas zwischen den Zähnen
knirschte. „Schmeckt es Euch", fragte das Mädchen.
„Vorzüglich", murmelte er, „diese Sandpastete ist sicher eine
berühmte Köstlichkeit hier in der Gegend. Ich aß, darf ich gestehen, so etwas noch nie." Er nahm einen Schluck Apfelwein
und schüttelte sich. „Auch der ist gut, nicht wahr", meinte das
Mädchen. „Und ob", antwortete der Philosoph. „Dieser Trunk
könnte für die Gesamtheit der irdischen Bemühungen des
Menschen stehen; sie kommen uns bekanntlich arg sauer an."

Als Voltaire gegessen hatte, fühlte er sich nicht etwa ge-
stärkt, sondern rundum ermattet. „Hat es geschmeckt", fragte
der Wirt, „wenn ja, warum?" – „Mein Herr", flüsterte der
Philosoph, „Ihr seid sicher ein treuer Freund Eurer Heimat.
Ich schätze den ehrlichen Patrioten. Aber müßt Ihr deshalb
auch Eure Pastete mit Heimaterde würzen?" – „Ihr seht ruhe-
bedürftig aus", sagte das Mädchen. „Wollt Ihr nicht doch unser Gastzimmer beziehen? Ich will mich gern Euer annehmen."
„Ob ich dann aber zur Ruhe komme", murmelte
Voltaire. „Kommt", sagte das Mädchen und nahm ihn bei der
Hand. „Ich zeige Euch das Zimmer." „Behandele mir den
Herrn gut, mein Kind", rief der Wirt ihnen nach. „Man kann ja
nie wissen..." Mir widerfährt die bloße Gerechtigkeit, dachte
der Philosoph. Habe ich nicht selbst unlängst geschrieben, daß
jedermann, der angenehme Empfindungen hat, auch ein wohl-
tätiges höchstes Wesen anerkennen muß. In der Tat: Das Vergnügen ist etwas Göttliches, – aber in meinem Alter gleicht es
doch auch einer Mutprobe, der man sich, anders als in seiner
Jugend, nur noch im eher bangen als frohen Erwarten unter-
zieht...

Hume

Der Philosoph David Hume, der sich seit geraumer Zeit wie ein öffentlich ausgehängter Sandsack fühlte, auf den jedermann nach Bedarf kräftig einschlagen konnte, war, so als befände er sich auf einer unheilvollen Flucht, in das Nest La Tour d'Aigues in der Vaucluse gekommen und hatte dort im einzigen Gasthof des Ortes Quartier bezogen. Hume ging es nicht gut, was man ihm vom Äußeren her gar nicht ansehen mochte; noch immer war er bestens im Futter, und noch immer glänzte sein breites Gesicht wie von zärtlicher Feindeshand poliert. In den Schründen seiner Seele aber, von der er ohnehin keine allzugute Meinung hatte, spürte er die feinen Demütigungen, die man ihm zugefügt hatte. Vor einer Ewigkeit nämlich, so kam es ihm vor, war der Philosoph in die Dienste eines geisteskranken Marquis' getreten, dem er als schlechtbezahlter Gesellschafter die düstere Zeit vertreiben sollte. Das Geld war es gewesen, welches Hume zur Übernahme dieser seltsamen Tätigkeit veranlaßt hatte: Er war, wie er konzedieren mußte, nahezu zahlungsunfähig, als er den Marquis kennenlernte, der ihm zunächst wie ein sympathischer und den Geisteskünsten durchaus aufgeschlossener Wohltäter vorkommen wollte. Dann aber verkehrte sich die anfänglicOhe Erleichterung in ihr Gegenteil.

Hume nahm einen Schluck von dem Rotwein, den ihm der Wirt auf sein Zimmer gebracht hatte; der Wein war gut, weit besser als befürchtet. Noch immer zitterten die Hände des Philosophen, aber nach einem zweiten und dritten Glas Wein, das er sich gönnte, wurde er ruhiger. Er legte sich aufs Bett und schloß die Augen. – Als er dem Marquis auf sein Schloß gefolgt war, begann die denkwürdige Leidenszeit des Philosophen. Es war, als ob sein neuer Herr in vertrauter Umgebung sein wahres Gesicht zeigen müßte: Der Marquis ließ ihn nicht mehr aus den Fängen. Ständig wollte er Hume an seiner Seite sehen: „Ihr seid mein Gesellschafter", schnarrte er. „Nun leistet auch etwas für Euer Geld." „Ich habe noch gar kein Geld aus Eurer Hand gesehen", wagte der Philosoph zu entgegnen, und der Marquis brüllte: „Unverschämtheit. Ihr seid maßlos und unverschämt, ein dicker Engländer mit einem Gewicht wie ein ausgewalzter Hefeteig." „Ihr seht auch nicht viel besser aus", sagte Hume, worauf der Marquis seinen Stock nach ihm warf, der sein Ziel jedoch deutlich verfehlte. – Im Schloß war es dunkel und kalt; die Wände näßten, die Türen quietschten, und die Dielen knarrten. Es gab nur noch zwei Bedienstete, die es im Bannkreis des Marquis ausgehalten hatten: Richard, ein uraltes Männchen, das durch die Räumlichkeiten schlurfte wie ein Vollstreckungsgreis der überirdischen Heimholungsdienste, und Marthe, die Köchin, der es gelang, jede Mahlzeit zu einem Abenteuer für Vorgewarnte werden zu lassen. Was den Philosophen am meisten nervte, war die Tatsache, daß der Marquis ihn auf Schritt und Tritt verfolgte; er stieg ihm nach, ließ ihn nicht mehr aus den Augen: Wenn Hume sich in die Bibliothek begab, um ein Buch zur Hand zu nehmen, war der Marquis an seiner Seite; er hielt vor der Tür Wacht, wenn der Philosoph auf dem Abtritt thronte, und er stieg sogar des Nachts zu ihm ins Bett und lag dann dort, kalt und gleichmäßig grunzend, ein noch lebender Toter, der dem Philosophen den Angstschweiß auf die Stirn trieb und nur auf jenen einen, verzeihlichen Fehler zu warten schien, den der Sterbliche begeht, wenn sein Stündlein geschlagen wird und man die Zeit einläutet, in der er nicht mehr ist. Hume wurde buchstäblich um den Schlaf gebracht; er schleppte sich durch die Tage wie ein übernächtigtes Gürteltier, dem der Wanst platzen wollte vor schierer Angst und ohnmächtiger Wut. Die meiste Zeit schwieg der Marquis; er starrte den Philosophen aus trieffigen Sehschlitzen an und leckte sich die Lippen. Er will mich fressen, dachte Hume. Und ich hoffe, daß er sich den Magen an mir verdirbt. „Also gut", sagte der Philosoph eines Tages zu seinem Peiniger, „versuchen wir es mit der Philosophie." „Ein Philosoph wollt Ihr sein", höhnte der Marquis, der neben ihm saß und mit einem Brieföffner spielte. „Ein Philosoph. Ich will geisteskrank sein, wenn es Euch in Eurem verpfuschten Leben gelingt, einen einzigen klugen Gedanken zu fassen und ihn auszuspucken, ohne daß er zu Speichel wird." „Unsere Vernunft", sagte Hume und stand auf, „unsere Vernunft kann niemals ohne den Beistand der Erfahrung auskommen." Er fing an, auf und ab zu gehen, und der Marquis ließ ihn erstaunlicherweise gewähren, „Die richtige Urteilskraft", fuhr der Philosoph fort, „beschränkt sich, alle weitliegenden und hohen Forderungen beiseite lassend, auf das gewöhnliche Leben und auf solche Gegenstände, die der täglichen Praxis und Erfahrung angehören. Das Ganze der Welt ist ein Rätsel, ein unerklärliches Mysterium. Zweifel, Ungewißheit, Enthaltung des Urteils sind das einzige Ergebnis, zu dem die schärfste und sorgsamste Untersuchung uns führen kann." Hume machte eine kleine Pause. „Und doch gibt es eine elementare Gewißheit", sagte er dann und deutete auf den Marquis. „Wenn man einem Dummkopf gegenübersteht, einem Quälgeist, der Qualen bereitet, ohne ein Fünkchen an Geist zu haben, dann ist das unmittelbar gewiß und bedarf keines Zweifelns." Der Marquis heulte auf vor Wut und warf seinen Brieföffner nach dem Philosophen. – In diesem Augenblick schreckte Hume hoch. Es war dunkle Nacht, und neben ihm lag, kalt atmend und doch schlafend, der Marquis. Das war mein Zeichen, dachte der Philosoph. Der Traum meiner Flucht! Vorsichtig erhob er sich von seinem Gefangenenlager, nahm seine Kleider und verschwand. Am Morgen würde er das Nest La Tour d'Aigues in der Vaucluse erreichen und im einzigen Gasthof des Orts Quartier beziehen. Dort war er, bis auf weiteres, sicher; der Alte nämlich, der den Sackschlaf des Bösen schlief, hatte schon lange keine Träume mehr.

Rousseau

Der Philosoph Jean-Jacques Rousseau war auf seinem Spaziergang, so schien es, ein Stück weit vom Weg abgekommen; eben noch stapfte er mit grimmiger Miene durch angenehm kühlen Laubwald, und nun stand er auf einmal im Freien: Vor ihm lagen Wiesen und Felder, und vom blaßblauen Himmel brannte eine unnachgiebige Sonne. Der Philosoph schwitzte unter seiner Pelzmütze; die Haare klebten ihm am Schädel, und seine Gedanken waren wie abgeschlagen und beschwert. Die Mütze jedoch behielt er auf; mit ihr verband er die hartnäckige Hoffnung auf Glück und seine mit den Jahren, Jahrzehnten bärenstark gewordene Wut auf alle Heuchler, Herzverräter und Heiligen des Scheins. Der Weg führte in einer leichten Kehre bergab, das immerhin war angenehm; in der Senke schlängelte er sich an Weideflächen vorbei, auf denen stumpfsinnige Kühe grasten, die den Philosophen kaum eines Blickes würdigten. Tiere sind die besseren Menschen, dachte Rousseau, das ist zumindest mir wohlbekannt. Im übrigen habe ich einen mörderischen Durst. Ich werde versuchen, auf jenen neuen Waldsaum zuzugehen, der dort, wenn mich meine geschundenen Augen nicht täuschen, am Horizont aufgetaucht ist. Rousseau nahm sich vor, an etwas Angenehmes zu denken, aber es wollte ihm wieder und wieder nur eine Quelle vor Augen kommen, die ihm kaltes Wasser kredenzte. Er beschleunigte seinen Schritt, und tatsächlich schienen die grünschwarzen Bäume näherzukommen, die sich kühl gaben, sommers wie winters, und den Menschen, die noch sehen konnten, die Stille einweihten, jene leise Gleichgültigkeit, die er einmal als die große Schwester des Mitleids bezeichnet hatte. Als Rousseau den Wald erreichte, atmete er tief durch; „ich habe das Böse und das Gute mit dem gleichen Freimut erzählt", rief er zu den Wipfeln hinauf, aus denen ihn ein paar wahrheitsliebende Vögel beschimpften. „Ich habe nichts Schlimmes verschwiegen", rief er, „und ich habe nichts Gutes zugesetzt. Ich lese in meinem Herzen, und ich kenne die Menschen. Also wird sich wohl auch eine Quelle für mich auftun, aus der ich trinken kann."

Er war nicht überrascht, als er an der nächsten Kehre tatsächlich auf ein Rinnsal stieß, das vom Hang herabplätscherte und zu Tale sprang. Rousseau trank, bis ihm die Kälte auf den Magen drückte; mit beiden Händen schöpfte er dann Wasser und warf es sich ins Gesicht. Schließlich nahm er, nachdem er sich vorsichtig umgeschaut hatte, die Pelzmütze ab, ging auf die Knie und drückte den Kopf in die Nässe. Es war ihm, als preßte man ihm kühl-glitschige Moosballen aufs Haupt, und er lachte so laut, daß auch die letzten zänkischen Vögel verstummten und davonschwirrten. Zufrieden ging der Philosoph weiter; er fühlte sich so gut wie schon seit langen Stunden nicht mehr. Was mir der Tag wohl noch alles bringen mag? dachte er. Sicher nur Gutes! Der Weg führte bergauf, aber der Anstieg war durchaus erträglich; auf der Kuppe vor ihm standen die Sonnenstrahlen wie ein Fangzaun vor den lichter werdenden Baumen. Rousseau dachte daran, daß er einst unter einem Baum der Erkenntnis gesessen hatte, in der Nähe von Schloß Vincennes, und die allerwesentlichsten Gedanken waren, Stechblitzen gleich, über ihn gekommen; „hätte ich jemals nur einen Bruchteil dessen schildern können, was ich unter diesem Baum gesehen und gefühlt habe", murmelte er, „mit welcher Klarheit hätte ich dann all die Widersprüche unserer sozialen Ordnung aufzeigen können – und mit welcher Deutlichkeit hätte ich beweisen können, daß der Mensch von Natur gut ist und nur die Einrichtungen es sind, die ihn schlecht machen. Aber", fügte er, nicht ohne Selbstzufriedenheit, hinzu, „ein großer, ein berühmter Philosoph bin ich auch so geworden. Man kennt mich, und man schätzt mich nicht!" Als er die Anhöhe erreichte, sah er ein kleines Waldgasthaus vor sich. Das kommt fürwahr wie gerufen, dachte er. Nach dem kalten Wasser könnte ich mir nun ein Glas Wein gönnen. Vor dem Haus saßen einige Menschen, die ihn anstarrten und alsbald die

Köpfe zusammensteckten, um über ihn zu tuscheln. „Das ist der Lohn meines Ruhmes", brummte er und setzte sich an einen freien Tisch. „Es schreckt mich nicht mehr; wenn sie mich nur in Ruhe lassen." Der Wirt kam und erkundigte sich nach seinen Wünschen; auch er beäugte den Philosophen interessiert, wobei er sich allerdings Mühe gab, etwas diskreter als die anderen Gäste zu wirken, denen förmlich die Augen ausfallen wollten vor ungezügelter Neugier. Ein älteres Weib tat sich dabei besonders hervor; sie verrenkte sich den Hals und stach mit dem Blick auf ihn ein wie ein auf Verfolgung vereidigter Habicht. Zu guter Letzt hielt sie es nicht mehr aus; sie stand auf und setzte sich zu Rousseau an den Tisch. „Verzeihen Sie, Monsieur", sagte sie, „aber sind Sie nicht der bekannte Philosoph Voltaire?" „Nein, Madame, der bin ich nicht", knurrte Rousseau. „Ich bin nur ein einfacher Mensch, der Durst hat und gern allein am Tische sitzt." „Aber Sie müssen es sein", rief die Frau. „Mit dieser seltsamen ostdeutschen Kappe auf dem Kopf und dem noch seltsameren slowenischen Gewand. Sie sind es, Monsieur, leugnen Sie nicht: Sie sind der einzige und große Voltaire, der den Satz sagte: Ecrasez l'infame – vernichtet die Schändliche..." „Madame", brüllte Rousseau, „wenn Ihr noch einmal diesen Namen in meiner Gegenwart nennt, werde ich Euch, so wahr ich mir helfe, freihändig erwürgen, unter Tränen der Freude in mein armenisches Gewand wickeln und den Berg hinabrollen lassen! Dick genug, um bestens zu rollen, seid Ihr ja."

„Wisset, Madame", flüsterte Rousseau, „Ihr allein seid die Schändliche, die man vernichten muß..." In diesem Augenblick kam der Wirt und brachte den Wein. „Aber, aber, Madame", sagte er tadelnd zu der Frau. „Wißt Ihr denn nicht, wer dieser Herr ist? Es ist der vortreffliche Diderot, Frankreichs Stolz und unter den Lebenden unser gewaltigster Philosoph..."

Kant

Der Philosoph Immanuel Kant schlug mit der Faust auf den Tisch, und seine Freunde, die mit ihm an der Mittagstafel saßen, zogen unwillkürlich die Köpfe ein. So kannten sie ihn gar nicht, den stets freundlichen und zuvorkommenden Kant, dem nun die Zornesröte im Gesicht stand und der sich die Hand rieb, mit der er wohl etwas zu fest auf den Tisch des Hauses geschlagen hatte. „Nein, nein und abermals nein!" rief der Philosoph. „Ich bestreite entschieden, was Sie da sagen!" „Aber, aber, mein Bester, warum so aufgeregt", sagte Ruffmann, ein Königsberger Bankier, der zu den altgedienten Freunden des Philosophen zählte. „Wir haben doch nur über Träume gesprochen. Und darüber, daß es möglich sein kann, in ihnen eine uns seltsam vorkommende Wahrhaftigkeit auszumachen..." „Träume sind Schäume", sagte Kant. „Da hat der Volksmund ganz recht. Ich weigere mich, dem Traume auch nur einen einzigen Erkenntnisgewinn zuzugestehen..." „Könnte es sein", meinte Regierungsrat Vigilantius, der den Philosophen in Buchhaltungsfragen zu beraten pflegte, „könnte es sein, daß Sie in der letzten Nacht einen Alptraum gehabt haben, der Sie so erschreckt hat, daß sie die Träume nun in ihrer Gesamtheit mit dem Bannstrahl des Zornes versehen?" „Es war kein gewöhnlicher Alptraum", sagte Kant. „Ich wurde weder verfolgt noch erschlagen noch in heißem Wasser ersäuft. Nein, es war viel schlimmer..." „Noch schlimmer? Wie mag das angehen?" fragte Pörschke, ein noch junger Philosophiedozent, der an der Universität Königsberg lehrte. „Man hat mich lächerlich gemacht", sagte Kant mit grimmiger Miene. „Ich wurde zum Gespött der Leute..." „Erzählen Sie", rief der englische Kaufmann Green, einer von Kants ältesten Freunden. „Das heißt, wenn Sie erzählen mögen und die Erinnerung an diesen Traum Sie nicht..." „Und ob ich mich erin-

nere!" knurrte Kant. „Jeder schändliche Satz, der in meinem Traum gesprochen wurde, klingt mir noch in den Ohren..."
„Sie machen uns neugierig", sagte Ruffmann.

Kant nahm einen Schluck Wein. „Also gut", sagte er. „Ich berichte. Vielleicht wird mir dann wohler... In meinem Traum wurde ich in das Jahr 1978 versetzt. Ein in dieser Zeit sehr bekannter Bühnenautor, dessen Namen ich aus Gründen der Dezenz vergessen habe, machte mich zur Hauptfigur eines Theaterstücks..." „Was ist daran schrecklich?" fragte Green. „Ein solcher Vorgang zeigt doch nur, daß man sich Ihrer auch noch in zweihundert und mehr Jahren erinnern wird." „Hören Sie zu", sagte Kant. „Diesem Mann ging es nicht darum, mich und meine Philosophie zu würdigen, sondern er wollte sich einen Spaß mit mir machen. In seinem Stück saß ich als verschrobener Greis an Deck eines Überseeschiffes, das mich nach Amerika bringen sollte. Meine Frau..." „Ihre Frau?" sagte Pörschke. „Sie haben doch gar keine Frau..." „In diesem Stück, das durch meinen Traum geisterte, hatte ich eine Frau", sagte Kant. „Ein dumpfes, dienstfertiges Geschöpf, das sich andauernd nach meinem Wohlbefinden erkundigte und meine Beine mit einer Wolldecke umwickelte. Mit uns an Bord waren noch ein Papagei und ein tölpelhafter Diener namens Ernst Ludwig..." „Ernst Ludwig?" fragte Vigilantius. „Also nicht der gute Lampe?" „Nein", sagte Kant. „Lampe ist mir im Traum abhanden gekommen... Aber weiter... Ich saß also an Deck dieses Schiffes. Alle halbe Stunde erschien ein Steward und machte Meldung. ‚Guten Morgen, Herr Professor Kant', brüllte er etwa, ‚Wind West, Nordwest, Herr Professor. Ausgezeichnete Wetterbedingungen. Volle Kraft voraus!' Ich nahm seine Meldung entgegen und redete wirr vor mich hin, was das Theaterpublikum schon nach den ersten Sätzen mit Heiterkeit quittierte." „Wirr haben Sie doch nie geredet...", meinte Pörschke. „Natürlich nicht!" sagte Kant. „Ich wurde vorgeführt, und das Publikum lachte, – besonders dann, wenn der Papagei, ein Psittacus erithacus, meine Ausführungen mit krächzenden Zurufen wie ‚Imperativ, Imperativ' oder ‚Leibniz, Leibniz' begleitete... Kant, hieß es, sei krank; eine amerikanische Universität wolle ihm zwar die Ehrendoktorwürde verleihen, aber zuvor habe er sich dort noch einer Augenoperation zu unterziehen, denn er sei halb blind und auf die Hilfe seiner Frau angewiesen, die ihm ständig alte Zeitungen vorlesen müsse..." „Alte Zeitungen? Warum das denn?" fragte Green." „Weil der Dichter dieses Theaterstücks es so wollte", sagte Kant. „Für ihn und ein ständig angeheitertes Publikum mußte ich sagen: ,Ich lese grundsätzlich nur Zeitungen, die mindestens vier Wochen alt sind ... Diese alten Blätter haben eine nützliche Wirkung; sie verursachen keinerlei Erregungszustand'..." „Gar nicht so dumm", sagte Pörschke, „ich meine, sich nicht der Hektik des stets Gegenwärtigen auszusetzen..." „Ach was", rief der Philosoph voller Zorn. „Alles war dumm an diesem Theaterstück... Sie hätten sehen sollen, wie das Publikum, eine wiehernde Meute, auf eine Feststellung meiner sogenannten Frau reagierte... ,Mein Mann', sagte sie, ,hält urplötzlich zu einem ganz bestimmten, unvorhergesehenen Zeitpunkt seine Vorlesung... In Würzburg hatte er nur einen Hund als Zuhörer!' Und sie fügte hinzu: ,Mein Mann hat in seinen Schuhen Asbesteinlagen, er hat Angst, er verbrennt, wenn er bei seiner Vorlesung diese Einlagen nicht in seinen Schuhen hat'..." „Wir wollen Ihren Ingrimm besänftigen", sagte Ruffmann. „Geben Sie uns nur noch Mitteilung darüber, wie das Stück ausgegangen ist..." „Schrecklich", sagte Kant. „In Amerika wurde ich von einer Delegation erwartet, die ich für eine Abordnung der Columbia-Universität hielt. In Wirklichkeit waren es Pfleger und Ärzte eines New Yorker Irrenhauses, die mich in Empfang nehmen sollten..." „Infam", sagte Green. „Dieser Schluß ist infam und ehrenrührig dazu... Aber trösten Sie sich. Es war nur ein Traum. Ich bin sicher, daß kommende Jahrhunderte noch größer von Ihnen denken werden als das unsrige..." „Da wäre ich mir nun nicht mehr so sicher", sagte Kant. „Auch wenn Träume Schäume sind: Vor den Herren Dichtern ist keiner sicher, am wenigsten die Philosophen, über die ein jeder Dummkopf, so als wären wir alle nur *ein* einziges *Philosophen-Kabinett,* abgeschmackte Kuriosa verbreiten darf..."

Lichtenberg

Der Philosoph Georg Christoph Lichtenberg saß im Bett und konnte nicht schlafen. Neben ihm lag seine Haushälterin und Lebensgefährtin Margarete Kellner; sie schlief wie immer fest, und das beileibe nicht, ohne Laut zu geben: Sie röchelte und schnaubte, sie seufzte und ächzte und verfiel schließlich in das von Lichtenberg besonders gefürchtete gleichmäßige Schnarchen, das ihn regelmäßig vom Lager hob und an Flucht denken ließ. „Die erbarmungslosesten Schlachten finden im ehelichen Schlafgemach statt", knurrte er. „Und es gibt kein Edikt, das den Schlafsuchenden dieser Welt Beistand gewährt, wenn der Schnarchhahn den Kamm aufstellt." Er stand auf und begab sich mit schlurfendem Schritt in sein Arbeitszimmer, wo er in seinem geliebten Ohrensessel Platz nahm. Die nahe Kirchturmuhr schlug Mitternacht; Geisterstunde, dachte Lichtenberg. Aber wenn heutzutage schon keine anständigen Geister mehr ihr Wesen und Unwesen treiben, dann sollte es wenigstens ein Einbrecher sein, der mal hereinschaut und einem eine gute Nacht wünscht. In diesem Augenblick hörte er Schritte im Garten; „da kommt er ja schon, mein Herr Einbrecher", murmelte der Philosoph. „Ob er auch nur annähernd ermessen kann, welch merkwürdiges Risiko er mit mir eingeht?" Lichtenberg saß wie ausgestopft in seinem Sessel; er war die Spinne, der man ins Netz ging oder aber mit einem Schlag den Garaus machte. Er sah, daß sein geheimnisvoller Besucher sich draußen ein Licht aufgesteckt hatte und näher kam – den Schritten nach ein großer, schwerer Mann, der sich nicht sonderlich geschickt darum bemühte, leise zu sein. Immerhin gelang es ihm, ohne Schwierigkeiten die Haustür aufzuhebeln; im Wohnzimmer wird er nicht viel finden, dachte Lichtenberg. Also wird er bald bei mir sein. Der Mann machte sich jetzt im Nebenraum zu schaffen; er schien sich sicherer zu fühlen, denn er wurde lauter und fahriger. Als er nicht fand, was er suchte, stieß er einen unterdrückten Fluch aus. Dann tappte er hinüber ins Arbeitszimmer und stand mit einem Mal vor dem Ohrensessel des Philosophen. „Guten Abend, mein Herr", sagte Lichtenberg, „ich habe Euch schon länger erwartet. Nehmt doch unverbindlich Platz." Der Mann war, wie nicht anders zu erwarten, verblüfft; er starrte den im Halbdunkeln kauernden Philosophen an und tat, wie ihm geheißen. „Verzeihung", meinte Lichtenberg. „Ich glaube, es wäre gemütlicher, wenn wir ein bißchen mehr Licht hätten." Von sympathischen Zügen keine Spur, dachte der Philosoph, als er seinen Besucher genauer betrachten konnte. Er hat die Visage eines veritablen Dummkopfs, dem ein einziger guter Gedanke sicher schon gewaltiges Schädeldrücken verursachen würde. Ich möchte ihm nicht im Dunkeln begegnen, diesem Herrn, denn er würde auch seine Mutter prügeln, um an einen Saufgroschen zu kommen. Irgendwo habe ich den Mann schon gesehen: wahrscheinlich einer meiner mißratenen Studenten. „Mein Herr", sagte Lichtenberg. „Wir sollten es uns noch ein wenig angenehmer machen. Seht Ihr die Karaffe dort und die Weingläser? Schenkt uns doch von dem Roten ein; es ist ein Buxdorfer Beamtenschlegel, falls Euch das etwas sagt. Ein vorzüglicher Tropfen."

„Schluß jetzt!" brüllte der Mann. „Ich will..." „Mein Herr!" sagte Lichtenberg streng. „Mäßigen Sie Ihre Stimme. In diesem Hause wird geschlafen." „Schluß jetzt!" zischte sein Gegenüber. „Ich will die Klunker des Königs!" „Sie meinen vermutlich die kleinen Preziosen, die ich seinerzeit die Ehre hatte, vom König von England geschenkt zu bekommen. Die aber kann ich Ihnen nicht geben." – „Und was ist das hier?" rief der Mann und zog eine Pistole hervor. „Ja, was haben wir denn da", sagte Lichtenberg. „Eine Pistole. Können Sie denn damit auch umgehen?" „Und ob", knurrte der Besucher. „Ich kann jederzeit einen toten Professor aus Ihnen machen." „Darf ich Ihnen einen besseren Vorschlag unterbreiten", sagte Lichtenberg. „Da die von Ihnen so genannten Klunker nichts für Sie sind, möchte ich Ihnen etwas anderes zukommen lassen, etwas viel Wertvolleres, Besseres." „Und das wäre?" fragte der Mann. „Trinken Sie Ihr Glas aus, schenken Sie nach, mir notabene auch, und dann hören Sie mir ganz einfach nur zu. Ich werde Ihnen etwas vorlesen, aus dem Ihnen ohne weiteres klar wird, wo die wirklichen Schätze in diesem Hause liegen. Dazu solltet Ihr Euch zweckmäßigerweise in meinen Sessel begeben, da sitzt es sich weitaus bequemer, während ich, mit Verlaub, an meinen Schreibtisch muß." „Ich warne Euch", sagte der Mann, „versucht nicht, mich hinters Licht zu führen!" „Ihr habt doch eine Pistole!" sagte Lichtenberg. Das schien seinen Gast zu überzeugen, und er tat, wie ihm der Philosoph empfohlen. „Nehmt noch einen Schluck", sagte Lichtenberg, „denn nun fange ich an." – Er hatte ein Manuskriptblatt zur Hand genommen, aus dem er mit sanftester Stimme vorzulesen begann: „Wenn man jung ist, weiß man kaum, daß man lebt. Das Gefühl von Gesundheit erwirbt man sich nur durch Krankheit. Daß uns die Erde anzieht, merken wir, wenn wir in die Höhe springen, durch Stoß beim Fallen. Wenn sich das Alter einstellt, so wird der Zustand der Krankheit eine Art von Gesundheit, und man merkt nicht mehr, daß man krank ist. Bliebe die Erinnerung des Vergangenen nicht, so würde man die Änderung wenig merken. Ich glaube daher auch, daß die Tiere nur in unseren Augen alt werden. Ein Eichhörnchen, das an seinem Sterbetage ein Austerleben führt . . ."

Aus den Augenwinkeln sah Lichtenberg, daß schon eingetreten war, was er erhofft hatte: Dem Mann waren die Augen zugefallen; der Kopf sank ihm auf die Brust, und er begann zu schnarchen wie ein Pferd. „. . . ist nicht unglücklicher als die Auster", schloß der Philosoph. – Es lebe die Philosophie, besonders meine. Sie ist wirksamer als die stärkste Medizin. – Nun habe ich also zwei Schnarcher im Haus, von denen zumindest der eine ein Fall für die Gendarmerie ist.

Baader

Der Philosoph Franz von Baader hielt die Nase in den Wind –
vorsichtig, denn es bestand die Gefahr, daß sie ihm weggeris-
sen wurde in diesem verödeten Landstrich, in dem die Kälte
ein- und ausging und das Rauschen, welches vom Meer her
schlug, an die Große und Ewige Flut erinnerte, die mit dem
Stapellauf der Arche Noah einst begonnen hatte und mit dem
Jüngsten Gericht noch lange nicht zu Ende war. Baader befand
sich auf dem Gut seines Freundes Boris von Uexküll in der
Nähe von Riga, wo er, der Not gehorchend, auf eine Einreise-
genehmigung wartete, die ihn dazu berechtigte, nach Rußland
weiterzureisen. Das Dokument jedoch ließ auf sich warten,
und so wartete auch der Philosoph; fröstelnd, aber noch immer
guten Mutes, denn er hatte es sich zur Lebensmaxime gesetzt,
das Beste aus den Tagen und Nächten zu machen, die der
Herrgott ihm überantwortete – hier wie dort und auch wohl
anderswo. Anderswo, Baader mußte es zugeben, wäre er jetzt
gerne gewesen, im heimischen Bayern etwa, in München, wo
die Sonne schien und der Spaziergang im Freien eine ein-
schmeichelnde Angelegenheit war, beileibe kein Abenteuer der
naturgroben Art oder gar eine Exkursion ohne Wiederkehr.
Die Nase des Philosophen, als hervorragendes Organ besonders den Stürmen ausgesetzt, hatte sich bereits rot eingefärbt;
zudem tropfte sie dezent, während ihr Besitzer, in einen langen
Mantel gehüllt und mit einer derben pommerschen Kappe auf
dem Kopf, seinen kleinen Gang fortsetzte, der ihn bislang
kaum mehr als zweihundert Schritte vom Hauptgebäude des
Uexküllschen Gutes hinweggeführt hatte. Er sah den Himmel
über sich, ein Schlachtfeld, unerhört weit, über das die vom
Wind versammelten Wolken zogen; nach Norden zu, dort wo
es heller wurde, stieß das Land weit ins Meer vor, ein möglicherweise verführerischer Ort, wie der Philosoph dachte, dem

es schon in den Sinn gekommen war, einen einzigen langen und tollkühnen Marsch dorthin zu wagen, aber dann hatte er sich doch über seinen eigenen, zuletzt sehr ungewohnten Mut lustig gemacht: Wie sollte er jenen fernen Vereinigungspunkt erreichen, wenn es ihn hier schon so mächtig schauderte, im Bannkreis des Guts, über dem nun eine kleine Rauchfahne stand, Wärme und Behaglichkeit verheißend, denn dort, im Kamin seines Wohnhauses, ließ der Hausherr heizen, ungeachtet der Jahreszeiten, die hier ohnehin allesamt unwirtlich blieben.

Der gute Uexküll. Ein freundlicher, ein guter Mensch war er zweifelsohne, wenn auch ein wenig geizig, wie es Menschen oft sind, die zuviel der irdischen Güter beiseite geschafft haben; er litt, mit anderen Worten, keinerlei Not, konnte sich Luxus, wie er in diesen schweren Zeiten noch möglich war, leisten, aber er hielt seine Besitztümer beisammen – kleingläubig und gelegentlich an einen eingebildeten Verfolgten gemahnend, der nur noch leibhaftige Verfolger sieht. Seinen Geiz, den er, wohlwollend betrachtet, eher wie eine Schrulle betrieb, ließ er, dies mußte zu seiner unumgänglichen Ehrenrettung gesagt werden, nie und nimmer an seinen Gästen aus, die er pfleglich, ja zuvorkommend und liebenswürdig behandelte, so daß es ihnen, vom Frühstück angefangen bis hin zum späten Nachtmahl, in der Regel an nichts fehlte. Uexkülls Geiz bekamen andere, ihm ferner Stehende, zu spüren, im besonderen Bettler, die der Baron ganz und gar nicht ausstehen konnte. „Ich gebe nichts", pflegte er zu sagen, wenn ihm ein Bettler in die Quere kam. „Ich gebe nichts, denn ich bin ein gerecht denkender Mensch!" Auf die Frage Baaders, was das wohl für eine merkwürdige Denkungsart wäre, die ihre Gerechtigkeit eher im Geize denn in der Freigiebigkeit sähe, hatte der Baron geantwortet: „Das verstehen Sie ganz falsch, mein Lieber. Sie mögen sich für barmherzig halten, wenn Sie einem arbeitsscheuen Bettler, der in der Regel noch unverschämt ist, etwas zustecken; ich jedoch denke, daß Sie dabei nur dumm sind, verzeihen Sie wohl, – dumm, da Sie dazu beitragen, einem offensichtlichen socialen Übelstand, und das ist die Bettlerey nun einmal, Fortdauer zu verleihen. Wären hingegen alle so hartherzig wie ich, was ich hingegen nur gerecht nenne, dann gäbe es schon bald keine Bettler mehr, da die Mitglieder dieses Berufsstandes wegen anhaltender Erfolglosigkeit nach einer anderen, einer wirklichen Beschäftigung Ausschau halten müßten."

Der Philosoph lächelte; er dachte daran, wie er noch versucht hatte, den Baron mit einer wohlausgedachten Rede über die Vorzüge christlicher Nächstenliebe in Kenntnis zu setzen – vergeblich. „Lieben Sie, wen Sie wollen", sagte Uexküll, „lieben Sie die Alten, Armen und Schwachen, lieben Sie Kinder, die Kunst und das Schöne, lieben Sie das Göttliche und das Gute, das sollten Sie sogar, lieben Sie Ihre Frau, denn die ist wachsam – nur die Bettler müssen Sie nicht lieben, denn sie sind mühsam wandelnde Abbilder eines vom Bösen gestifteten, einträglich schlechten Gewissens!" Baader machte kehrt, er war weit genug gegangen, fand er, um zurückkehren zu dürfen ins vorgewärmte Haus. Sein mutiger Entschluß wurde bestärkt durch den Umstand, daß mittlerweile noch kolossalere Wolken am Himmel aufgezogen waren, sackartige schwärzliche Gebilde, die sich schon bald mit sintflutartigem Regen oder gar dem allerersten Schnee des Jahres entladen würden.

Als der Philosoph auf den Haupteingang des Wohngebäudes zuging, hörte er auf einmal eine Stimme. „Gnädiger Herr, nur eine Frage!" Ein zerlumpter Mann unschätzbaren Alters stand neben ihm; unerfindlich, woher er gekommen sein mochte. „Wie gesagt nur eine Frage, der Herr", sagte der Mann, der wie ein Bettler aussah, dem schon bessere Tage beschieden worden waren. „Sie sind doch der bekannte Philosoph Professor Franz von Baader, aus Bayern stammend?" „Ja doch", rief Baader. „Aber woher wissen Sie das?" „Ich weiß es eben", sagte der Mann, „und ich weiß auch, daß Sie ein bedeutendes Werk geschrieben haben mit dem eingängigen Titel ‚Über das dermalige Mißverhältnis der Vermögenslosen oder Proletairs zu den Vermögen besitzenden Klassen der Sozietät in betreff ihres Auskommens, sowohl in materieller als intellektueller Hinsicht, aus dem Standpunkte des Rechts betrachtet'." „Sie erstaunen mich, mein Bester!" meinte Baader. „Vielleicht könnten Sie Ihr Erstaunen durch eine mich anerkennende milde Gabe unter Beweis stellen!?" sagte der Mann. „Ich habe selbst nicht viel", erwiderte der Philosoph. „Aber ein guter Freund, der Besitzer dieses Anwesens, wird sich Ihnen gegenüber möglicherweise erkenntlich zeigen. Kommen Sie." Baader nahm den Mann mit ins Haus, wo alsbald Uexküll auf der Bildfläche erschien. „Ein Bettler!" rief der Hausherr voller Entsetzen. „Ich gebe nichts. Raus!" „Sie sind sehr liebenswürdig", sagte der Mann. „Möge es Euch ergehen wie Abraham, Isaak und Jakob!" „Das ist ja ganz etwas Neues", sagte Uexküll. „Ein elender Schnorrer – und höflich dazu! Er segnet mich sogar."

„Wer spricht hier von Segen", entgegnete der Bettler. „Ihr scheint die Bibel nicht recht zu kennen, elender Geizhals. Was ich Euch wünsche, ist, daß Ihr umherirrt wie Abraham, blind werdet wie Isaak und hinkt wie der unselige Jakob! Ich empfehle mich, meine Herren."

Fichte

Der Philosoph Johann Gottlieb Fichte – er wurde bekannt durch den überaus eingängigen Satz „Ich setze im Ich dem teilbaren Ich ein teilbares Nicht-Ich entgegen" – hatte, wie er fand, eine ausnehmend gute Nacht mit seiner Frau verbracht. Frohgemut stand er auf und begab sich an den Frühstückstisch. Dort harrte er des heißen Kaffees, der Jenaer Allerweltskrimbel (einer von ihm sehr geschätzten Backwarenspezialität) und der weichgekochten Eier, die da kommen sollten; eine milde Herbstsonne schien ins Zimmer, und Fichte, noch in der Vergegenwärtigung des Gewesenen begriffen, notierte auf dem Rande der Zeitung von vorgestern: „Dieser Trieb, mit dem Unvergänglichen vereinigt zu werden und zu verschmelzen, ist die innigste Wurzel alles endlichen Daseins." Als das Frühstück jedoch auf sich warten ließ, kam ihm die gute Laune zusehends abhanden. „Johanna! Wann denn . . .", rief er mehrere Male zur Küche hinüber, und seine Frau antwortete ihm „Gleich!" – was ihm nun schon wie eine ärgerlichnichtssagende Gewohnheitsreplik vorkommen wollte. Was für eine Anmaßung, bester Dinge zu sein, dachte er, gerade ich sollte doch wissen, daß es längst nicht mehr gesittet zugeht auf dieser Welt. Die akademische Jugend, im besonderen aber die sogenannten studentischen Verbindungen gaben zu den schlimmsten Befürchtungen Anlaß; erst kürzlich hatte eine unerkannt gebliebene Abordnung dieser gänzlich verrohten Konventikel ihm, dem hochgerühmten Philosophen, im Schutze der Nacht ein paar Backsteine in die Fenster gepfeffert, nur weil er, Fichte, es gewagt hatte, das schändliche Treiben der Verbindungsburschen zu geißeln, denen Raufhändel und derbe Amouren mehr bedeuteten als das Studium schwer ergründbarer Wahrheiten. Und hatte nicht er, Fichte – als kräftiger Gegenwind ihm durch die lädierten Scheiben blies –, in heiligem Zorn an den Weimarer Minister Goethe geschrieben und heftige Klage darüber geführt, daß er und die Seinen „dem Mutwillen böser Buben preisgegeben" würden und sich „ärger" behandelt fühlen müßten als „die schlimmsten Missetäter . . ."

„Johanna! Wann denn – endlich", rief er abermals, mittlerweile merklich erzürnt, und in diesem Augenblick warf man ihm – eine von Fichte schon mehrfach gerügte Unsitte des Postdistribuenten – drei Briefe durchs Fenster. Dieser faule Strick nutzte aus, daß die Scheiben im Hause des Philosophen noch immer nicht ersetzt worden waren. Einer der Briefe, die Fichte vom Boden aufnahm, war von Goethe; endlich, dachte er, bequemt sich der Herr Minister zu einer Antwort – und endlich erschien auch seine Frau mit dem Frühstück. „Es hat etwas länger gedauert", sagte sie. „In der Tat", antwortete Fichte und widmete sich der Lektüre des Briefes. „Sie, geehrter Herr", stand da zu lesen, „haben also das absolute Ich in großer Verlegenheit gesehen, und freilich ist es von den Nicht-Ichs, die man doch gesetzt hat, sehr unhöflich, durch die Scheiben zu fliegen. Es geht ihm aber wie dem Schöpfer und Erhalter aller Dinge, der, wie uns die Theologen sagen, auch mit seinen Kreaturen nicht fertig werden kann . . ." „Laß es dir schmecken!" sagte die Frau des Philosophen. „Nein!" rief Fichte und sprang auf. „Das will und kann mir nicht schmekken!" Er stürzte davon, ließ sein Frühstück stehen und die Frau sitzen; bis auf weiteres war ihm fast alles vergangen.

Am Abend – tagsüber hatte er sich mißmutig an der Universität herumgedrückt und seine Studenten mit bitterbösen Blicken traktiert – befiel ihn auf dem Nachhauseweg ein ungewöhnlicher Durst. Ein Bier, dachte er, ein Bier, das allerordinärste aller Rauschmittel könnte mir jetzt guttun, und kurzentschlossen ging er in eine Wirtschaft, um seinem Durst dort auf die übliche und ganz und gar unphilosophische Weise zu Leibe zu rücken. Johann Gottlieb Fichte trank im Stehen, und nachdem er seinen Humpen geleert hatte, gab er Anweisung, für Nachschub zu sorgen. Neben ihm stand ein baumlanger Kerl, ein Lastenmann oder Handwerker, auf jeden Fall ein ganz unverschämter Geselle, der auf den relativ klein gewachsenen Philosophen durchaus mokant, ja frech herabäugte und plumpe Anzüglichkeiten verbreitete, die Fichte im Lärm der Schankstube allerdings nicht recht verstehen konnte und wollte. Kerl, ich beutel dich, bis dir Hören und Sehen vergeht, dachte der Philosoph, der den Blick des dreisten Provokateurs nicht erwiderte und sich der wohltuenden Wirkung des Bieres hingab, die Mut in ihm aufbrachte und unaufdringliche Stärke. „Den Lümmel will ich Manieren lehren", sprach Fichte, was außer ihm niemand hören konnte. „Ich werde ihn aus dem Wirtshaus prügeln und durch die Gassen jagen wie einen Hund." Der Philosoph trank sein Bier aus, zahlte und ging. Draußen atmete er tief durch und begann, nicht mehr so sicher ausschreitend wie sonst, seinen Heimweg. „Wer die Lessingschen Fehden erneuert sehen will, der reibe sich an mir", murmelte er vor sich hin, und der so finster begonnene Tag kehrte sich ihm in der Nacht doch noch zu – im behaglichsten Einvernehmen.

Ja, nun steigerte er sich sogar ins Gewaltige hinein; er schritt aus und befeuerte sich selbst. „Ich weiß überall von keinem Sein und auch nicht von meinem eigenen", rief er übermütig in die Nacht hinein. „Es ist kein Sein! – Ich selbst weiß überhaupt nichts und bin nicht. Bilder sind: Sie sind das einzige, was da ist, und sie wissen von sich, nach Weise der Bilder; – Bilder, die vorüberschweben, ohne daß etwas sei, dem sie vorüberschweben; die durch Bilder von den Bildern zusammenhängen, Bilder, ohne etwas in ihnen Abgebildetes..." „Ruhe!" brüllte jemand aus einem geöffneten Fenster. „Selber Ruhe!" brüllte Fichte zurück. „Ohne Bedeutung und Zweck! Ich selbst bin nämlich eins dieser Bilder; ja, ich bin selbst dies nicht, sondern nur ein verworrenes Bild von den Bildern. – Alle Realität verwandelt sich in einen wunderbaren Traum, ohne ein Leben, von welchem geträumt wird..."

Hegel

Der Philosoph Georg Wilhelm Friedrich Hegel saß beim Weine und hatte die Zeit längst vergessen. Vor dem Fenster seiner Studierstube balgten sich die Katzen. Ich sollte Wasser holen und die Viecher verscheuchen, dachte er, aber ich bin ersichtlich zu faul dazu. Und vielleicht auch zu – betrunken. Das muß ich mir eingestehen. Dunkelheit umgab ihn; die Kerzen waren heruntergebrannt, aber er konnte alles noch erkennen im schräg einfallenden Mondlicht, die drohende Bücherwand ihm gegenüber, die zerdrückten Foliohefte auf dem Schreibtisch und vor allem das Weinglas und die dazugehörige große Karaffe, die wie immer bereitstanden, seine die Welt tragende, gnadenlos-versöhnliche Stimmung zu stärken und zu halten. Hegels Gedanken befanden sich auf dem Kreisgang; sie schoben Wache im bekannten Gelände, und sie gestatteten sich, längst müde geworden, wagemutige Höhenflüge ins Unbekannte, dem es noch bevorstand, von seiner gewaltig zupackenden Philosophie liebevoll, aber bestimmt vermessen zu werden. Es ist Vollmond, dachte Hegel, er bringt für gewöhnlich die Schlafenden so durcheinander, daß sie entweder verstört im Bette herumliegen und kein Auge mehr zubekommen oder aber solche gehäuften Absonderlichkeiten träumen, daß sie am nächsten Morgen wie gerädert und plattgeschlagen aufwachen und die wüsten Träume noch lange für die Wirklichkeit nehmen müssen. Der Vollmond ist der natürliche Feind aller Sackschläfer – darum gehe ich bei Vollmond erst dann zu Bett, wenn er schwächlich geworden ist, sich verausgabt hat, so daß seine böswilligen Strahlen keinen Schaden mehr anrichten können. Das ist gegen Morgen, wenn die Vögel in den Bäumen anfangen zu plärren und meine Frau im letzten Nachtschlummer aufseufzt, bevor der Tag sie wieder einholt und ihr die alten Flötentöne beibringt. Marie war zudem der einzige

Mensch, der bei Vollmond besonders gut schlief; das fahle Licht, das ins Zimmer drang, schien sie tief in die Bewußtlosigkeit hinabfallen zu lassen, man hätte sie, die nur noch unmerklich atmete, mit Pauken und Trompeten wegtragen können, und sie wäre nicht wach geworden. Hegel schenkte sich Wein nach; ein gutes und treues Weib, dacht er, das ist sie, zweifellos; ich habe seinerzeit, lang ist es her, ganz zu Recht um sie geworben: Sie hat mich erhört, was blieb ihr auch anderes übrig; in ihrem Blick / der Liebe Wiederblick erkennen, / o Wonne, o höchstes Glück! Hegel mußte lachen; die Zeit der Liebesgedichte war vorbei, das allermeiste hatte sich gelegt, aber ihm, dem im Grunde Glücklichen, hatte man statt dessen strengste Zufriedenheit verordnet.

Der Philosoph nahm einen kräftigen Schluck und lehnte sich im Sessel zurück; ja, das liebte er, wenn ihm die Gedanken zufielen wie aus dem Weinfaß gezogen. Er war und blieb ihr Meister, ihm oblag die Intendanz für den Spielplan dieses ganz und gar zwanglosen Denkens, das sich zwar nicht der von ihm sonst immer geforderten Anstrengung des Begriffs verdankte, dafür aber eigene seltsame Wahrheiten zutage förderte. – Kreisgang. – Er trank, schloß die Augen. Bilder zogen ihm durch den Kopf; es war zwecklos, sie festzuhalten – sie kamen und gingen nach einer Gesetzmäßigkeit, die seines bestimmenden Zuspruchs nicht mehr bedurfte. Das Bild für sich ist vorübergehend, hatte er, Hegel, einmal geschrieben, und die Intelligenz selbst ist als Aufmerksamkeit die Zeit und auch der Raum. Die Intelligenz ist aber nicht nur das Bewußtsein und Dasein, sondern als solche das Subjekt und das an sich ihrer Bestimmungen; in ihr erinnert, ist das Bild, nicht mehr existierend, bewußtlos aufbewahrt. – „Jawohl“, rief der Philosoph, „die Intelligenz müssen wir uns als einen nächtlichen Schacht vorstellen, in welchem eine Welt unendlich vieler Bilder und Vorstellungen aufbewahrt ist, ohne daß sie im Bewußtsein wären...“ „Welch ein Unfug!“ brüllte da auf einmal eine unfreundliche Stimme, und der Philosoph fühlte sich von kräftigen Händen gepackt und emporgezogen. „Ich habe doch gar nichts getan“, jammerte Hegel, und die unfreundliche Stimme antwortete: „Das ist es ja gerade, du hast nie etwas getan, immer nur Gedanken ausgeheckt, in die andere, Unschuldige, hineingetappt sind. Dafür wirst du nun zur Rechenschaft gezogen." – Ich muß kämpfen, dachte Hegel, sonst geht es mir schlecht. „Zeig dich, du feiger Hund", rief er. „Was für eine groteske Anmaßung, einem vernünftigen Menschen als Unsichtbarer den Prozeß machen zu wollen." – „Du bist nie vernünftig gewesen", donnerte die Stimme, „sondern immer nur versessen auf Belohnungen." – „Ja", murmelte der Philosoph, „also solltest du, der du es noch immer nicht wagst, dich zu erkennen zu geben, mir nicht mit dreisten Vorhaltungen kommen, sondern eher an ein geschmackvolles kleines Geschenk denken, das du mir alsbald überreichen könntest." – „Vielleicht ein Faß Wein", höhnte die Stimme, „alle Welt weiß, daß du ein Trunkenbold bist, der sich in der Maske des Philosophen gefällt." – „Es muß kein ganzes Weinfaß sein", sagte Hegel, „mir würden schon einige hundert Flaschen reichen, mit denen du mir meinen Weinkeller wieder auffüllen könntest." – „Unverschämter Geselle!" schrie die Stimme, und der Philosoph erhielt einen Schlag auf den Kopf. Er plumpste zu Boden und fand sich vor seinem Sessel wieder. Der Mond schien ihm ins Gesicht; die Katzen waren verstummt. Seufzend erhob er sich; schon wieder ein Kampf, den ich siegreich bestanden habe, dachte er. Wer Höchstes gedacht hat, wie ich, muß sich wehren. Indem das Ich seinen großen unbekannten Feind, der es ein Leben lang heimlich begleitet, erfaßt, wird dieser von der Allgemeinheit des Ich zugleich vergiftet und verklärt, verliert sein vereinzeltes, selbständiges Bestehen und erhält ein geistiges Dasein. Dafür genügen in den einfachen feuchten Vollmondträumen schon ein paar Widerworte und gewöhnliche Bosheiten. Man darf sich nur nichts gefallen lassen. Der Geist ist wesentlich nur das, was er von sich selber weiß ...

Schelling

Der Philosoph Friedrich Wilhelm Joseph Schelling befand sich mit seinem Schüler und Assistenten Dorfmüller auf einer jener Wochenendexkursionen, die Schelling in dem Maße schätzte, wie sie Dorfmüller, einem zur Rundlichkeit neigenden jungen Mann, mißfielen. Er, Dorfmüller, wäre lieber zu Hause geblieben und hätte bei einem Glas Wein dem kaum hörbaren Zuspruch seiner Gedanken gelauscht; die Treue zu seinem Lehrer aber ließ ihn die Einladungen Schellings, welche ohnehin wohl eher als Abkommandierungen im Dienste des Geistes zu verstehen waren, immer wieder „gerne und mit frohem Herzen", wie er sagte, annehmen. Schelling, dem der Ruf einer gewissen Maßlosigkeit vorausging, der inzwischen auch das schläfrige Erlangen erreicht hatte, wo der Philosoph als Professor Dienst tat, pflegte auf seinen Wochenendexkursionen gern und ausgiebig „ins Herz der Natur zu schauen"; dabei kannte er, seinem Ruf gemäß und Dorfmüller zur Plage, weder Maß noch Ziel: Er eilte durch Wälder und Auen und sah nur das, was er sehen wollte. Sein Schüler hatte Mühe zu folgen, was auch für die Sprechstunden galt, die Schelling in die Natur verlegt hatte: Der Philosoph redete meist mit sich selbst, und dem ihm nacheilenden Dorfmüller oblag es, nicht den Anschluß zu verlieren und gegebenenfalls mit dem einen oder anderen Stichwort auszuhelfen. Dreißig und mehr Kilometer konnte der Herr Professor an einem Tag laufen, und am Abend war er zumeist bester Dinge, während der Assistent seine Blasen kühlte und sich wie ein in die Jahre gekommener Frischling vorkam.

An diesem Wochenende waren Schelling und Dorfmüller in den Frankenwald gefahren, und die Tortur nahm zunächst ihren gewohnten Verlauf. Der Philosoph erreichte schon bald seine gefürchtete Durchschnittsgeschwindigkeit, und sein

Schüler keuchte ihm hinterdrein. Es ging auf moosigem Untergrund leicht bergauf; Dorfmüller wischte sich den Schweiß von der Stirn. Ich werde mich erkälten, dachte er. Schelling blieb stehen. „Ganze Zeitalter sind über der Erforschung der Natur verflossen", rief er, „und Sie, lieber Dorfmüller, lahmen wie am allerersten Tag. Einzelne haben mit dem Blick in die Natur ihr Leben hingebracht und nicht aufgehört, auch die verschleierte Göttin anzubeten. Was aber ist, frage ich, der ganze Ruhm des scharfsinnigsten Zweiflers gegen das Leben eines Mannes, der eine Welt in seinem Kopfe und die ganze Natur in seiner Einbildungskraft trug?" „Nichts", sagte Dorfmüller, „aber da vorne, jenseits der Wegbiegung, sehe ich ein Gasthaus. Vielleicht sollten wir dort einkehren und uns stärken." „Ich für meine Person bin stark genug", meinte Schelling, „aber Ihnen und der sehr irdischen Schwächlichkeit zuliebe will ich einer Pause zustimmen." Nanu, dachte Dorfmüller, was ist denn in ihn gefahren? Seitdem ich mit ihm durch die Wälder stapfe, und das ist schon mehr als ein Menschenleben her, haben wir immer um jeden Restaurationsbetrieb einen großen Bogen gemacht. Woher dieser Sinneswandel? Am Ende, so scheint es, kann sogar ein Philosoph auf volkstümliche Weise weise werden. – Wie nicht anders zu erwarten, waren sie die einzigen Gäste des etwas heruntergekommen wirkenden Etablissements, das den Namen „Zum Kuhlacher Ochsen" trug. „Ich hätte gern ein Glas Wein", sagte Schelling, als der Wirt, der wie ein finsterer Pantoffelheld aussah, sich nach ihren Wünschen erkundigte. „Wein ist aus!" war die Antwort. „Aber es gibt noch Bockbier." Der Philosoph schüttelte sich. „Schon im Vorhof des Fegefeuers wurde des Bockes Bier ausgestoßen", murmelte er. „Aber sei's drum." „Mir bringen Sie bitte eine Brotzeit", sagte Dorfmüller mit glühendem Gesicht. „Und ein schönes großes Bier." Der Wirt ging und kam kurz darauf mit Brot, einer gewaltigen Speckwurst und zwei noch gewaltigeren Humpen zurück. „Zum Wohle!" sagte er drohend. Der Philosoph nahm einen vorsichtigen Schluck; ihm wurde warm und kalt zugleich. Ich fühle mich wie ein Nadelkissen, dachte er. Eine Erfahrung, die ich schon immer missen wollte. – Mißmutig äugte er auf seinen Assistenten, der mit vollen Backen kaute und Schaum am Mund hatte. „Wenn Sie soviel essen und trinken, Dorfmüller", knurrte er, „werden Sie nur dick und nie klug." „Ich bin dick", entgegnete Dorfmüller. „Meine Klugheit hat also Gewicht. Wenn Ihnen übrigens Ihr Bier nicht mundet, dann lassen Sie es doch einfach stehen." „Das kann ich mir bei meinem Gehalt nicht leisten", sagte Schelling. Er trank, und aus dem stichelnden Unbehagen in ihm wurde langsam ein sanftes Behagen. Als er den Humpen geleert hatte, war die Schwere der Welt von ihm gewichen. Sie zahlten und verließen das Gasthaus. Über den Wäldern stand eine mattrote Sonne. In der Ferne wuchsen Höhenzüge auf; ihre Kammlinie glich einem Schnittmuster am stetig absinkenden Himmel. „Ein Licht wie im Spätherbst", rief Schelling. „Es ist später Herbst", sagte Dorfmüller. Der Weg führte bergab und stieg dann, nach einer Kehre, steil an. „Es gab eine Zeit", sagte der Philosoph, „da war der Mensch noch einig mit sich selbst und der ihn umgebenden Welt. In dunklen Rückerinnerungen schwebt dieser Zustand auch dem verirrtesten Denker noch vor . . ." Er blieb stehen. „Was ist denn", sagte Dorfmüller, „Sie sind ja ganz bleich im Gesicht." „Mir ist nicht zum besten", murmelte Schelling. „Die sich drehende Natur, – wenn Sie verstehen, was ich meine . . . Plötzlich aufkommende Ideen zu einer Philosophie des Bockbiers . . ." „Jaja", sagte Dorfmüller, der sich so gut fühlte wie schon lange nicht mehr. „Ich glaube, sie sollten jetzt ruhig sein. Haken Sie sich bei mir ein. Sie tun mir leid, aber ich sehe mit stillem Vergnügen, daß Sie auf mich angewiesen sind. Eine schöne und, wie ich fürchte, vergängliche Erfahrung. Betrachten Sie sich als mein Schüler. Ich werde die Gelegenheit nutzen: Auf diesem Weg sollen Sie zu hören bekommen, was ich Ihnen schon immer sagen wollte."

Krause

Der Philosoph Karl Christian Friedrich Krause war nach Dresden gekommen, wo er seine Studien fortzusetzen gedachte, und er hatte nach längerem Suchen ein einigermaßen preiswertes Zimmer in der Großen Meißenschen Gasse 35 gefunden. Seine neue Unterkunft war kärglich möbliert, so wie er es schätzte, und man schien dort jene Ruhe finden zu können, die er für nötiger hielt als das sogenannte tägliche Brot. Krause packte seine Siebensachen aus und verließ dann das Haus zu einem Spaziergang; ein kühler Wind wehte in den Straßen, der unten am Fluß noch stärker wurde und die sehnsüchtigen Blicke der Menschen mit einem Schleier feiner Tränen überzog. Der Philosoph fröstelte, und er beschloß, in seine neue Behausung zurückzukehren. In seinem Zimmer war es angenehm warm, wie er fand; er zog den Mantel aus, ließ den Schal aber, den er sich um den Hals geschlungen hatte, an und setzte sich so in den einzigen Sessel. Der Wind war hier oben in seinem Zimmer nur noch als ein leises Seufzen zu vernehmen. Er schloß die Augen, um sich den klugen, aber unaufdringlichen Gedanken zu widmen, die aus der Tagesmüdigkeit erwachsen, als er auf einmal knarrende Schritte vernahm, die aus dem Nachbarzimmer zu kommen schienen. „Wer auch immer dort auf- und abgehen mag", murmelte Krause, „er soll sofort damit aufhören." Der Wanderer nebenan aber dachte gar nicht daran; er schien in systematischer Absicht sein Mobiliar zu umkreisen – und zu allem Überfluß war nun noch ein auf- und abschwellendes Murmeln zu hören, so, als werde der Fußmarsch von einem grundsätzlichen Selbstgespräch begleitet. „Ruhe!" sagte der Philosoph mit schwacher Stimme. Er stand auf und lauschte an der Wand. Was er hörte, waren einzelne, mit barscher Stimme vorgetragene Satzfetzen, die sich zu einem drohenden Ganzen verformten: „Der Gärungsprozeß meines

Denkens", war da zu vernehmen, „zeigt seine Früchte. Endlich wird sich meine Philosophie daraus hervorheben – wie aus dem Morgennebel eine schöne Gegend ..." An dieser Stelle wurde der Redner unterbrochen; etwas war zu Boden gefallen, und brummelnd hob er es wieder auf. „Meine Philosophie", fuhr er dann fort, „wird nie im mindesten das Gebiet der Erfahrung überschreiten. Denn sie wird, wie jede Kunst, nur die Welt wiederholen ..."

So ging es eine ganze Weile: Der geheimnisvolle Nachbar sprach zu sich selbst, und in unregelmäßigen Abständen fiel etwas herunter – anscheinend immer der gleiche Gegenstand, der unter etlichen Verwünschungen wieder aufgehoben wurde. Es gilt einzuschreiten, dachte Krause. Das ist Lärmbelästigung, und ich muß mich beschweren. Er verließ sein Zimmer und klopfte an der Nachbartür. „Herein!" rief es von drinnen. Krause trat ein und sah sich einem kleinen vierschrötigen Mann gegenüber, der ihn aus gerötetem Gesicht anstarrte. „Was wollen Sie?" fragte er. „Mein Herr", sagte der Philosoph. „Ich bin Ihr neuer Nachbar, und mein Name ist Krause ..." „Das macht doch nichts", sagte der Mann. Er stand vor einem großen Bücherregal, dessen oberste Reihe, im besonderen, so vollgestopft war, daß jeden Moment wieder ein Band herunterfallen konnte. Im Zimmer roch es nach Glühwein, und Krause entdeckte auf dem Tisch in der Ecke eine Karaffe und ein wuchtiges, halbvolles Glas. „Mein Herr!" sagte der Philosoph, dem der Glühweinduft sofort zu Kopfe stieg. „Das sagten Sie bereits", meinte der Mann. „Ich heiße Schopenhauer, – Arthur Schopenhauer." „Ich möchte Sie ersuchen, Ihre Gewaltmärsche im Zimmer einzustellen", sagte Krause, „und möglichst nur noch flüsternd zu sich selbst zu sprechen. Ich nämlich fühle mich durch Ihre Verlautbarungen empfindlichst gestört." „Mein werter Herr Schulze", sagte der Mann und baute sich drohend vor dem Philosophen auf. „In den von mir angemieteten Räumlichkeiten rede und gehe ich – mit wem und so laut, wie ich will. Merken Sie sich das." – „Werter Herr Schoppenhauer", sagte Krause mit fester Stimme und schielte auf die Glühweinkaraffe in der Ecke. „Ich ersuche Sie noch einmal, in aller Entschiedenheit, sich so zu verhalten, daß Sie anderen nicht zur Last fallen. Sie sind nun mal nicht allein auf der Welt..." „Leider", murmelte Schopenhauer, „leider; ein Umstand, den ich sehr bedauere..." „Sollten Sie Ihre ruhestörenden Unternehmungen nicht alsbald auf ein minderes und damit erträgliches Maß reduzieren", sagte Krause, „sehe ich mich gezwungen, mein Recht vor dem Gerichtshof der Hauswirtin geltend zu machen..." „Tun Sie das, Herr Schulze", höhnte Schopenhauer, „Sie werden eine feine Abfuhr erhalten..." „Ich heiße Krause, Herr Schoppenhauer", sagte der Philosoph, „merken Sie sich das." „Und ich heiße Schopenhauer. Mit ‚Schoppen' hat mein Name nichts zu tun", sagte der Mann. „Ihr Name vielleicht nicht", rief Krause, „aber Sie selbst doch wohl schon. Ihr weit über Gebühr gerötetes Gesicht verrät, daß Sie den Schoppen mehr als gerne zusprechen." „Wollen Sie damit sagen, daß Sie einen Trunkenbold vor sich haben?" brüllte Schopenhauer. In diesem Moment fiel ein Buch aus der obersten Regalreihe zu Boden. „Es scheint ja immer dasselbe Werk zu sein, das da den Halt verliert", meinte Krause. „Was ist es denn?" „Das ‚Oupnekhat'", sagte Schopenhauer, „meine Bibel, die Sie vermutlich nicht kennen werden..." „Und ob ich sie kenne", beschied Krause ihn kühl. „Aber im Gegensatz zu Ihnen lese ich lieber das Original. Das sogenannte Oupnekhat ist, wie Sie vielleicht wissen, nur die doppelt verarmte lateinische Übertragung einer persischen Fassung der altindischen Upanishaden." Schopenhauer stutzte. „Ach, Sie können Sanskrit?" sagte er dann. „Sie *müssen* schon verzeihen, Herr Krause... Setzen Sie sich doch. Und legen Sie ruhig Ihren Schal ab. Ich möchte Ihnen ein Glas von meinem vorzüglichen Glühwein anbieten; der ist gut gegen Erkältung – und fördert die *notwendigen* Gespräche..."

Schopenhauer

Der Philosoph Arthur Schopenhauer machte sich Sorgen. Was für ein Winter, dieser Winter, in dem er sich befand: eine Frankfurter Eiszeit, die vom Zähneklappern bestimmt war. Der Main hatte sich längst in sein Schicksal ergeben, war zugefroren; die Schiffe lagen am Ufer vertäut wie reifgläserne Spielzeugaufbauten. Die Leute, so sie sich denn überhaupt zeigten auf den Straßen, hatten Eiszapfen an den Nasen, und die blutroten Ohren standen ihnen ab, als sollte Bußfertigkeit vorgeführt werden angesichts der vergeblichen Winkelzüge wetter- und schicksalsunkundiger Großmäuligkeit.

Über den Willen in der Natur will und kann ich gar nichts mehr sagen, dachte Schopenhauer öfter. Als Eis- und Zuchtmeister tut er des Guten entschieden zuviel; er soll sich trollen, abwandern in die der eigentlichen Kälte bestimmten Ödnisgebiete dieser Erde. Denkt er denn gar nicht an meine Heizkostenrechnung?

Auch mit seiner Arbeit wollte es in diesem Winter nicht mehr so recht vorangehen. Der Philosoph saß oft nur am Fenster seiner Wohnung Schöne Aussicht 17 und schaute hinaus; eine lähmende Unruhe hatte ihn erfaßt, der er kaum etwas entgegensetzen konnte. Alle zwanzig Minuten zündete er sich seine Pfeife an, deren Hauptstück aus einem vier bis fünf Fuß langen Weichselrohr bestand, das ihm – darauf legte er Wert – eine angemessene Abkühlung des Dampfes verbürgte; er trank das eine oder andere Glas Wein dazu und bemühte sich, seine altbewährten Gedanken wieder in Schwung zu bringen. Die aber schienen sich – ohne wirklich abgemeldet zu sein – zur vorläufigen Ruhe begeben zu haben, und so brachte der Philosoph in dieser Zeit nichts zustande und nichts aufs Papier.

Das aber ist, bei rechtem Stubenlicht besehen, gar nicht so schlimm, sagte er sich. Denn das eigentliche Leben eines Gedankens dauert nur, bis er am Grenzpunkt der Worte angelangt ist: da petrifiziert er, ist fortan tot, aber unverwüstlich, gleich den versteinerten Tieren und Pflanzen der Vorwelt. Sobald nämlich unser Denken Worte gefunden hat, ist es schon nicht mehr innig, noch im tiefsten Grunde ernst. Wo es anfängt, für andere dazusein, hört es auf, in uns zu leben; wie das Kind sich von seiner Mutter ablöst, wenn es ins eigene Dasein tritt. Diesen Gedanken sollte ich wohl aufschreiben, dachte der Philosoph noch, ehe er wieder ins Dösen verfiel: So etwas Gutes schwimmt auch mir nicht alle Tage in den Kopf.

Eines Tages jedoch kam wieder Leben in das dem Stillstand verfallene Geschehen: Es war wärmer geworden; die Menschen trauten sich aus ihren Wohnverliesen und tappten ins Freie. Als Schopenhauer gerade erste Überlegungen anstellte, ob er selbst auch schon einen kleinen Spaziergang wagen sollte – noch immer hockte er ja in seinem Wartesessel am Fenster, bemerkte er auf einmal, wie ein altes Weib draußen ins Rutschen geriet. Auf leicht abschüssiger und anscheinend arg glatter Wegstrecke nahm die recht stämmige Frau Geschwindigkeit auf, die sie durch Eigenbewegungen, wohl aus Angst, nicht mehr abzubremsen wagte. Wie ein Eissegler glitt sie dahin, und ihre Fahrt wurde erst an der nächsten Kehre durch ein anderes, allerdings noch ungleich korpulenteres Weib aufgefangen, auf welches die Dahinjagende, laute Worte des Warnens ausstoßend, mit dumpfer Wucht auffuhr. Diese Szene wurde von allen Passanten mit dem größten Vergnügen verfolgt.

Nachdem der Philosoph dies mitangesehen hatte, wischte er sich die Tränen der Freude aus den Augen und verließ seinen Beobachterstand. Er ging an seinen Schreibtisch, schlug seine Geheimkladde auf und notierte, nun schon wieder gewohnt grimmig dreinblickend, unter dem Datum des Tages: „Die Schadenfreude ist der schlechteste Zug in der menschlichen Natur! Sie ist der Grausamkeit eng verwandt und unterscheidet sich von dieser nur, wie Theorie und Praxis sich von einander unterscheiden mögen. Die Schadenfreude tritt ein, wo das Mitleid seine Stelle haben sollte, das die wahre Quelle aller echten Gerechtigkeit und Menschenliebe ist."

In der darauffolgenden Nacht aber schlief der Philosoph Arthur Schopenhauer denkbar schlecht: Ein Alptraum überkam ihn, setzte sich unnachgiebig und aufrührerisch in ihm fest: Man hatte einen städtischen Park – welch boshaftes Gaunerstück – nach dem Philosophen Hegel benannt, diesem „rasenden Tollhäusler" mit der „Bierwirtsphysiognomie", und Schopenhauer lag hilflos und wutschnaubend im Bett; er war wie gelähmt. Nicht einmal ein Protestschreiben konnte er aufsetzen in seinem entsetzlichen Wachschlaf, im Gegenteil; zwei Philosophieprofessoren kamen und zerrten ihn aus den Federn. Sie schleppten den nur mit seinem Nachthemd bewaffneten Schopenhauer durch die Straßen und bugsierten ihn in eben jenen Park, den man schändlicherweise mit dem Namen des „Unsinnsschmierers" Hegel belegt hatte. Auf einer kleinen Anhöhe versetzten die beiden Halunken ihm, Schopenhauer, einen Stoß, und prompt geriet er ins Rutschen. Der Philosoph nahm – ähnlich wie das bei Glatteis auf Hochgeschwindigkeitskurs gebrachte Weib, das er kurz zuvor noch belacht hatte – zügige Fahrt auf; er jagte den Abhang hinunter, ruderte zwischen gefrorenen Hundehaufen hindurch, denen er dennoch nicht in zufriedenstellender Gänze ausweichen konnte; über Steine und spitzes Zweigwerk hinweg trieb er direkt auf den eisüberwölbten Parkweiher zu. „Nein!!" schrie der Philosoph laut, aber da krachte es auch schon, und er lag vor seinem Bett, und Margaretha Schnepp, seine ebenso fromme wie treue Haushälterin, schaute sehr besorgt auf ihn herab. „Gott sei Dank!" seufzte der Philosoph und schloß gleich wieder die Augen. Den Seinen gibt's der Herr im Schlaf, dachte Margaretha Schnepp. Jetzt wird er mir womöglich doch noch gottesfürchtig, der alte Herr Schopenhauer . . .

Feuerbach

Der Philosoph Ludwig Feuerbach war der Meinung, daß ihn, nach einigen unnötigen, das Nachdenken eher lähmenden Entbehrungen, endlich die Gunst der Umstände ereilt hatte. Es ging ihm gut, fand er; er fühlte sich wohl, und die Not, mit der er sich früher, notgedrungen, manches Mal hatte einlassen müssen, wilderte nun in anderen Revieren und machte um seine Person einen Bogen. Feuerbach führte die Begünstigung, die man ihm zuteil werden ließ, auf den Umstand zurück, daß er sein Glück gefunden hatte; der Philosoph war vor kurzem in den Stand der Ehe getreten, die sich ihm von Anfang an überaus freundlich darbot: Bertha Löw nämlich, seine junge Frau, hatte ihre bemerkenswerte Schönheit als Mitgift eingebracht, aber auch ein Schloß, ausgedehnte Ländereien, einige Wälder und regelmäßig eingehende Revenuen aus der väterlichen Porzellanfabrik. Nicht nur den Reichtum empfand der Philosoph als angenehm, sondern auch die Tatsache, daß seine Frau ihn in Ruhe ließ; sie hatte sich seiner Meinung angeschlossen, daß er ein Denker war, dem es gelingen mußte, Großes auszuhecken. So hatte sich Feuerbach eine komfortable Einsamkeit geschaffen, in der ihn Bertha, getragen von Hochachtung und einem erfreulich zärtlichen Gefühl, mit dem Nötigsten versorgte. Um die Dinge, die es täglich zu regeln galt, kümmerten sich der Verwalter und, in Maßen, auch des Philosophen sehr verehrte Frau. Feuerbach rüstete sich zu seinem gewohnten Spaziergang: Er stieg in die Schaftstiefel, an denen noch der Lehm seiner letzten Wanderung klebte, und zog die derbe dunkelgrüne Allwetterjacke an, in der er, wie Bertha scherzhaft festzustellen pflegte, wie ein Forstmann aussah. Der Philosoph verließ das Schloß; am Himmel zogen träge Wolken dahin, und ein kühler Wind wehte. Feuerbach nahm seinen Standardweg, der an den Äckern vorbei in den Wald führte; hier atmete er auf, so als sei er endlich in Sicherheit; die große Welt, von der er in seinem Schloß ohnehin nicht mehr viel erfuhr, war in seinem Wald nur noch als ein sanftes-fernes Rauschen zu vernehmen. Kein Lärm mehr, keine Fehden; keine Amtsgeschäfte, keine Regierungskrisen, und noch längst nicht der mancherorts gern herbeigeredete Aufstand des biederen Volkes. Man lebt auf Widerruf, dachte der Philosoph, aber auch in meinem rundum gesicherten Dasein, das ich keineswegs als vorbildlich begreifen will, bleibe ich ein gehorsamer Diener meiner selbst. Wenn es dereinst einmal anders – und wieder schlechter – kommen soll, werde ich einen langgezogenen Fluch zu meinem Himmel emporschicken, der sich direkt über meinem Wald auftut, und sonst nicht weiter klagen. Man ist so frei, wie man sich fühlt; da kann es schon vorkommen, daß die Nachtragenden dieser Welt – sie alle maskieren sich hingebungsvoll unter der Ungunst der Umstände – doch noch zum letzten Gefecht antreten und mit herrlichen Verlusten schließlich obsiegen. Der Weg führte in einer leichten Kehre bergan; von oben kam dem Philosophen ein Wanderer entgegen. „Grüß Gott, Herr Oberforstrat!" rief der Mann. „Herbst wird es, und das nicht zu knapp." Feuerbach nickte; man scheint mich für den Förster zu halten, dachte er. Auch nicht schlecht. Es geht eben nichts über eine dezente Dienstkleidung, die gerade dem Philosophen wohl von Nutzen ist. Auf einer Anhöhe blieb er stehen; hier oben trat der Wald zurück, und man hatte einen fernen Blick hinunter ins Tal. Feuerbach setzte sich auf eine Bank; im Gebüsch hinter ihm zeterte der Vogel, der ihn immer beschimpfte, wenn er sich zur Ruhe setzte. Die gewohnte angenehme Müdigkeit überkam den Philosophen, und bereitwillig schloß er die Augen. „Grüß Gott!" hörte er da auf einmal eine schnarrende Stimme. Woher kennt er meinen Namen? dachte Feuerbach und riskierte einen Blick. Vor ihm stand ein Mann, der nun wirklich aussah wie der Förster. „Darf ich mich zu Ihnen setzen?" fragte er und ließ sich auf der Bank nieder. „Man hat ja gern ein bißchen Gesellschaft in der Einsamkeit, finden Sie nicht?" – „Nein", sagte Feuerbach. „Finde ich nicht."

„Gestatten Sie, daß ich mich vorstelle", schnarrte der Mann, der nicht nur wie der Förster aussah, sondern auch ein so gerötetes Gesicht hatte, als unterläge er dem unentwegten Zuspruch fabelhaft-sündhafter Gedanken. „Angermaier ist mein Name, ich bin der Oberforstrat des hiesigen Reviers." „Macht nichts", erwiderte der Philosoph, „Sie müssen sich nicht entschuldigen." „Wissen Sie", sagte der Mann, „ich habe Sie noch nie hier gesehen. Mit wem habe ich das Vergnügen?" „Das weiß ich nicht", sagte Feuerbach. „Ich kennen Ihre näheren Lebensumstände nicht." „Mein Herr!" rief der Mann und sah den Philosophen streng an. „Ich finde Sie, mit Verlaub, recht unhöflich und etwas seltsam dazu. Sie sollten wissen, daß ich nicht nur der Oberforstrat des hiesigen Reviers bin, sondern auch ein namhafter Gelehrter, der in seiner karg bemessenen freien Zeit schon zwei Bücher geschrieben hat. Ich habe, das darf ich in aller Bescheidenheit sagen, die durch Kant auf den Weg des Atheismus gebrachte Philosophie auf den Pfad der Tugend zurückgeführt. Meine Werke sind nicht sehr bekannt geworden, aber dafür waren sie, zumindest im hiesigen Revier, von durchschlagender Wirkung, wenn Sie verstehen, was ich meine." „Ich denke schon", sagte Feuerbach. „Sie sehen mich zutiefst beeindruckt. Neben einem Mann wie Ihnen, Herr Angermaier, kann ein schlichter Waldläufer wie ich sich nur klein vorkommen, wenn auch nicht unbedingt häßlich."

Er erhob sich und deutete eine knappe Verbeugung an. „Gestatten Sie, daß ich mich empfehle. Vor der Philosophie habe ich einen eigenartigen Respekt. Ich selbst allerdings glaube nur das, was ich sehe, wobei mir oft genug die Augen übergehen. Leben Sie wohl, mein Herr, und kultivieren Sie unerschrocken die Wildnis Ihrer Gedanken. – C'est la différence: In mir steckt, bis auf weiteres, noch ein Fremder; hinter Ihnen aber steht, wie ein Mann, das ganze hiesige Revier . . ."

Kierkegaard

Der Philosoph Sören Kierkegaard war zu einer Abendgesellschaft geladen worden, einem dieser zwanglos-zwanghaften Empfänge, die er haßte und noch immer nicht missen wollte. Da waren sie wieder zusammengeströmt, die ausgesuchten Wichtigtuer; derbe Stutzer, die für sich arbeiten ließen, reiche Müßiggänger, die mit trübem Blick nach einem Ereignis ausspähten, das ihrem öden Leben einen Sinn geben mochte. Und natürlich die Damen der Herren; aufgedonnerte Geschöpfe, die sich das Maul zerrissen über die Neuigkeiten, denen sie selbst in dumpfer Stunde auf die Spur verholfen hatten. Kierkegaard grüßte freundlich nach links und nach rechts; es muß ein Ende gemacht werden, dachte er. Ein Ende! Aber ich bin nicht der Sprengmeister, der die Dummköpfe aus ihren komfortablen Höhlen treibt, bevor sie – dankenswerterweise – in die Luft gejagt werden. Alle Macht liegt beim Allmächtigen, und der bin ich nicht.

„Mein lieber Kierkegaard", rief Jesper Olsen, der Fischhändler, um den man, nicht nur des Geruchs wegen, den er ausstrahlte, gern einen Bogen machte. „Schön, Sie zu sehen. Man fragt sich ja immer wieder, was Sie eigentlich den ganzen Tag so treiben, bester Freund." „Das bleibt mein Geheimnis, Olsen", sagte der Philosoph. „Die Kunst des Müßiggangs, Sie verstehen. Ich bin, müssen Sie wissen, wie der Fisch im Wasser." „Der so lange schwimmt, bis einer wie ich kommt", lachte Olsen, „und ihn herausholen läßt." „Was ich Ihnen schon immer sagen wollte, Olsen", meinte der Philosoph und nahm den Fischhändler zur Seite. „Mit Verlaub und ganz im Vertrauen: Sie haben Schuppen. Sagen Sie das Ihrem Figaro, oder legen Sie selbst einmal Hand an sich."

Olsen lachte. Mein Gott, dachte Kierkegaard. Er ist sogar zu dämlich, um die grob gewürzten Bosheiten zu begreifen. Eine ungeheure Erleichterung befiel ihn; es kam ihm mit einemmal so vor, als sei ihm ein Weg gewiesen, der sich einer grotesken Heiterkeit verdankte, die er nur ausschöpfen mußte, um für immer ernst zu werden. Er ging weiter; ein Diener, der mit Getränken unterwegs war, wollte sich an ihm vorbeidrücken. „Halt, mein Freund", rief Kierkegaard, „bricht es Euch nicht das Herz, wenn Ihr einen Philosophen elendig verdursten laßt?" Er trank, ließ sich nachschenken; „das ist kein Champagner", sagte er dann laut und vernehmlich, „sondern ein ganz gewöhnlicher Gänsewein. Oder ein nur mäßig veredelter Lebertran, mit gewöhnlicher Kohlensäure versetzt." Die umstehenden Gäste lachten. „Klar doch", murmelte Kierkegaard, „nicht nur Olsen ist dämlich, sondern sie alle sind über die Maßen dumm." Er durchquerte den Raum und kam in die Ecke, wo sich der Klavierspieler abmühte. „Mein Bester", flüsterte der Philosoph und legte dem Mann die Hand auf die Schulter. „Ihr seid fürwahr ein Künstler. Allerdings nicht auf dem Klavier, das Ihr traktiert wie der Dorfschmied die Hufe des Gaules. Solltet Ihr nicht aufhören und uns Mäßigung gewähren? Steht auf, nehmt Euer Pianoforte und wandelt. Zum Beispiel in den Keller, wo Ihr Euch unter ein Weinfaß legen dürft, was die Folge hätte, daß Ihr zumindest hier keinen Schaden mehr anrichten könnt."

Auch der Klavierspieler lachte. Er klimperte ungerührt weiter; ja, muß ich sie denn alle eigenhändig verprügeln, dachte der Philosoph, damit sie wenigstens für einen Moment aufhören zu lachen und den wirklichen Ernst ihrer Lage begreifen? Allmählich kam ihm das Spiel, in das er sich selbst gebracht hatte, mehr als sonderbar vor; „es ist eine Wand", knurrte er, „eine Wand aus Menschen. Wenn man einen von ihnen herauslöst, fällt er zu Boden und grinst; ein grinsender, steingewordener sogenannter Mensch." „Mein guter Kierkegaard", hörte er nun eine weibliche Stimme hinter sich. Er drehte sich um. „Ach, Madame Busk", sagte er, „welch Freude, Sie zu sehen. Wie immer die Inkarnation der schieren Lebensfreude: rosig und rund, gut geschnürt und schwer gepudert. Was macht die Wohltätigkeit, in der Sie sich breitgemacht haben?" „Wir machen Fortschritte", sagte Frau Busk, die Gattin eines weithin gefürchteten Geldverleihers, der sich neuerdings, wie es hieß, um ein politisches Amt, unter Einsatz all seiner Geldreserven, bemüht. „Auch sie lacht", murmelte er. „Es darf doch nicht wahr sein." „Wißt Ihr übrigens, daß Ihr die Angewohnheit habt, mit Euch selbst zu sprechen?" fragte Frau Busk. „Muß man nicht ständig das Wort an sich selber richten, wenn man weiß, daß man von Hohlköpfen und fleischgewordenen Karikaturen umgeben ist?" rief der Philosoph. „Daß Ihr immer ein wenig übertreiben müßt, Herr Kierkegaard", sagte Frau Busk. „Ihr seid ein Schelm, das hört man allgemein. Gott erhalte Euch Euren trefflichen Humor. Und nun müßt Ihr mich, bitte, entschuldigen." Ich gebe es auf, dachte Kierkegaard. Die Menschen sind strohdumm, und auf geheimnisvolle Weise scheinen sie mir auch über zu sein. Ich sollte gehen – auf der Stelle. Hier kann man nur noch Unheil mit mir anrichten.

Er eilte zum Ausgang und stieß dort auf den Stadtrat Prosper Laudrup, den Gastgeber des Abends. „Mein lieber Laudrup", sagte Kierkegaard, „was für ein wunderbarer Abend. Leider muß ich schon gehen. Es tut Euch leid, ich weiß; es steht in Euren Schweinsäuglein geschrieben. Ihr seht aus wie ein Kartoffelsack, mein lieber Laudrup. In der Politik nehmt Ihr zu Recht einen gewichtigen Platz ein. Grüßt Eure Gattin; sie ist zweifellos noch ein wenig unförmiger als Ihr." – Kierkegaard stürmte davon. Zu Hause angekommen, notierte er mit fliegenden Fingern im dritten Band seiner Tagebücher: „Ich komme jetzt eben aus einer Gesellschaft, wo ich die Seele war; die bösen Witze strömten aus meinem Munde; alle lachten – aber ich, ja, der Gedankenstrich müßte genauso lang sein wie die Radien der Erde –." Als der Philosoph ruhiger geworden war, schrieb er: „Ich – ich wollte mich erschießen . . . Aber ich weiß nun, daß es gilt, eine Wahrheit zu finden, die Wahrheit *für mich* sein kann; – die Idee zu finden, für die ich *leben und sterben* will . . ."

Marx

Der Philosoph Karl Marx saß in seinem Londoner Arbeitszimmer. Um ihn herum türmten sich die Manuskripte; in dem
einen oder anderen aufgeschlagenen Buch hatte er nachlesen
dürfen, wie dumm doch die meisten Menschen noch immer
waren – und wie gelehrt sie sich gaben. Der Spiellärm der Kinder hielt sich in Grenzen; die Sitzbeschwerden des Philosophen waren erträglich, und mit der Morgenpost hatte man ihm
eine schon lange erwartete Geldanweisung seines besten
Freundes zugestellt – Karl Marx hätte also, für seine Verhält-
nisse, zufrieden sein können. In ihm verbarg sich jedoch ein
kurioses Unbehagen, das nichts mit seiner Arbeit zu tun hatte;
auch um das leidige Geld ging es nicht: die „allgemeine Hure",
wie er es zu nennen pflegte, war für einige Wochen zufrieden-
gestellt und hatte das Maul zu halten.

Karl Marx strichen Bilder der Vergangenheit durch den
Kopf; sie kümmerten sich um die von ihm wissenschaftlich
dingfest gemachte Wahrheit einen feuchten Kehricht und be-
schworen hämisch die Allgemeintücken des Alters, denen der
Philosoph Marx sich zunehmend ausgesetzt sah. In seiner Jugend hingegen, zumal als Student, so raunten ihm die ein- und
aufdringlichen Gedankenbilder zu, war er doch ein toller
Hecht gewesen, ungebärdig, leidenschaftlich, kühn; der Kör-
perwucht, den Sinnen, dem Pokulieren zugetan. Vor kurzem
war Marx ein Brief seines besorgten Vaters in die Hände gefallen, der sich einst bei seinem Sohn über dessen „Ordnungs-
losigkeit" beklagt hatte, über das „Herumschweben in allen
Teilen des Wissens".

Ja, war er, Marx, nicht sogar stolz gewesen auf die „zurück-
scheuchende Ungeselligkeit mit Hintansetzung alles Anstan-
des", die seinen Vater so sehr betrübte? Der Philosoph erhob
sich. Obwohl er nicht gern spazierenging, wollte er hinaus an

die kalte, frische Luft. Er würde einmal mit strammem Schritt durch den nahegelegenen Park gehen und dann umkehren. Auf der Straße empfing ihn eine wahre Eiseskälte. Die wenigen Menschen, die ihm begegneten, hatten hochrote Gesichter, so, als trügen sie sich mit unanständigen Gedanken, die sie mit ein paar Gläsern Punsch in Fahrt gebracht hatten. Wenn ich zu tief einatme, sticht es mir in der Lunge, dachte der Philosoph. Bei einer solchen Witterung kommt jeder Mensch sich abhanden und wird zum entmenschten Wesen. Er schritt nun immer mächtiger aus, geriet fast ins Laufen; er keuchte und schnaufte, und es wurde ihm zusehends wärmer. Als er den Park erreichte, kam eine blaßgraue Sonne zum Vorschein. Für Minuten tauchte sie Bäume und Büsche in stechendes Glanzlicht und überzog die Grünflächen mit leuchtendem Dunst. Dann zog sie sich wieder zurück; der Wind wurde stärker, und der Himmel schien den Abstieg zu proben zur rissigen Erde. Die Welt ist also eine zerrissene, dachte der Philosoph, die einer in sich totalen Philosophie gegenübertritt. Wer aber philosophieren will, fügte er hinzu, der bedarf einer warmen Stube. Und einer liebenden Frau, die im übrigen ruhig einmal eine andere sein darf. Wer die Frauen liebt, beweist Wirklichkeit und Macht – und die einschüchternde Diesseitigkeit seines Denkens. Eine Erinnerung kam in ihm auf – die Erinnerung an ein Mädchen, das ihm keine Gelegenheit gegeben hatte, damals, vor vielen, vielen Jahren, als er sich noch in seligen Schwärmereien versuchen durfte und das Anhimmeln zur intellektuellen Kunstform erhoben hatte. Cornelia hieß dieses Mädchen, oder war es eine Sophie, die seine Geburtsstadt nie verlassen hatte und sicher längst verheiratet war – eine stattliche Matrone, die ihrem Hausstand präsidierte wie ein rundum gewappnetes Familientier. Cornelia oder Sophie; er kannte sie auf jeden Fall noch als Mädchen mit strahlenden Augen und ganz hellem Haar. Nachgestiegen war er diesem Mädchen, hatte es niemals erreicht und gerade deshalb lieben können aus sicherer und dem Traum zugehöriger Ferne. Dem Philosophen stiegen die Tränen in die Augen; war das die Sehnsucht nach dem Gewesenen oder einfach nur die Saukälte? Plötzlich stutzte er: Vor

ihm auf einer Parkbank saß engumschlungen und wie festge-
froren ein Liebespaar. Nur der dampfende Atem ließ die Vermutung zu, daß es sich um noch Lebende handelte, die hier zu-
sammengefunden hatten; die holen sich nicht Lust, sondern
den Tod, dachte der Philosoph. Er stapfte an dem Paar vorbei
und sah, daß die beteiligte Frau sich aus dem Pelzmantel des
Mannes löste. Ein junges Mädchen war das ja noch, ein junges
Mädchen mit strahlenden Augen und ganz hellem Haar, das
Karl Marx sehr vertraut vorkam – und auch den Mann (der
war schon alt!), der ihn nun grimmig anstarrte, den kannte er
zur Genüge.

Der Philosoph grüßte, aber es war nichts zu hören, und das
junge Mädchen verkroch sich wieder im Pelz des unverschämt-
alten Mannes. Seltsames treibt die Liebenden um, dachte der
Philosoph, und auf Dauer sind sie ihm nicht gewachsen. Rettung, eine fade Rettung allerdings, gibt's nur für den, der unbe-
schadet in die Jahre kommt. Dort legt sich dann alles, um bei
ausgesuchten Gelegenheiten noch einmal aufzuflackern und
sich kennerhaft emporzustehlen. Das ist dann der wirkliche
und späte Genuß ohne Reue. Auf einmal fielen ihm die Ge-
dichtzeilen ein, die er damals im heißen Gedenken an Sophie
oder Cornelia aufs Papier gebracht hatte: „Sie war so fromm,
so mild", hatte er geschrieben, „dem Himmel ergeben, der Un-
schuld seliges Bild, das Grazien weben!" Und ein Jahr später,
als alles vorbei war und er anfangen mußte, sich im Bärbeiß-
gen einzuhausen, hatte er jene sehr stille Liebesgeschichte, die
nur ihm gehörte, mit einem groben Vers beendet, zum zweiten
Mal und nun für immer: „Die Welten heulen ihren eigenen
Totengesang, und wir sind Affen eines kalten Gottes!"

Das stimmt heute mehr denn je, dachte der Philosoph. Auch
schlechte Gedichte können von zeitloser Wahrheit sein. Er fror
wie ein Schneider, aber in Gedanken war ihm warm geworden.

Engels

Der Philosoph Friedrich Engels hatte es gerade noch bis zum Sofa geschafft, ehe das Unheil über ihn hereinbrach: Das dumpfe Gedankenkarussell, das sich in seinem Kopf drehte, geriet endgültig aus der Bahn und schlug nach unten durch; – dort, wo sich die Übelkeitsbataillone zu sammeln pflegten, ehe sie zum Angriff losgelassen wurden, saß nun das ihm verbliebene Lebens- und Körpergefühl und wartete auf das Zeichen zur Rache. Nur nicht bewegen, dachte Engels. Am besten höre ich auch auf zu atmen. Ich will einfach nur dasein und klein beigeben. Es gibt zwar keinen Gott im Himmel, aber einen Herrn, der die Trunkenbolde und Zechbrüder straft. Ihm muß ich Abbitte leisten ... Der Philosoph hörte das Ticken der alten Standuhr, das seinen Herzschlag übertönte. Ob ich noch lebe? „Geh aus mein Herz und halte Ruh!" murmelte er und mußte lachen. Sofort nahm das Gedankenkarussell Geschwindigkeit auf, verschärfte sein Tempo, und in seinem Brustkorb machte sich ein stechender Schmerz breit. Jetzt geht's los, dachte er. Der Aufstand der Innereien, und ich kann mich nicht wehren ... Dabei war alles noch harmlos gewesen, – ein harmloses Vergnügen, das keiner großangelegten Vergeltung bedurfte, denn es hatte sich längst als massenhaftes Vergnügen bewährt und bewiesen. Mit Freund Heß, diesem „elendigen Kommunisten", wie ihn sein Vater immer zu nennen pflegte, war Engels nach erfolgtem Gedankenaustausch noch in die Kneipe „Zum Filipützjen" in Unterbarmen gegangen, um dort dem hartnäckigen Durst zu Leibe zu rücken, der beiden, Engels und Heß, schon seit den frühen Nachmittagsstunden zusetzte. Sie hatten ein paar Bierchen getrunken, aber der Durst wollte nicht weichen. Um sie herum standen die wackeren Arbeiter, denen Engels' eher zögerliche Hoffnungen galten; – mit diesen Gestalten ist doch kein Staat zu machen, dachte er noch immer oft genug, und er kam sich dabei, allen wackeren Bekundungen zum Trotz, schäbig vor – und bemerkenswert realistisch. Als Heß dann zu einer großen Ansprache angesetzt hatte, waren die Arbeiter geflüchtet, und so blieben sie allein mit dem unermüdlich vor sich hin gähnenden Wirt im „Filipützjen" zurück. „Endlich!" rief Heß. „Endlich sind genügend Leute da, daß ich es mir erlauben kann, eine Lokalrunde zu schmeißen..." „Laß doch, Heß", sagte Engels. „Du hast kein Geld..." „Wen stört das schon", sagte Heß, „wer kein Geld hat, der kann auch bezahlen..." Er gab dem Wirt ein Zeichen. „Jetzt fangen wir erst richtig an", rief er. „Mensch, Engels, du schaust so griesgrämig drein wie dein pietistischer Vater..." Sie tranken, und die ehdem matt rötlich schimmernde Welt fing an zu glänzen. „Weißt du, Engels", sagte Heß mit schwerer Zunge, „nach der Revolution wird eine Zeit kommen, in der die Menschen nur noch freundlich sind und höflich. Und nett. Gnadenlos nett! Sie werden voller Eifer sein und sich stündlich danach erkundigen, wie es dir geht ..." „Danke, mir geht es gut!" sagte Engels. „In einer solchen Zeit", fuhr Heß fort, „einer Zeit verschleimter Herzlichkeit und schier bodenloser Anteilnahme wird der Grobian wieder gefragt sein, der Berserker, Bierkutscher, Tollhäusler, Kaliban, die Axt im Walde... Du verstehst, was ich meine?" „Natürlich nicht", sagte Engels. „Ich weiß nur, daß alles, was in den Köpfen der Menschen vernünftig ist, bestimmt sein muß, wirklich zu werden... Oder, wie Hegel gesagt hat: Alles, was besteht, ist wert, daß es zugrunde geht..." „Hat er das gesagt, der Hegel?" murmelte Heß. „Unser guter Hegel, der Entdecker des Welt- und des Weingeistes? Sollte mich wundern..." „Hat er gesagt, sagt er", meinte Engels, der sich wie aufgepumpt vorkam und zugleich eine bemerkenswerte Leichtigkeit spürte, aus der ihn die Geheimnisse der Welt anstaunten wie kleine redselige Kinder. „An die Stelle des absterbenden Wirklichen, mein guter Heß, tritt eine neue, lebensfähige Wirklichkeit – friedlich, wenn das Alte verständig genug ist, ohne Sträuben mit dem Tode abzugehen; gewaltsam, wenn es sich gegen diese Notwendigkeit sperrt..." „Prost, darauf wollen wir trinken!" sagte Heß. „Weißt du, Engels, in dieser erbarmungswürdig freundlichen und deswegen auch grauenhaft mittelmäßigen Zeit, die da kommen wird, würde ich gerne Hoteldirektor sein. Ich hätte ein Hotel, das hieße Haus Sanftleben, und in dem würde ich alle Gäste so saugrob behandeln, daß selbst unser Holzklotz Marx seine Freude daran hätte . . ."

„Und wozu sollte das gut sein?" fragte Engels. „Du begreifst aber auch gar nichts", sagte Heß. „Ich wäre erfolgreich, weil ich mich gegen den Geist meiner Zeit stemmen würde. Wo alle stinkfreundlich sind, nimmt nur ein Mensch für sich ein, der unverschämt ist und beleidigen kann. Die Zukunft gehört den Vierschrötigen, den Bauernlümmeln im Geiste . . ."

Ja, es war ein vergnüglicher Abend gewesen, auch wenn er jetzt dafür büßen mußte: Friedrich Engels lag wie ein Sack auf dem Sofa, und er meinte sich noch erinnern zu können, daß er den letztendlich lallenden Heß nach Hause gebracht hatte. Das Leben ist ernst genug, dachte er, und die Revolution muß kommen! Wenn sie jedoch, dereinst, das hanebüchene Gespräch unter Freunden, die produktive Blödsinnigkeit und damit den Unfug-an-sich unter Strafe stellen sollte, werde ich, ein momentan etwas heruntergekommener Philosoph, dagegen anzugehen wissen . . .

Er ballte die Faust, und diese Anstrengung war zuviel für ihn: Er fiel vom Sofa, direkt in den Schlaf, und als man ihn am nächsten Morgen auf dem teppichbelegten Fußboden fand, hatte er ein Lächeln im Gesicht, das ihm jedoch, gleich nach dem Wecken, abhanden kam . . .

Dilthey

Der Philosoph Wilhelm Dilthey war nach Jahren in seine Heimatstadt Biebrich zurückgekehrt. Er sollte vor dem örtlichen Kulturverein einen Vortrag über „Philosophie als Wissenschaft des Wirklichen" halten.

Vom Bahnhof aus ließ Dilthey sich zur Pension „Rheinblick" bringen; dort, genauer gesagt: im gleichnamigen Café hatte er sein erstes Stelldichein hinter sich gebracht. Veronika hieß sein damaliger Schwarm, ein schüchternes Mädchen mit hellblauen Augen, die ihn sogleich zu einem verzückten Gedicht angeleitet hatte, das er ihr (hieß sie denn überhaupt Veronika? Oder vielleicht doch nur Erika?) auf dem Postwege zukommen ließ. Das Gedicht hatte allerdings eine andere Wirkung, als er es sich erträumen durfte: Das Mädchen, das ohnehin nicht allzu gesprächig war, verstummte vollends; es schaute nur noch zu Boden, und Dilthey, der sich mit hochrotem Kopf darum bemühte, seine gesammelten Artigkeiten loszuwerden, bekam eine erste Ahnung davon, daß manche Amouren sich schon nach kurzer Zeit zu dem auswachsen, was man als „verlorene Liebesmüh" zu bezeichnen pflegt. Was aus ihr, aus Veronika oder wie sie heißen mochte, wohl geworden war? Ich will es gar nicht wissen, dachte der Philosoph, im Zusammenleben der Menschen ist kein Platz mehr für Überraschungen. Wir steuern auf ein Zeitalter der Durchschaubarkeit zu, der bedingten Reglementierung. Schlecht ist das nicht, aber es hat seinen Preis. Jede Wette hätte er eingehen mögen, daß aus dem Mädchen genau das geworden war, was die Vorschrift, die Ausnahmen noch immer zuließ, verlangte: eine Frau, eine stämmige Mutter, die ihre Pflichten erfüllt sah und nun von den späten Wallungen der Gefühle in absehbare Verlegenheit gestürzt wurde. – „Nein danke!" sagte der Philosoph laut und deutlich. Der Kutscher drehte sich um. „Wie bitte?" fragte er.

„Ich hab' nicht recht verstanden." Sie fuhren am Rhein entlang, der hier breit war und schwarz; ein mächtiger Strom, dem
die Lieblichkeit der sattsam bekannten, uralten Lieder völlig
abging. Dunkle Wolken zogen am Himmel dahin, und ein
kalter Wind blies. Dilthey fröstelte; er schlug den Kragen
hoch. Der Frühling wird noch zum Winter, dachte er. Anglei-
chung der Jahreszeiten. Auch das gehört zur Moderne. Abermals drehte sich der Kutscher um. „Ich bitte sehr um Verzeihung", sagte er. „Aber Sie kommen mir – irgendwie – bekannt
vor." „Ach ja?" sagte der Philosoph. „Das mag wohl sein. Ich
bin hier in Biebrich aufgewachsen; allerdings ist das schon ein
paar Tage her." Der Kutscher sah ihn forschend an; es war ihm
anzumerken, daß er der Vergangenheit beizukommen suchte;
in seinem Kopf warf er die verbliebenen Namen zusammen
und rief sie zur Ordnung. „Gleich", murmelte er, „gleich, es
liegt mir auf der Zunge. Sie müssen wissen, daß wir Kutscher
grundsätzlich ein gutes Gedächtnis haben", sagte er, wie um
sich und seinem Berufsstand noch einmal Mut zu machen. „All
die vielen Fahrgäste – und, ob Sie's glauben oder nicht –, letztlich vergißt man doch keinen von ihnen, fast keinen." Schließlich hatte er die erwartete Erleuchtung: „Jetzt weiß ich's" rief
er, „Sie sind der Sohn vom alten Medizinalrat Fletschinger, der
Willy, der in Berlin ein hohes Tier geworden ist. Im Ministeri-
um. Stimmt's?" Er lächelte triumphierend, und Dilthey tat es
fast leid, ihn enttäuschen zu müssen. „Nicht ganz", sagte er,
„aber Willy ist schon richtig."

Als sie an der Pension „Rheinblick" ankamen, hatte der
Philosoph das Gefühl, sich wider Willen ins Arge hinein, bis
hin zum Unkenntlichen, verändert zu haben. Ich bin unschuldig, dachte er, unschuldig; das war nun mal nicht vorgesehen.
Er trug sich in die Gästeliste ein und ließ sein Gepäck aufs
Zimmer bringen. Der Pensionsinhaber, der Dilthey keineswegs
unbekannt vorkam, lächelte ihn an wie einen harmlosen Fremden. Im Café „Rheinblick" saßen nur zwei Gäste, die den
Philosophen anstarrten, als er sich an ein Tischchen in der
Ecke setzte und ein Glas Wein bestellte. Ihm gegenüber kauerte ein alter hohlwangiger Mann; er schien schon seit Stunden

auf Dilthey gewartet zu haben. Nun beäugte er ihn und machte dabei das gleiche Gesicht wie der Kutscher; der kennt mich auch, dachte der Philosoph, aber vom Resultat seiner fieberhaften Überlegungen möchte ich, bitte schön, gar nicht in Kenntnis gesetzt werden. Zwei Tische weiter saß eine korpulente Dame unschätzbaren Alters – als ihr ein mächtiges Stück Torte gebracht wurde, fand sie den Neuankömmling kaum noch interessant; sie stach nun mit der Kuchengabel zu und hatte sehr gierige Augen. Ach, Veronika, dachte Dilthey für einen Moment, das also ist aus dir geworden! – Er nahm einen kräftigen Schluck Wein und holte sein Notizbuch hervor, das er fast immer bei sich trug. „Auf andere Gedanken kommen", schrieb er unter dem Datum des Tages. *„Andere Gedanken.* Der *Grundgedanke* meiner Philosophie ist, daß bisher noch niemals die ganze, volle, unverstümmelte Erfahrung dem Philosophieren zugrunde gelegt worden ist, mithin noch niemals die ganze und volle Wirklichkeit." Mehr fiel ihm nicht ein; er nahm eine Zeitung zur Hand und versuchte zu lesen. Im Lokalteil entdeckte er unter der Rubrik „Veranstaltungshinweise" eine kurze Mitteilung, die ihn interessieren mußte: „Der Kulturverein Biebrich", las er, „lädt zu einem Vortrag im Unkelsaal ein. Es spricht der bekannte Philosoph Wilhelm Dillbein über das Thema ‚Philosophie als Täuschung und Wirklichkeit'. Um reges Erscheinen wird gebeten!" Dilthey ließ die Zeitung sinken; seine ehemals zufriedenstellende Laune war ihm endgültig vergangen. In diesem Augenblick hatte sich auch der hohlwangige Alte am Nachbartisch zu einer wichtigen Entscheidung durchgerungen; mit spitzem Finger zeigte er auf den Philosophen und krächzte: „Ich kenne Sie! Ich weiß, wer Sie sind. Sie sind der . . ." – „Nein!" brüllte Dilthey, und die korpulente Dame schaute erschrocken zu ihm herüber. „Nein! Ich bin – es nicht! Merken Sie sich das . . ."

Nietzsche

Der Philosoph Friedrich Nietzsche saß am Abgrund und ließ die Beine baumeln. „Sie sind kalkweiß im Gesicht, mein Bester", sagte er zu dem neben ihm sitzenden Freund Deussen, der die Arme gegen den Boden preßte und so erwartungsvollsteif dasaß, als habe er einen Souvenirstock verschluckt. „Rührt Euch", lachte Nietzsche, „sitzen Sie bequem!" „Mir ist es hier, mit Verlaub, etwas zu hoch über dem vertrauten Erdboden", sagte Deussen und starrte auf den schäumenden Gebirgsbach, der einige hundert Meter unter ihm dahinjagte. „Mir wird eigentlich schon blümerant, wenn ich auf einer Leiter stehe ..." „Dann sind Sie ja gerade der Richtige fürs Hochgebirge", sagte der Philosoph. „Die Schwindelgefühle werden Ihnen übrigens hier in Windeseile ausgetrieben. Sie werden zur Wahrheit verdonnert, oder Sie fallen sehr tief ..." „Lieber nicht", murmelte Deussen. „Ich glaube Ihnen ja, daß dieses, zugegeben, wildromantische Fleckchen Erde Ihr Lieblingsplatz ist, aber ich werde hier, denke ich, nicht so recht heimisch. Wollen wir nicht zurückkehren?" „Gehen Sie schon vor, lieber Deussen", sagte Nietzsche, „den Weg zum Hotel kennen Sie ja. Ich komme nach. Grüßen Sie Ihre Frau, die fast zu gut für Sie ist, und lassen Sie ein üppiges Abendessen vorbereiten. In Gedanken habe ich schon wieder einen Mordsappetit – und in der Wirklichkeit werde ich, wie zuletzt immer, kaum einen Bissen herunterbekommen ..." „Ihr Wunsch ist mir ein höchst einsichtiger Befehl", sagte Deussen und erhob sich so vorsichtig, als könnte eine einzige tapsige Bewegung von ihm den ganzen großen Philosophenhang hoch über Sils-Maria zum Einsturz bringen. „Achten Sie auf Ihre Gebeine, wenn Sie zu Tale stolpern", sagte Nietzsche. „Wenn ich sterbe, was vermutlich schon bald geschehen wird, ist das nicht weiter tragisch, aber Sie, Deussen, ein Gelehrter mit Sammlertalent, sollten uns noch lange erhalten bleiben. Im Interesse der Menschheit und, mehr noch, Ihrer Frau."

Als der Freund gegangen war, lehnte der Philosoph sich zurück. Er sah die Wolken am Himmel dahinziehen; die Berge glänzten im Licht. Nietzsche spürte seine vertraut gewordenen Schmerzen, und er schloß die Augen. Es war ihm, als bewegte er sich, über Schründe und Felsspalten hinweg, auf einen Fluchtpunkt am Horizont zu. Jetzt wird abgerechnet, dachte er. Dabei schreiben wir doch erst das Jahr 1887. Aber es scheint so, als ob ich schuldig geworden wäre – und das nach bestem Wissen und Gewissen. Ich bin am Ende, und – es geht weiter. Wer, wie ich, nur einigermaßen zur Freiheit der Vernunft gekommen ist, kann sich auf Erden nicht anders fliehen denn als Wanderer – wenn auch nicht als Reisender nach einem letzten Ziele; denn dieses gibt es nicht ... Freilich werden einem solchen Menschen böse Nächte kommen, wo er müde ist und das Tor der Stadt, welche ihm Rast bieten sollte, verschlossen findet ... Geht ihm dann aber die Morgensonne auf, glühend wie eine Gottheit des Zorns, öffnet sich die Stadt – und der Tag ist fast schlimmer als die Nacht. So mag es wohl einmal dem Wanderer ergehen; aber dann kommen, als Entgelt, die wonnevollen Morgen anderer Gegenden und Tage, wo er schon im Grauen des Lichts die Musenschwärme im Nebel des Gebirges nahe an sich vorbeitanzen sieht und wo ihm nachher, wenn er still, in dem Gleichmaß der Vormittagsseele, unter Bäumen sich ergeht, aus deren Wipfeln und Laubverstecken heraus lauter gute und helle Dinge zugeworfen werden, die Geschenke aller jener freien Geister, die in Berg, Wald und Einsamkeit zu Hause sind und welche, gleich ihm, in ihrer bald fröhlichen, bald nachdenklichen Weise, Wanderer und Philosophen sind. Geboren aus den Geheimnissen der Frühe, sinnen sie darüber nach, wie der Tag ein so reines, durchleuchtetes, verklärt-heiteres Gesicht haben könne: Sie suchen die Philosophie des Vormittags. – Jemand zwackte ihn in den Arm – „wieso Vormittag", rief Nietzsche, „bin ich denn schon tot, und man kneift mich auf zum Jüngsten Gericht?" Er sah eine junge Frau, die sich über ihn beugte. Diese Frau kenne ich, dachte der Philosoph, aber jetzt ist es zu spät, für die Liebe schon immer, und man hat mich hier aufgebahrt, auf daß die Nachwelt mir die allerletzte Schmähung erweise. „Einsamkeit", sagte die junge Frau lächelnd, „war der erste, starke Eindruck, durch den Nietzsches Erscheinung fesselte. Dem flüchtigen Beschauer bot sie nichts Auffallendes; der mittelgroße Mann in seiner überaus einfachen, aber auch überaus sorgfältigen Kleidung, mit den ruhigen Zügen und dem schlicht zurückgestrichenen braunen Haar konnte leicht übersehen werden. Man konnte sich schwer diese Gestalt inmitten einer Menschenmenge vorstellen – sie trug das Gepräge des Abseitsstehens, des Alleinstehens. Wahrhaft verräterisch sprachen auch die Augen. Halb blind, besaßen sie dennoch nichts vom Spähenden, Blinzelnden, ungewollt Zudringlichen vieler Kurzsichtigen; vielmehr sahen sie aus wie Hüter und Bewahrer eigener Schätze, stummer Geheimnisse, die kein unberufener Blick streifen sollte ... Wenn er sich einmal gab, wie er war, im Banne eines ihn erregenden Gesprächs zu zweien, dann konnte in seine Augen ein ergreifendes Leuchten kommen und schwinden; wenn er aber in finsterer Stimmung war, dann sprach die Einsamkeit düster, beinahe drohend aus ihnen wie aus unheimlichen Tiefen ..."

„Unheimliche Tiefen", flüsterte Nietzsche, „ach, Lou, versuchst du dich jetzt schon an einem Nachruf auf mich ... Ein Zuruf von dir, damals, wäre besser gewesen ..." Wieder zwackte ihn jemand am Arm, und der Philosoph schlug die Augen auf. „Verzeihen Sie, lieber Nietzsche, daß ich Ihren Gedankentraum störe", sagte Deussen, „ich bin zurückgekehrt, ohne es eigentlich zu wollen. Ich habe mich verlaufen. Kommen Sie – einer wie ich bleibt wohl ein Leben lang auf Ihren Zuspruch verwiesen ... Daraus allein erwächst ihm die menschenmögliche Orientierung ..."

Simmel

Der Philosoph Georg Simmel stand am Fenster seines Hotel-
zimmers und schaute hinaus. Ein ferner Landregen ging nieder; am Himmel standen, wie aufgehängt, drei verblichene
Sterne, und die Bäume jenseits der Straße bewegten sich in
kaum merklichem Wind. In der Ferne bellte ein Hund. Simmel, der am Abend noch, ganz in der Nähe, auf Einladung der
Droste-Gesellschaft im Geburtshaus der Dichterin über
„Tendenzen im deutschen Leben und Denken seit 1870" gesprochen hatte, glaubte, nicht schlafen zu können; die schier
unglaubliche Ruhe, mit der sich die für ihn neue und unge-
wohnte westfälische Landschaft den Tritten ihrer Bewunderer
darbot, ließ ihm, einem versierten Stadtmenschen, keine Ruhe.
Der Philosoph zog sich seinen Mantel an und verließ das Hotel. Im trüben Schein der Laternen ging er ein Stück auf der
Hauptstraße entlang und bog dann nach links in einen Feldweg
ein, auf dem er tags zuvor schon spazierengegangen und ins
Staunen verfallen war. Einen ungeahnten Himmel hatte er über
sich gesehen, weit und doch nah über der schweren Erde; – das
Land schien sich seiner annehmen zu wollen, – das Land mit
seinen Wiesen und Feldern, mit Gräbern, Wallhecken und
trockenen Mooren, mit lichten Wäldern, behäbigen Gehöften
und Wasserburgen, die Einkehr boten – und die Besinnung auf
das, was in der Unwirtlichkeit der Städte längst verlorengegan-
gen war. Simmel hatte sich zurückversetzt gefühlt in eine ver-
gessene Heimat, der er zuvor nur mit wiederkehrenden
Traumbildern aufgesessen war; – nun hatte er sich wieder ein-
gefunden, und die Nacht wich und ging in den Morgen über.
Der Horizont war in feuerrotes Licht getaucht, das sich von
den ersten Sonnenstrahlen besänftigen ließ; ein merkwürdiger
Glanz lag über dieser Welt, in der sich die Dinge anschauen
ließen wie beim allerersten Mal. Simmel dachte an die Worte

der Dichterin, die er in seinem Vortrag zitiert hatte; –„seltsames schlummerndes Land!" hatte die Droste geschrieben,
„seltsames schlummerndes Land! so sachte Elemente! so leiser, seufzender Strichwind, so träumende Gewässer! so kleine,
friedliche Donnerwetterchen ohne Widerhall! und so stille,
blonde Leutchen, die niemals fluchen oder pfeifen . . ."
    Leutchen aber waren um diese Zeit noch gar nicht zu sehen;
der Philosoph – blieb für sich, und er wußte, daß sich daran
nichts ändern durfte. Hinter einer Baumgruppe entdeckte er
ein Anwesen, das wie ein Schlößchen aussah; – ein verlassener
Herrensitz, wie es schien, dem der Herr abhanden gekommen
war. Kein Hund schlug an, keine Bediensteten schwärmten
aus, als Simmel über den Hofgrund auf die große Treppe zuging, die zu der verwitterten Eingangstür des Anwesens hin-
aufführte. Hier hätte er das Licht der Welt erblicken können,
dachte Simmel, Adalbert von Zages, jener westfälische Philosoph und Arzt, dem er, Simmel, einen seiner ersten Aufsätze
gewidmet hatte, der natürlich nicht verhindern konnte, daß
Zages, ein genialer und doch eher bedächtiger Zeitgenosse der
Droste, mittlerweile fast völlig in Vergessenheit geraten war.
Zages, der sich als „Therapeut", als „Diener der Seele" verstand, hatte sich mit den Tagträumen beschäftigt, die er für
geeignet hielt, „den Königsweg zu weisen zum an sich seienden Grunde des Wissens". Vorsichtig öffnete Simmel die Tür
und trat ein; vor ihm taten sich leere Räume auf, – spinn-
webverhängte Hallen, in denen jeder Schritt zu hören war wie
eine anheimelnde Drohung. Er lief treppauf und treppab; er
hastete durch alle Zimmer, weil ihm längst klar geworden war,
daß Zages noch immer hier sein mußte. In einer winzigen
Rumpelkammer unter dem Dach flatterte ein Vogel, ein Rot-
kehlchen; Simmel stieß die Fenster auf, und der Vogel flog
taumelnd ins Freie. Als er zurückkam an seinen Aus-
gangspunkt, hörte er die Stimme, die er hören wollte: „Nun,
mein Freund, was haben Sie mir zu sagen? Wie ich hörte, haben Sie kluge Äußerungen getan vor nicht sehr klugen Leuten,
und dies gar nicht weit von hier, im Hause der von mir sehr
verehrten Dichterin . . ." „Ich sprach über die sogenannte

Moderne", sagte Simmel, „über Nutzen und Nachteile einer Zeit, die Ihnen, lieber Zages, kaum zusagen dürfte." „Wer weiß", antwortete Zages, der zu hören, aber nicht zu sehen war, „man hat mich zwar längst zu Grabe getragen, aber ich bin deswegen noch lange nicht tot ... So weiß ich natürlich, daß Kennzeichen der Moderne die Allmacht der Technik ist ..." „Von der ich gestern abend gesagt habe", meinte Simmel, „daß sie lediglich ein Mittel zum Zweck sein kann. Dabei wird sie gepriesen, als gehöre sie zu den ganz großen Zielen der Menschheit; so als wären Telegraphen und Telephone schon an sich Dinge von ungewöhnlichem Wert, ungeachtet der Tatsache, daß das, was sich die Menschen durch sie mitteilen, kein bißchen klüger, besser oder in irgendeiner Weise herausragender ist als das, was sie vordem den weniger schnellen Kommunikationsmitteln anvertrauten ... Oder als brächte das elektrische Licht die Menschen der Vollkommenheit auch nur eine Stufe näher, ungeachtet der Tatsache, daß die Dinge, die jetzt deutlicher gesehen werden, ebenso trivial, höflich oder unwichtig sind wie im Schein der Petroleumlampe ..." „Gut gesprochen", sagte Zages. „Ich denke, daß ich mich zu Recht an die Träume gehalten habe ... Sie sind unser wahres Fenster zur Welt. Nach der vermutlich ewigen Tat der Selbstoffenbarung nämlich scheint in der Welt, wie wir sie erblicken, alles Regel, Ordnung und Form zu sein; aber immer liegt doch noch im Grunde das Regellose, als könnte es einmal wieder durchbrechen. Dieses ist an den Dingen die unergreifliche Basis der Realität, der nie aufgehende Rest, – das, was sich nicht im Verstande auflösen läßt, sondern ewig in jenem Grunde bleibt, den wir immer wieder aufscheinen sehen –, im Traum des Tages zumal – und, oftmals einem verwirrenden Vergessen gleichkommend, in den mit Seufzern behängten Träumen der Nacht ..."

Eine Tür fiel ins Schloß, und der Regen wurde stärker. Simmel ächzte im Schlaf, aber er sah keineswegs unzufrieden aus; – eher schon wie ein Wanderer, der seinen Schatten verloren und noch vor Einbruch der Dämmerung wiedergefunden hatte ...

Husserl

Der Philosoph Edmund Husserl, der sich auf dem Weg zur Universität befand, hatte Zahnschmerzen, die ihm nicht nur gleichmäßig stechende Pein bereiteten, sondern ihn auch über Gebühr ärgerten, denn er, der Philosoph, hatte sich tags zuvor noch in die Praxis des stadtbekannten Zahnarztes Dr. Julius Hanfstaengl begeben, den man seiner Kompetenz wegen schätzte, aber mehr noch aufgrund der enormen Behendigkeit bewunderte, mit der er Rechnungen auszustellen und zu verschicken wußte. Hanfstaengl war dem Philosophen in grober Manier mit einem Bohrer zu Leibe gerückt und hatte ihm vorübergehende Linderung verschafft. Nun aber, am nächsten Tag, da er als pflichtbewußter Mensch wieder einmal im Dienst war und sein Seminar über „Intentionalität und Dingkonstitution" zu halten gedachte, verspürte er die elenden Schmerzen wieder, die sich in heimtückischer Weise zur Rückkehr entschlossen hatten. Husserl hielt sich die Backe; wenn man auf andere vertraut, dachte er, ist man verloren.

In einem kleinen Kolonialwarengeschäft erstand der Philosoph ein Fläschchen mit Branntwein, das bequem in seine Jakkentasche paßte. „Wissen Sie, ich habe starke Zahnschmerzen", sagte er zu dem Ladeninhaber, der ihn ansah wie einen verdienten Alkoholiker, dem es gelungen war, zur Respektsperson zu werden. Husserl verließ das Geschäft. Fast schämte er sich ein wenig; weit ist es mit mir gekommen, dachte er, aber noch fällt die Philosophie nicht unter das Betäubungsmittelgesetz. Er trat in einen Hauseingang und nahm dort einen Schluck aus der Flasche. Während er gurgelte und den mittelfeinen Branntwein rund um den kranken Zahn fließen ließ, überlegte er, ob er die durchaus wohltuende Flüssigkeit wieder ausspucken sollte; in Anbetracht der finanziellen Vorleistung, die er für das Fläschchen schon erbracht hatte, entschied er sich dafür, den Fusel, der zur Arznei geworden ist, hinunterzuschlucken. Eine wohlige Wärme breitete sich im Bauch des Philosophen aus. Er eilte zur Universität, wo er die Prozedur, kurz bevor er den Seminarraum betrat, noch einmal energisch wiederholte. Freundlich begrüßte er seine Studenten, von denen er mit einem Mal die allerbeste Meinung hatte. Vorn am Katheder stand Ludger Frielinghaus, sein eigentliches Sorgenkind, dem die Aufgabe oblag, das bei allen sehr gefürchtete Großreferat zu halten, mit dem Husserl seine Studenten zur genauen Beobachtung und Beschreibung der Gegenstandswelt anleiten wollte. Im letzten Semester war es darum gegangen, einen der kleinen Göttinger Hausberge, auf dem sich im Winter die Kinder zum Schlittenfahren einfanden, in umfassender und idealtypischer Deskription vorzuführen, was sich als eine recht zähe Unternehmung herausgestellt hatte; in diesem Semester hieß das Thema „Eine Phänomenologie des Briefkastens", was sich zweifellos einfacher anhörte, als es war. Zumindest Ludger Frielinghaus, ein trinkfester, zur Behäbigkeit neigender Westfale, hatte mit diesem Thema seine Schwierigkeiten, und von Stunde zu Stunde hoffte er, daß der Philosoph ihn von seinen Referatspflichten entbinden würde. Husserl aber schien die Unbeholfenheit seines Studenten direkt Freude zu bereiten, und er sparte bei Frielinghaus' Ausführungen in der Regel nicht mit dezent-boshafter Kritik. So war der junge Mann, sehr zum Vergnügen seiner Kommilitonen, schließlich auf die Idee verfallen, sich mit einigen Textstellen aus den Schriften des Meisters zu verproviantieren und diese, durch einfachen Austausch des Schlüsselbegriffs, für die Vergegenwärtigung des Briefkastens zu nutzen. Die Premiere für sein Vorhaben stand nunmehr bevor, und die Studenten warteten gespannt, daß Frielinghaus mit seinem Vortrag beginnen würde. Husserl, der ein wenig schläfrig dreinblickte, gab ihm ein Zeichen. „Fangen Sie an", sagte er, „und unterziehen Sie sich endlich der schon vom Kollegen Hegel geforderten Anstrengung des Begriffs." Frielinghaus räusperte sich. „Jeder Briefkasten", begann er dann, „jeder Briefkasten enthält zumeist einen Inhalt. Unter Inhalt verstehen wir hier nicht die in einem übergreifenden Ganzen enthaltenen Teile, die im Denken aus diesem Ganzen ausgesondert werden können . . ." Der Student schielte zu seinem Lehrer hinüber. Husserl lächelte. „Ausgezeichnet", sagte er. „Endlich sind Sie in der Diktion, die der unvoreingenommenen Wahrheit entspricht. Weiter so . . ." Frielinghaus strahlte. „Der Inhalt also, so gefaßt", fuhr er fort, „wäre der Inbegriff des Unterscheidbaren, das im Erlebnis enthalten und wie in einem einschließenden Gefäße umfaßt wäre. Von dem am Erlebnis Unterscheidbaren wird demnach nur ein Teil als Inhalt des Briefkastens bezeichnet. – Es gibt allerdings auch Erlebnisse, in denen nichts bemerkbar ist als ein psychischer Zustand. In den physischen Schmerzgefühlen hingegen kann das lokalisierte Brennen oder Stechen unterschieden werden von dem Gefühl . . ." Bei diesem Stichwort zuckte Husserl zusammen. Er griff in seine Jackentasche und sprach sich, sehr zur Verwunderung seiner Studenten, aus dem Fläschchen neuen Mut und Linderung zu.

Das Ende des Referats erlebte der Philosoph dösend; danach sprach er Frielinghaus seine Anerkennung aus und entließ seine Studenten mit der Empfehlung, sich am wundersam geweckten Reflexionsvermögen ihres Kommilitonen alsbald ein Beispiel zu nehmen. Auf dem Nachhauseweg griff Husserl noch einige Male zum Fläschchen; als er es endlich geleert hatte, fühlte er sich wie ein zu Höherem berufener Schlafwandler. An seiner Wohnungstür angekommen, öffnete er den Briefkasten und fand dort ein an ihn gerichtetes Schreiben vor, das Herr Dr. Hanfstaengl in Windeseile auf den Weg gebracht hatte. „Sehr geehrter Herr Professor Husserl", stand in dem Brief, „für meine Bemühungen erlaube ich mir zu liquidieren . . .", und dem Philosophen sprang eine drohende Zahl ins Gesicht, die ihn seine Schmerzen so innig spüren ließ wie nie zuvor.

Russell

Der Philosoph Bertrand Russell hatte sich kurzerhand von seiner
dritten Ehefrau verabschiedet und war zu einem Kurzurlaub
aufgebrochen, den er für mehr als nötig hielt; hatte er nicht in
den letzten Wochen und Monaten gearbeitet wie ein Geistes-
knecht, dazu Vorträge und Reden gehalten und sich zahllose
Beschimpfungen angehört, die in öffentlichen Diskussionen auf
ihn herniedergingen? Er war ja längst zu einem überaus wichtigen Menschen avanciert, gestand er sich gern ein, was zum
einen anstrengend war, weil die Grenzen zwischen Profession
und Privatheit verwischt wurden, was zum anderen aber auch
einer gewissen Grundeitelkeit schmeichelte, die der Philosoph
inzwischen als eine generelle Mitgift des merkwürdig weit fortgeschrittenen Menschengeschlechts ansah. In den wenigen stillen Stunden, die sich Russell zuletzt noch gegönnt hatte, mußte
er zudem einräumen, daß sein privates Leben immer mehr ins
Hintertreffen geraten war gegenüber der beruflichen Umtrie-
bigkeit, mit deren angeblichen Zwängen er gern kokettierte; seine Frau, bei der er doch vieles besser machen wollte, sah er
selten, und so konnte es nicht weiter verwundern, daß sich eine
allmähliche Fremdheit der Ehepartner einstellte, die man, bei
nüchterner Betrachtung der Dinge und unter gleichzeitiger Be-
mühung liebesseliger Reminiszenzen, schon als einigermaßen
besorgniserregend einstufen durfte. Der Philosoph hatte sich
daher zur kleinen Flucht entschlossen; aus der Ferne, dachte er,
konnte er das Vertrauen zu seinen Gefühlen zurückgewinnen;
irgendwo auf dem Land würde er in Erinnerungen schwelgen,
denen er, als philosophierender Poet, ja längst schon ein Mann
großer Meriten, Ausdruck verlieh wie ein versierter Herzens-
wärmer, dem die einfühlsamsten Liebesbriefe nur so von der
Hand gingen. Er war nach Cornwall gefahren, in ein kleines
Dorf, das er vor langer Zeit einmal, als er noch glaubte, die

Welt mit den Füßen erschließen zu können, durchwandert hatte; Burberry Heights hieß das Nest, eine Idylle zweifellos, die ihm über die Jahre hinweg wie ein wiederkehrender, arg schöner und doch flüchtiger Traum in Erinnerung geblieben war. Er fand alles nahezu unverändert. Das Dorf, hoch über kurios abgerundeten Küstenfelsen gelegen, glich noch immer dem andenkenhaften Refugium, das er zu kennen glaubte; die Menschen, wortkarg, mißtrauisch, so wie er's mochte, gingen ihrer Wege, die mit dem Fremden nichts zu tun hatten. Er kam in einer kleinen Pension unter, wo man ihm ein bescheidenes Zimmer zuwies, aus dem er direkt zurück in seinen Traum spähen konnte: Die Bilder waren geblieben, das zum Meer abfallende, immergrüne Land, ein unverschämt weiter und heller, gelegentlich ins Blaue hinein geöffneter Himmel, auf dem unablässig neue Wolken gebildet wurden, die sich alsbald wieder verloren, und das Sausen eines ewigen Windes, unruhiger Schwärmer, der nicht zur Ruhe kommen mochte vor seiner Zeit.

Der Philosoph setzte sich ans Fenster; er würde schauen, jetzt, und dabei seinen ersten Liebesbrief schreiben. Es fiel ihm jedoch nichts Rechtes ein – nein, es fiel ihm eigentlich gar nichts ein; nicht mal ein halbwegs authentisches, geschweige denn anregendes Porträt seiner Gattin bekam er vor Augen: wie sah sie denn aus, und warum liebte er sie in einer Weise, die der glutvollen brieflichen Mitteilung bedurfte –. Nach drei Tagen und drei Nächten, die er mit geregeltem Abwarten verbrachte, versuchte er sich auf ein neues; wieder nahm er am Fenster Platz, und dieses Mal gelang ihm immerhin ein zufriedenstellender Anfang, den er kurzerhand, alle Kräfte zusammennehmend, in eine Fortsetzung überführte. „Meine Liebe!" schrieb er, „Ich hoffe, es geht Dir gut. Meine Abwesenheit wirst Du zwischenzeitlich bemerkt – und, so hoffe ich, mir nachgesehen haben. Du weißt, ich hänge an Dir, was jedoch nicht bedeutet, daß ich immer um Dich sein könnte. Liebe, Zuneigung, jede Sache des Herzens bedarf einer gewissen Distanz, die dazu beiträgt, bestimmte Vergegenwärtigungen neu zu beleben und, gegebenenfalls, noch einmal zu überdenken. Ich befinde mich hier auf dem Lande, der Name des Dorfes, in welchem ich

Unterschlupf gefunden habe, tut vorerst nichts zur Sache. Die wenigen Menschen, denen ich begegne, behandeln mich als Störenfried, und das empfinde ich als gerecht. Man grüßt mich nicht, ich werde eher mißtrauisch beäugt, und auf die Frage nach gewissen Wegen, die ich gehen möchte, gibt man mir, wenn überhaupt, ausweichende Antworten oder macht sich sogar einen Spaß daraus, mich in die Irre zu führen. Die Leute sind hier meilenweit entfernt von den verlogenen Verhaltens-maßregeln, die unser städtisches Treiben beherrschen; ein Wort ist ein Wort, und es hat soviel Gewicht, daß es nur langsam, zögerlich, vielleicht aber auch gar nicht ausgesprochen wird. Zu den Menschen paßt das Klima: Kälte und Wind, ein immer-währendes Rauschen in der Luft, und der Himmel über mir gibt sogar für einen professionell ungläubigen Herrn, wie ich es bin, Anzeichen des Wunderbaren zu erkennen; wissen wir denn noch, meine Liebe, was wirkliches Staunen bedeutet oder gar Ehrfurcht, die inzwischen gänzlich aus der Mode gekommen scheint? Heute mittag übrigens habe ich eine Anregung erfahren, die mir für meine weitere Arbeit, einer Grundlegung der logi-schen Kleinkünste, zu denken gibt: Ich war, kurz vor Schalter-schluß, auf dem hiesigen Zwergpostamt, wo ich Zeuge eines bemerkenswerten Gespräches wurde. Ein älterer Mann sagte zu dem Schalterbeamten: ‚Hören Sie, Wesley, was mich schon immer interessiert hat: Wie macht die Post eigentlich Gewinn? Ihr verkauft die Zehnerbriefmarke für genau zehn Shilling, wo bleibt denn da noch für euren Laden etwas hängen?‘ ‚Mein Freund‘, antwortete der Beamte, ‚die Sache ist ganz einfach: Jeder Brief hat ein bestimmtes zulässiges Höchstgewicht. Viele Briefe aber sind leichter, erreichen also nicht das Höchstge-wicht, und in genau dieser Differenz liegt der Gewinn, den die Post einstreicht. Verstanden?‘ Ein solcher Dialog, Liebe, muß einem zu denken geben, und ich sehe für die Logik, wie ich sie betreibe, ganz neue Möglichkeiten des Bedenkens und des produktiven Zweifels auf mich zukommen … Sagte ich schon, daß ich Dich liebe? Nimm es hiermit zur Kenntnis; ich vermis-se Dich – so sehr wie ich Dich vermissen kann. Sei innigst ge-grüßt, ich melde mich – wieder. Dein alter B. R.“

Moore

Der Philosoph George Edward Moore hatte sich zu seinem Waldspaziergang aufgemacht, den er an jedem zweiten Samstag im Monat zu absolvieren pflegte. Moore, ein Mann, der die Natur schätzte, ohne sie je mit allzu neugierigen Beobachtungen über Gebühr traktiert zu haben, stapfte auf gewohnte Weise durchs Unterholz: Er schrammte an Bäumen entlang, stolperte über aufragendes Wurzelwerk und tappte bereitwillig in jedes am Pfad lauernde Schlammloch. So war er eigentlich immer durch den Wald geeilt; er brauchte ein gewisses Tempo, um mit dem beschleunigten Gang seiner Gedanken Schritt halten zu können, die in dieser Umgebung schon immer zu großer Form aufgelaufen waren. Den Kopf hielt der Philosoph gesenkt; es sah so aus, als folgte er den Fallinien des Erdreichs, aus deren Vertrauensbereich ihm, einem Wanderer erklärter Tiefsichtigkeit, die Botschaften des schlichten Nachfragens aufstiegen, die so verdächtig-einsichtig geworden waren, daß ihnen inzwischen keiner mehr so recht trauen mochte. Der Weg führte in leichter Kehre hügel-abwärts, und Moore, der einigermaßen grimmig dreinblickte, nahm unfreiwillig Fahrt auf. Er strauchelte ein wenig, hielt aber die Bahn; wer ihn dahineilen sah, durfte sich Sorgen um ihn machen: dem Philosophen jedoch war im Walde noch nie etwas zugestoßen; er konnte auf fast vier Jahrzehnte unfallfreien Gehens zurückblicken. Es mochte früher Nachmittag sein: Am Himmel lagerte eine eher matte Sonne, deren Licht, trägem Glanze gleich, durch die Wipfel der Bäume fiel; von der Seite blies der bewährte britische Wind, der jeder Wärme zu Leibe rückte, auch einem versehentlich angerichteten Überschwang der Gedanken im Kopf. Im Wald, den intensiver zu beäugen er nie für nötig befunden hatte, fühlte Moore sich wohl; er galt ihm als Reservat gewachsener Normalität, in dem das Natürliche ein längst offenbartes Geheimnis blieb. Nach einiger Zeit hatte der Philosoph, allen Überlegungen zum Trotz, mächtigen Durst. Er schlug einen Seitenpfad ein, der den Wald hinter sich ließ und zu einem kleinen Landgasthaus führte, in dem er schon einmal eingekehrt war. Der Wirt, ein freundlicher junger Mann, verstand es, ein feines dunkles Starkbier zu zapfen, dem man zusprechen konnte. Moore war dieser junge Mann zudem sehr bekannt vorgekommen, und er hatte überlegt, ob es sich nicht um einen seiner ehemaligen Schüler handeln konnte, eine Vermutung, die ihm dann doch zu abwegig vorgekommen war: Ein Philosoph wird schließlich Philosoph, aber er wird nicht Wirt, obwohl dies im Prinzip nicht verboten ist. Diesmal werde ich ihn fragen, dachte Moore, als er das Gasthaus betrat. Der junge Mann schien auf ihn gewartet zu haben; er begrüßte ihn wie einen alten Bekannten und brachte ihm ohne zu zögern ein Bier. „Entschuldigen Sie", sagte Moore. „Aber ich kann mich des merkwürdigen Eindrucks nicht erwehren, daß ich Sie von irgendwoher kenne." „Das ist gut möglich", meinte der junge Mann. „Ich war einer Ihrer Studenten, – Richards." „Richtig", rief der Philosoph. „Ich erinnere mich. Sie waren gar nicht so unbegabt. Und da ist Ihnen nichts anderes eingefallen, als Kneipier zu werden?" „Werter Herr Professor", sagte Richards und lächelte auf einmal nicht mehr. „Eine Kneipe zu haben bedeutet unter anderem auch Arbeit. Ich stehe nicht nur hinter der Schankmauer und schlürfe mein eigenes Bier." „Ich wollte Ihnen nicht zu nahe treten", meinte Moore. „Tun Sie auch nicht", sagte Richards. „Aber ich glaube nicht, daß Sie zum Beispiel so ohne weiteres die Arbeit eines Wirts machen könnten." „Da mögen Sie recht haben", meinte Moore. „Während ich mir jederzeit zutrauen würde", fuhr Richards fort, „wieder die Arbeit eines Philosophen zu machen." Moore lachte. „Die Arbeit eines Philosophen! Sie machen mir Spaß", sagte er. „Aber lassen wir es auf einen Versuch ankommen. Sprechen wir über etwas scheinbar ganz Einfaches." „Zum Beispiel über Ihre rechte Hand", sagte Richards. „Zum Beispiel über meine rechte Hand", sagte der Philosoph. „Ich behaupte, daß ich nicht direkt meine Hand wahrnehme, sondern

etwas, was, in einem angemessenen Sinn, meine Hand repräsentiert, nämlich einen bestimmten Teil ihrer Oberfläche."
„Wenn ich jedoch weiß", sagte Richards, „daß dies Teil der
Oberfläche einer menschlichen Hand ist, was weiß ich dann
über das fragliche Sinnesdatum? Weiß ich in diesem Falle tatsächlich, daß es selbst Teil der Oberfläche einer menschlichen
Hand ist?" „Zunächst würde ich noch ergänzen wollen", sagte
Moore, „daß ich zwar meine Hand nicht direkt wahrnehme,
einen Teil ihrer Oberfläche aber sehr wohl direkt sehe." „Das
wiederum würde bedeuten", meinte Richards, „daß unser ge-
heimnisvolles Sinnesdatum selber Teil Ihrer Handoberfläche
ist, und nicht bloß etwas, was diesen Teil repräsentiert." „Und
was folgern Sie daraus?" fragte Moore amüsiert. „Daß der
Sinn", sagte Richards, „in dem ich den Teil der Handoberfläche wahrnehme, nicht selber wieder ein Sinn sein kann, der
durch Bezug auf einen dritten, noch fundamentaleren Sinn von
‚wahrnehmen' definiert werden darf." „Welcher dann der einzige Sinn wäre", sagte Moore, „in dem die Wahrnehmung direkt genannt werden könnte." „Genau", sagte Richards. „Und
deswegen müssen wir wohl die weitverbreitete Ansicht aufge-
ben, daß unsere Sinnesdaten immer wirklich die Eigenschaften
haben, die sie uns in ihrer sehr sinnfälligen Erscheinung zu
haben scheinen." „Junger Mann", sagte Moore lächelnd. „Begeben Sie sich bitte wieder an den Bierhahn. Sie haben mich
überzeugt. Ich weiß nun, daß man Philosoph und Wirt in
einem sein kann, und dem Wirt in Ihnen rufe ich zu, daß ich
Durst habe. – Im übrigen: Man muß wohl seiner Berufung
folgen, um den Beruf höchst eindrucksvoll verfehlen zu können. Walten Sie also Ihres ersten Amtes, lieber Richards, und
bringen Sie mir noch ein Bier – wenn möglich, auf Kosten des
Hauses."

Cassirer

Der Philosoph Ernst Cassirer war zu einem Vortrag an die Universität Princeton eingeladen worden. Er sollte dort über den „Mythos des Staates" sprechen; ein Thema, das in amerikanischen Ohren herrlich abstrakt klingen mußte. Cassirer hatte schwere Tage und Wochen hinter sich: Am Silvestermorgen des alten Jahres war er krank geworden. Er fieberte und fror; sein Kopf glühte. Toni, seine Frau, beorderte ihn ins Bett. Dort lag er, hatte Fieberträume und kam sich ausgesprochen nutzlos vor. Als das Fieber nicht nachließ, sondern mit zäher Behendigkeit weiter stieg, holte Toni einen Arzt. Der kam, murmelte Unfreundliches und diagnostizierte eine doppelseitige Lungenentzündung. Er empfahl Penicillin, das damals gerade in Gebrauch gekommen war und angeblich Wunder wirken sollte. Tatsächlich ging das Fieber zurück; der Philosoph erholte sich. Er stand auf und spähte aus matten Augen um sich: New York lag im Schnee. Windböen jagten durch die Häuserschluchten. Was für ein Winter, dieser Winter in New York: Es fehlte an allem, aber noch lebte man, wie von selbst, und der Krieg war nicht zu Ende.

Als Cassirer die Einladung aus Princeton in Händen hielt, strahlte er. „Du bist noch viel zu krank", sagte Toni, der es selber seit geraumer Zeit nicht übermäßig gut ging. Seltsame Schwindelanfälle suchten sie heim, und es kam vor, daß sie sich am Türpfosten festhalten mußte, weil sie Angst hatte umzufallen. „Das mußt du gerade sagen", meinte der Philosoph. „Wenn hier einer krank ist, dann bist du es, meine Liebe. Natürlich werde ich der Einladung Folge leisten. Schließlich will man mich nicht jeden Tag in Princeton sehen und hören. Ich werde reden und bald wieder zurück sein; das verspreche ich dir." „Also gut", sagte Toni. „Du bist entschlossen, das merke ich. Nimm meinen Protest entgegen und zieh dich warm an.

Und wenn du schon nach Princeton mußt, wie du glaubst, dann könntest du die Gelegenheit nutzen und Einstein einen Besuch abstatten." „Warum nicht", sagte der Philosoph. „Aber dann dauert es noch länger. Du weißt, man kommt so schwer von ihm los." – Und so war Cassirer denn gefahren. Er hatte sich in seinen Mantel gehüllt, dem er in herzlicher Verbundenheit zugetan war in diesem sehr kalten New Yorker Winter, und war zum Bahnhof gefahren, um einen Zug nach Princeton zu bekommen. Toni sah ihm nach. Es hatte wieder angefangen zu schneien. Der Wind trieb die Schneeflocken an ihrem Fenster vorbei. Eigentlich ein schönes Bild, dachte sie. Man muß es nur halbwegs warm haben und ein Dach über dem Kopf und nicht allzuviele Sorgen, um es genießen zu können. Der Schnee eines Jahres. Er verweht, und das, was er bedecken wollte, kommt wieder zum Vorschein. – Sie machte sich Sorgen. An seine Gesundheit hatte ihr Mann nie irgendwelche Gedanken verschwendet. Er lebte; das genügte ihm, und er war froh, daß er sich noch Hoffnungen machen durfte. In Princeton würde man ihn am Bahnhof abholen; das hatte sie arrangiert, aber was kam dann? Auf der Rückfahrt konnte ihm nicht viel passieren, solange er im Zug saß; danach jedoch mußte es Probleme geben: In New York gab es zwar viele Taxis, aber kaum noch Benzin. Die meisten Autos standen mehr, als daß sie fuhren. Wer am Bahnhof ankam, mußte warten; ein Taxi, das nicht nur Fahrgäste, sondern auch Bewegung aufnahm, wurde mit Rufen des Erstaunens bedacht. Toni Cassirer sah ihren Mann vor sich, wie er in einer Menschenmenge wartete und fror; noch ehe ein Auto kam, kam das Fieber zu ihm zurück. Ach was, dachte sie. Es ist eine bekannte und bewährte Eigenart von mir, daß ich mir grundsätzlich zu viele Sorgen mache. Sie setzte sich und schloß die Augen. Immer wieder diese Müdigkeit und dieser Schwindel; am hellichten Tage wurde sie damit behelligt. Sie erinnerte sich an den Oktober 1927: Ernst war mit dem Schiff nach England unterwegs. Ein Sturm zog auf und fegte über Hamburg hinweg. Sie hockte vor dem Radio und hatte gräßliche Angst; von schwerer See war die Rede und von gekenterten Schiffen. Ihr Herz krampfte sich zusammen. Anderthalb Tage später erhielt sie ein Telegramm aus Southampton: Ernst war glücklich gelandet. Kurz darauf schrieb er ihr einen Brief, in dem er von der Überfahrt plauderte; den Sturm erwähnte er mit keinem Wort: „Das Wetter ist herrlich", las sie statt dessen, „die See bisher ganz ruhig und meine Kabine so fabelhaft bequem, daß ich, wenn alles so weitergeht, in der größten Versuchung sein werde, bis New York durchzufahren."

Mit einem Mal war ihr, als hörte sie eine Stimme. Sie schlug die Augen auf. Cassirer stand vor ihr; er lächelte. „Du bist schon wieder da?" fragte sie ungläubig. „Ja", sagte er. „Stell dir vor: Es ging alles ganz glatt. Natürlich habe ich bei Einstein die Zeit verplaudert, aber den Zug doch noch erreicht. Am Bahnhof in New York schienen etwa zweitausend frierende Menschen auf ein Taxi zu warten. Als ich mich gerade dazustellen wollte, um mitzufrieren, kam ein Auto um die Ecke: Der Fahrer stieg aus und winkte mich direkt in sein Taxi. Als ich ihn fragte, warum er es gerade auf mich abgesehen habe, antwortete er: „Sie haben Ähnlichkeit mit Einstein, und ich wollte mir schon immer mal erklären lassen, was es mit der Relativitätstheorie auf sich hat." „Und was hast du daraufhin gesagt?" fragte Toni. „Ich habe gelacht und ihm bedeutet, daß ich zwar gerade von Einstein käme, aber deswegen noch nicht Einstein sei. Die Relativitätstheorie aber wolle ich ihm, im Rahmen meiner bescheidenen Möglichkeiten, doch zu erläutern versuchen." „Was dir vermutlich nicht ganz gelungen ist", meinte Toni. „Nein", sagte Cassirer. „Aber dafür habe ich ihm ein relativ hohes Trinkgeld gegeben, was ihn wiederum dazu veranlaßte, mir bewegt die Hand zu schütteln und mitzuteilen, daß ihm nun alles klargeworden sei. Er wisse jetzt, was Relativität bedeute. – Du siehst, meine Liebe, wie einfach es ist, eine komplizierte Theorie allgemeinverständlich darzustellen."

Scheler

Der Philosoph Max Scheler hatte sich vom Freiburger Bahnhof
aus in das Hotel „Jägerhaus" bringen lassen, das im Westen der
Stadt an einem rundum gelichteten Hang lag, der eine vorzüg-
liche Aussicht bot. Im Dunst konnte man die blauen Kuppen
des Kaiserstuhls erkennen, und in der Ferne, vor einem schon
vom Abendrot angestrahlten, fast wolkenlosen Himmel, ragten
die Vogesen empor, die noch schneebedeckt waren. Scheler
war im Hotel überaus freundlich begrüßt worden; man hatte
ihn auf sein Zimmer geleitet, das einen gepflegten Eindruck
machte und sogar einen kleinen Balkon zu bieten hatte. Der
Philosoph zeigte sich mit einem knapp bemessenen Trinkgeld
erkenntlich; dann ließ man ihn allein. Die Tür fiel ins Schloß,
und schon war sie wieder da, diese seltsame Unruhe, die ihm
seit Tagen zusetzte. Es erschien ihm, als müßte er in seinem
vergleichsweise weit fortgeschrittenen Leben noch einmal Modell sitzen für einen Lieblingsspruch seiner Mutter, die ihm
immer dann, wenn er sich alleingelassen und nutzlos vorkam,
in gespielter Verzweiflung zugerufen hatte: „Junge, was ist
denn los? Du hockst ja schon wieder da wie bestellt und nicht
abgeholt." Scheler dachte daran, daß er den großen Geheimnissen noch immer nicht sehr viel näher gekommen war; statt dessen gab er sich mit veritablen Fleißarbeiten ab, die ihm die ge-
bremste Hochachtung der wissenschaftlichen Welt und der
von ihr unterhaltenen Diskussionsfilialen einbrachten. Bücher
hatte er geschrieben, die sogar gelesen und besprochen wurden; in der Schule der Geläufigkeit war er zum Vertrauens-
lehrer ernannt worden, mit dem man über nicht wenige The-
men angeregte Unterhaltungen führen konnte. Der Philosoph
trat hinaus auf den Balkon. Langsam wurde es dunkel; in der
Stadt gingen die Lichter an. Von den Bergen kam ein sanfter
Wind, strich über Köpfe und Dächer hinweg und ließ sich zu-

rückfallen in die Täler. Scheler schloß die Tür. Es hilft alles nichts, dachte er. Ich muß mich zur Arbeit zwingen. Er war ja nicht nach Freiburg eingeladen worden, um mit traurigem Dackelblick auf die Behausungen der Menschen herabzuspähen, sondern weil er einen Vortrag halten sollte, von dem er bislang allerdings kaum mehr als fünfeinhalb Sätze zu Papier gebracht hatte. Er setzte sich an den Tisch und nahm seine Aufzeichnungen zur Hand. „Ressentiment ist eine seelische Selbstvergiftung mit ganz bestimmten Ursachen und Folgen ...", hatte er geschrieben.

Auf einmal waren Schritte zu vernehmen. Das Nebenzimmer wurde aufgeschlossen; man hörte Stimmen, und dann schien jemand ächzend mehrere schwere Gegenstände durch den Raum schleifen zu müssen. Die Stimmen besonders wurden lauter; der Fußboden vibrierte. Ich fürchte, es gibt Ärger, dachte Scheler. Was machen sie denn jetzt? fragte er sich. Man hörte nur noch eine Männer- und eine Frauenstimme, die sich allerdings so heftig bemerkbar machten, als saßen die dazugehörigen Personen unmittelbar neben dem Philosophen, der den Kopf gesenkt hatte und mit den Händen die Ohren zuhielt, was aber nichts nützte. „Du kleines ekelhaftes Reptil! Wie konnte ich nur auf jemand wie dich hereinfallen!" keifte die Frau, und der Mann, etwas matter, gab zurück: „Ein Akkergaul bist du, ein dickes, alles zertrampelndes Pferd." Dem Umgangston nach zu urteilen, scheint es sich um ein Ehepaar zu handeln, dachte Scheler. Mit einem Mal hatte er das Gefühl, daß der Lärm ihn wie eine herrlich mißtönende Musik inspirieren könnte, zu der er nur noch die Partitur nachzuliefern hatte. „Ein besonders reaktiver Impuls ist auch der Racheimpuls", schrieb er, „im Unterschiede von aktiven und aggressiven Impulsen, sei es freundlicher oder feindlicher Richtung. Jedem Racheimpuls muß ein Angriff oder eine Verletzung vorhergegangen sein ... Beißt zum Beispiel ein angegriffenes Tier seinen Angreifer, so kann dies nicht Rache genannt werden. Auch der unmittelbare Gegenschlag auf eine Ohrfeige ist nicht Rache. Vielmehr sind zwei besondere Merkmale für den Tatbestand der Rache wesentlich: eine mindestens momentane oder eine bestimmte Zeit während Hemmung und Zurückhaltung des sich unmittelbar einstellenden Gegenimpulses (und auch der mit ihm verbundenen Zorn- und Wutregungen); diese Hemmung aber verursacht durch eine vorblickende Überlegung, daß man unmittelbarer Gegenreaktion unterliegen werde, und ein mit dieser Überlegung verbundenes ausgeprägtes Gefühl des Nichtkönnens, der Ohnmacht."

„Nur keine Hemmungen!" rief der Mann nebenan, und es tat einen dumpfen Schlag. „Die Gewalttätigkeiten sind eröffnet", murmelte Scheler, „ich fürchte, ich muß eingreifen." Er verließ sein Zimmer und klopfte an der Nachbartür. Die Frau öffnete ihm. „Was wollen Sie?" herrschte sie den Philosophen an. „Ich bitte um Entschuldigung", sagte er. „Aber wäre es Ihnen möglich, Ihre ehelichen Auseinandersetzungen etwas weniger laut- und schlagstark zu führen?" „Was heißt hier eheliche Auseinandersetzung?" empörte sich der Mann, der einen halben Kopf kleiner war als seine Gattin und eine bläuliche Schwellung über dem rechten Auge hatte. „Wir haben ein ganz normales Arbeitsgespräch geführt." „Und überhaupt, was geht Sie das an?" fragte die Frau und kam bedrohlich näher. „Schon gut", sagte Scheler. „Ich habe verstanden. Getrennt prügeln, vereint wüten; man kennt das zur Genüge." Er drehte sich um, und die Tür wurde zugeschlagen. Keine Frage, dachte der Philosoph, diese Dame sieht wirklich aus wie ein Pferd – und ihr Gemahl wie ein Reptil. Seine Unruhe war plötzlich verflogen; er erinnerte sich an das, was er wollte, und die Gewißheit sagte ihm zu wie ein stilles Vergnügen. Das Leben, dem er, aus nicht unerheblichen Gründen, für kurze Zeit abhanden gekommen war, hatte ihn wieder; er hielt es daher für richtig, die Gunst der Stunde zu nutzen, und begab sich auf direktem Weg in die Hotelbar.

Buber

Der Philosoph Martin Buber ging die Bockenheimer Land-
straße hinunter, wie er es oft tat, wenn er gerade ein Seminar
hinter sich gebracht hatte, welches unbefriedigend verlaufen
war. Es liegt etwas in der Luft, dachte er, und das ist nicht nur
der Frühling mit seinen lauen und einschläfernden Winden,
seinen vergeblichen Vogelstimmen und den merkwürdigen
Sehnsüchten, die aufgeworfen werden aus den Bleikammern
und der menschlichen Befindlichkeit. In seinem Seminar hatte
sich die Frühjahrsmüdigkeit ins Unerhörte ausgewachsen: Die
Studenten, ohnehin dezimiert in ihrer Zahl durch eine angebli-
che Grippewelle, die über Frankfurt hinwegschwappte, dösten;
auf Fragen seinerseits reagierten sie ausweichend oder gar
nicht, und als dann noch die Strahlen der Frühlingssonne direkt in den Seminarraum hineinstachen und ihn, den leidenden
Honorarprofessor, zu blenden begannen, war schier gar keine
Aufmerksamkeit mehr zu erzielen. Einer der Studenten, ein an
sich träges Großbürgersöhnchen, wurde mit einem Mal lebhaft
und wies seine Kommilitonen auf die Staubfahnen hin, die,
von der Sonne eigenartig illuminiert, über den einzelnen Ti-
schen standen und sich danach langsam suchend aufeinander
zubewegten. Buber hatte daraufhin einen letzten Versuch un-
ternommen, für seine Sache zu werben; er schleuderte eine
provokante These zum Zusammenhang von Religion als Wissenschaft vom Gottesbetrieb und den resignativen Tendenzen
in der gegenwärtigen deutschen Philosophie in den Raum, aber
man schien ihn nur belächeln zu wollen, wie er da stand, ein
einsamer Mensch, den die Staubwölkchen mittlerweile so dicht
umschwärmten, als wären sie die unmittelbaren Resultate seiner sehr vergeblichen Rede. Buber hatte daraufhin sein Seminar abgebrochen; er schickte seine Studenten – mit freundlichen Worten, schließlich war und blieb er ein höflicher Mann

– zurück in den Frühling, der ihn alsbald selber umgab, ein mildes Lüftchen, dem ein kurioser Glanz innewohnte, der sich in den Häuserschluchten verbreitete wie ein träges Lauffeuer. Manchmal gefiel ihm dieses Frankfurt, eine Stadt, die stets kleiner war, als es von außen her den Anschein hatte; es gab noch Winkel und Nischen, in die man sich zurückziehen konnte – Fluchtpunkte, fast dörflich anmutende Refugien, an die man geriet, ohne schon zum Flüchtling geworden zu sein.

Buber bog in eine Nebenstraße ab und entdeckte dort ein Schild, das ihn auf „Donniwettis Puppentheater der Großen" hinwies; von diesem Etablissement hatte er bereits gehört: Richard Windsheimer betrieb es, ein ehemaliger, nicht mehr ganz junger Philosophiestudent, der, wie es hieß, eines bemerkenswerten Tages sein Studium mit dem Ausruf „Genug ist genug!" beendet hatte und sich fortan, begünstigt durch ein solides väterliches Erbteil, dem Puppenspiel widmete. Windsheimer, der zudem als Stimmenimitator und Dialektkünstler eine gewisse Bekanntheit erlangt hatte, brachte auf seiner Bühne nur selbstgeschriebene Stücke zur Aufführung; dabei ließ er gerne Frankfurter Dichter und Denker auftreten, allen voran Goethe, den er als kapriziosen, Hessisch redenden Beau präsentierte, dazu einen ewig grantelnden Schopenhauer und, als Publikumsliebling, die philosophische Nachwuchshoffnung Amalfo, eine rundliche, unendlich gutmütig dreinblickende Puppe, von der behauptet wurde, daß sie einem real existierenden jungen Denker namens Wiesengrund-Adorno nachempfunden sei, der in Fachkreisen bereits als die kommende Größe Frankfurter Denkanstrengungen galt. Buber löste eine Eintrittskarte und betrat das Theater. Es wurde gerade, vor zahlreich erschienenem Publikum, die Nachmittagsvorstellung gegeben: Goethe und Schopenhauer saßen zusammen beim Wein, während Amalfo, fleißig wie immer, an einem Nebentisch hockte und seine Aphorismen-Sammlung vervollständigte. „Jaja", sagte Goethe. „Trunken müssen wir alle sein! / Jugend ist Trunkenheit ohne Wein; / Trinkt sich das Alter wieder zu Jugend, / So ist es wundervolle Tugend. / Für Sorgen sorgt das liebe Leben / Und Sorgenbrecher sind die Reben. Prost!" –

„Prost!" sagte Schopenhauer. „Bevor Sie weiterreden, lege ich hier, vor Zeugen, für den Fall meines Todes noch das Bekenntnis ab, daß ich die deutsche Nation wegen ihrer überschwenglichen Dummheit verachte und mich schäme, ihr anzugehören." „Aber, aber", erwiderte Goethe, „wer wird denn so streng sein? Hans Adam war ein Erdenkloß, / Den Gott zum Menschen machte, / Doch bracht' er aus der Mutter Schoß / Noch vieles Ungeschlachte." „Wohl wahr", sagte Schopenhauer, „aber der simple, eigentliche Gelehrte, zum Beispiel der gemeine Frankfurter Professor der Philosophie, sieht den denkenden und originellen Kopf an wie wir den Hasen, der erst nach seinem Tode genießbar und der Zurichtung fähig ist – auf den man aber, solange er lebt, bloß schießen muß." „Sie sollten sich schämen", rief da Amalfo und sprang auf. „Solch eine Professorenschelte! Ich selbst avanciere in diesen Tagen zum Professor, und wie ich gesehen habe, ist auch soeben der gute Professor Buber gekommen, ein Mann von stupender Gelehrsamkeit und so ganz anders als Ich und Du. Wer liebte und Liebe verrät, meine Herren, tut Schlimmes nicht nur dem Bilde des Gewesenen, sondern diesem selber an. Mit unwiderstehlicher Evidenz nämlich drängt in die Erinnerung eine unwillige Gebärde beim Erwachen, ein abwesender Tonfall, eine leise Hypokrisie der Lust sich ein und macht die Nähe von einst schon zu der Fremdheit, die sie heut' geworden ist." „Ach was", sagte Schopenhauer, „er faselt – faselt wie immer ... Vielleicht sollte ich euch lieber meinen Witz erzählen?" „Den kennen wir schon", sagte Goethe, „bedenkt: Am Jüngsten Tag, wenn die Posaunen schallen / Und alles aus ist mit dem Erdenleben, / Sind wir verpflichtet, Rechenschaft zu geben / Von jedem Wort, das unnütz uns entfallen." „ Ich erzähl' ihn trotzdem", sagte Schopenhauer. „Der eingebildete Philosoph Hegel ging eines Tages am Haus des wirklichen Philosophen Schopenhauer vorbei, welcher gerade aus seinem Fenster schaute. ‚Guten Tag, Schopenhauer', rief Hegel, ‚wenn ich so ein Gesicht wie Ihr hätte, würde ich lieber gleich meinen Allerwertesten aus dem Fenster hängen.' ‚Das habe ich schon gemacht', antwortete Schopenhauer, ‚und wissen Sie was: Alle

Leute haben mich gegrüßt und gerufen: Guten Tag, Herr Hegel!!'"

Schopenhauer lachte, das Publikum stimmte mit ein. Buber erhob sich; er verließ das Puppentheater und ging zurück in den Frühling, der nun schon dunkler wurde – und kühler. Ein leichter Wind war aufgekommen, der den Philosophen vorwärts schob. Es ist leicht, sich lustig zu machen, dachte er. Aber es ist schwer, sein Denken so heiter zu halten, daß es das grundernste Besinnen dazu bringt, an sich selbst zu zweifeln.

Jaspers

Der Philosoph Karl Jaspers, den seine Krankheit dazu veranlaßt hatte, die Kräfte des Tagtraums für sich zu nutzen, war nach langen Jahren noch einmal ans Meer gekommen. Über jener Insel, die ihn schon als Kind verzaubert hatte, stand der Himmel wie ein geriffeltes Dach; Wolken lehnten sich aneinander, blieben für lange Momente regungslos, so als sollten sie Luft holen für die vom Wind angewehten Tagesgeschäfte. Jaspers erinnerte sich: Dem Meer, das jetzt zum Horizont auflief wie ein graubrauner Strich (ein vergleichsweise enttäuschender Anblick!), hatte er seine eigene Festschrift gewidmet, die vom Glanz des Gewesenen zehrte und jederzeit abrufbereit blieb. Das Meer selbst war von ihm, dem Philosophen, zum philosophischen Lehrmeister ausgerufen worden: – Das Meer ist die anschauliche Gegenwart des Unendlichen, hatte er geschrieben. Unendlich die Wellen. Immer ist alles in Bewegung, nirgends das Feste und das Ganze in der doch fühlbaren unendlichen Ordnung... Das Wohnen, das Geborgensein ist uns unentbehrlich und wohltuend. Aber es genügt uns nicht. Es gibt dieses andere: Das Meer ist seine leibhaftige Gegenwart. Es befreit im Hinausgehen über die Geborgenheit, bringt dorthin, wo zwar alle Festigkeit aufhört, wir aber nicht ins Bodenlose versinken. Wir vertrauen uns dem unendlichen Geheimnis an, dem Unabsehbaren – Chaos und Ordnung...

Jaspers wischte sich eine Träne aus den Augen; – war es nur der Wind, der ihm das Wasser der Rührung ins Gesicht setzte, oder hatte es mit den Erinnerungen zu tun, die ein Genügen an sich selber fanden und von geradezu störrischer Anhänglichkeit waren? Die Zeit jedoch ließ sich nicht anhalten; sie brachte die Gegenwart ins Spiel, ein schmuck- und glanzloses Jetzt, das der illuminierten Vergangenheit, im wahrsten Sinne des Wortes, nicht mehr das Wasser reichen konnte. Jaspers blickte sich um; es war, als ob das Meer und das ihm aufliegende Land alt geworden wären – und grau. Nichts schien mehr so, wie es war. Der Weg, auf dem er ging, führte – anders als früher – durch grünbräunliche Wiesen, an durchhängenden Weidezäunen vorbei und fügte sich dann in die Wattseite ein, an der er nach Norden verlief. Es war Ebbe; wie ein ausgewalzter Schlammblock lag das dunkle Land im Meer, und der ferne Rand des Wassers zitterte im Dunst. Möwen trieben über ihm in der Luft und legten sich in den Wind. „Nein!" sagte Jaspers laut und entschieden. „Es ist nicht mehr so wie früher!" In jener Zeit, die Jaspers noch vor Augen stand, war es anders gewesen: – „Keine Welle ist der anderen gleich", hatte er damals geschrieben. „Bewegung, Licht und Farben wandeln sich ständig... Im Umgang mit dem Meer liegt von vornherein die Stimmung des Philosophierens... Das Meer ist Gleichnis von Freiheit und Transzendenz. Es ist wie eine leibhaftige Offenbarung aus dem Grund der Dinge. Das Philosophieren wird ergriffen von der Forderung, es aushalten zu können, daß nirgends fester Boden ist, aber gerade dadurch der Grund der Dinge spricht. Das Meer stellt diese Forderung. Das ist das unheimlich Einzige des Meeres..."

Jaspers setzte sich auf eine Bank. Ihm war kalt, aber er sah das, was er sehen wollte: Schiffe und Hallen kamen ihm vor Augen, Wolkenfelder, Brücken und Stege; ein Reißblatt der zur Gänze verschwundenen Sonne. Alles war ruhig, nur der Wind wehte, als zöge er immer durch prachtvolle Sommerbäume und verwunschene Felder. In der Ferne wartete ein kleines Schiff; es sah aus wie ein schwarzverhängter Dreimaster. Ein Bestattungsboot, dachte Jaspers, es nimmt Beerdigungen auf See vor. Mühsam erhob er sich; er fror nun noch mehr. Feiner Regen ging nieder und legte sich über die Lichter an Land und auf See. Jaspers ging weiter und kam an ein Gasthaus, das er von früher her kannte. Er trat ein und zuckte zusammen: Laute Musik dröhnte durch eine Gaststube, die ihm als Ort ruhiger Beschaulichkeit in Erinnerung war. Auf einer Tanzfläche bewegten sich junge Menschen, denen es bitterernst zu sein schien mit dem, was sie taten. Der Wirt, ein Herr von Statur, stand hinterm Schanktisch und sorgte sich um die Getränke. Auf einmal drängte ein vierschrötiger Mann in schwarzer Lederkluft nach vorne zum Tresen. „Ein Bier!" forderte er, und das klang recht unfreundlich. Der Wirt zeigte keine Reaktion. „Ein Bier!!" wiederholte der Vierschrötige, was sich nun fast schon drohend anhörte. „Du kannst ein paar auf die Nuß bekommen!" sagte der Wirt eher beiläufig. „Ich hol' mir mein Bier", verkündete der Mann im schwarzen Leder. Die Leute am Tresen wichen zurück. „Kannst du nicht hören?" sagte der Wirt. Blitzschnell kam seine Hand hinter dem Zapfhahn hervor, und mit Daumen und Zeigefinger hatte er die Nase des unerwünschten Gastes und den dazugehörigen Kopf zu sich herübergezogen. „Wenn ich Lokalverbot erteile, hat man sich daran zu halten!" rief er und drückte die Nase wie einen Hartgummiball. „Au . . .", machte der Vierschrötige, und der Wirt, immer noch hinter dem Tresen, führte ihn an der Nase einmal an der Theke entlang und wieder zurück, wobei sein Arm wie ein Strombügel über die Biergläser fuhr und die Richtung angab, die der mißliebige Gast, gezogen im eisernen Nasengriff, einzuschlagen hatte. Die Gäste an der Theke standen Spalier, und als der Wirt mit den Worten: „Da hat der Zimmermann das Loch gelassen . . ." dem Vierschrötigen endgültig die Türe wies, worauf dieser sich, mit roter Nase und ohne zu murren, trollte, klatschten alle Beifall. Der Wirt deutete eine Verbeugung an. „Danke", sagte er, „es war uns allen ein Vergnügen . . ." – Jaspers verließ das Gasthaus. Eine seltsame Heiterkeit befiel ihn, die auch nicht nachlassen wollte, als er sich, wie nach jedem Tagtraum, auf seinem Arbeitssofa wiederfand. Er nahm das Manuskript zur Hand, an dem er gearbeitet hatte, und notierte: „Man scheint sich daran zu freuen, daß die Sitten rauher geworden sind. Die Menschen gehen schon lange nicht mehr pfleglich miteinander um! – Darunter hat auch die Natur zu leiden. – Und die Philosophie? Sie versteht es, Anklageschriften aufzusetzen, aber noch immer hat sie es nicht gelernt, sich zu wehren . . ."

Bloch

Der Philosoph Ernst Bloch war mit dem Zug ein Stück weit ins Land gefahren; er wollte wandern, Ruhe finden, die Erinnerungen abschleifen im unbehausten Gelände. Die Gegend, in der er sich befand, kannte er nur vom Hörensagen – eine karge Hochfläche, über die, wie es hieß, immer ein kalter Wind wehte. Der Philosoph hatte sich also warm angezogen; er mochte es nicht, wenn er fror wie der Helfer im Beinhaus. Für alle Fälle hatte er noch ein Fläschchen dabei, mit dem er der hündischen Kälte, falls sie denn kam, zu Leibe rücken konnte. Bloch ging aufs Geratewohl los; er wußte, daß er ankommen würde. Der kalte Wind, fand er, war gar nicht so kalt, zudem kam er von hinten und schob den Philosophen förmlich an. Mühelos nahm er die Anstiege; wellig war das Land, wie von rauher Götterhand ausgelegt. In der Ferne wuchsen schwarze Wälder auf; der Himmel leuchtete und fiel zur Erde. Obwohl er keineswegs fror, gönnte sich Bloch einen Schluck aus dem Fläschchen; er fühlte sich wie berauscht von der süffigen Luft, der Weite, dem faulen Zauber der Landschaft.

Er war allein, aber alles andere als einsam; befeuernde Gedanken stiegen in ihm auf, die er nur zu gut kannte, obwohl sie ihm nun fast wie neu vorkamen – wie frisch ausgeheckt. Es war ihm, als ob er eine Rede halten müßte, die nur ihm selber galt; der Wind war bereit, sie verwehen zu lassen. „Nun haben wir zu beginnen", rief Bloch und lachte. „Es ist genug. In unsere Hände ist das Leben gegeben. Für sich selber ist es längst schon leer geworden. Es taumelt sinnlos hin und her, aber wir stehen fest, und so wollen wir ihm seine Faust und seine Ziele werden. Was jung war, mußte fallen, aber die Erbärmlichen sind gerettet und sitzen in der warmen Stube. Der Triumpf der Dummheit, beschützt vom Gendarm, bejubelt von den Intellektuellen."

Was für eine schöne Rede, dachte Bloch, sie ist es wahrlich wert, nicht gehört zu werden. Ihm kam es vor, als ob er Schritte hinter sich hörte; sollte ihm jemand folgen – in dieser Hocheinsamkeit? Er blieb stehen und drehte sich langsam um: Tatsächlich, ein Mann war ihm nachgestiegen, ein grünuniformierter Mensch mit derbem Schuhwerk, der nun zu dem Philosophen aufschloß. Der Gendarm, dachte Bloch, das muß der Gendarm sein, den ich mir vorhin aus gutem Grund ausgedacht habe. Nun will er mich verhaften wegen meiner unbotmäßigen Rede.

„Guten Tag", sagte der Mann, der bei genauerem Betrachten eher wie ein Förster aussah. Oder wie ein modisch herausgeputzter Jäger? Auf jeden Fall hatte er ein Gewehr über der Schulter. „Guten Tag", sagte der Philosoph, der sich nun doch sehr aufgeschreckt fühlte. „Sie haben vorhin so schön laut vor sich hin gesprochen. Als wenn Sie eine Rede einüben wollten, sagte der Mann." „Das ist nicht verboten", erwiderte Bloch. „Gewiß nicht", meinte der Mann. „Es hat mir ja auch gefallen. Ich meine: Es paßte in diese Landschaft, in diese wunderbare und, wie Sie sehen, auch widerrufbare Einsamkeit, die ich nicht weniger schätze als Sie. Können Sie nicht einfach weitermachen mit Ihrer Rede?" Der Philosoph mußte lachen. „Sie sind mir ein Kauz", sagte er. „Wenn ich Sie recht verstehe, soll ich weiter meines Weges gehen, und Sie folgen mir unauffällig." „Ich möchte neben Ihnen gehen, wenn's recht ist", sagte der Mann. „Ich gehe neben Ihnen, und Sie fahren fort mit Ihrer Rede; Sie brüllen sie aus." „Das Brüllen ist nicht so mein Fall", sagte Bloch und dachte an das Gewehr, das diesem seltsamen Oberförster oder Hochflächenjäger zur Verfügung stand. „Also gehen wir", sagte der Mann. „Schön, daß Sie einverstanden sind." „Eigentlich wäre ich lieber allein", sagte der Philosoph. „Kommen Sie", sagte der Mann. „Sie haben keine Wahl." So setzten sie denn gemeinsam ihren Weg fort. Bloch fühlte sich beobachtet; der Uniformierte ging schweigend neben ihm her, der Lauf seines Schießprügels zeigte zum Himmel. „Ich höre", sagte der Mann. – „Ich höre Ihre Rede." „Aber ich habe doch noch gar nicht wieder angefangen", sagte

Bloch. Alle Leichtigkeit war von ihm gewichen; die Schritte wurden ihm schwer, und die sanften Anstiege machten ihm Mühe. „Fangen Sie an", sagte der Mann.

Ich muß mich denn wohl in das Unvermeidliche fügen, dachte der Philosoph. „Das Rechte zu finden", rief er dann, „um dessentwillen es sich ziemt, zu leben, organisiert zu sein, Zeit zu haben – dazu gehen wir, hauen wir die phantastisch konstitutiven Wege, rufen, was nicht ist, bauen ins Blaue hinein, bauen *uns* ins Blaue hinein und suchen dort das Wahre, Wirkliche, wo das bloß Tatsächliche verschwindet." „Ausgezeichnet", sagte der Mann. „Machen Sie bitte weiter." „Ich würde gern Rast machen", sagte Bloch. „Ich bin müde." „Auf einmal", sagte der Mann. „Das sieht mir eher nach taktischer Müdigkeit aus. Aber da vorn ist eine Bank. Da können Sie sich ein wenig ausruhen. Zuvor allerdings möchte ich noch etwas von Ihnen hören."

„Also gut", sagte Bloch. „Fahren und Erfahren. Der Reiseplan des Wissens; Seele, Tiefe, über allem ausgespannter Traumhimmel, gestirnt vom Boden bis zum Scheitel – es entrollen sich die wahren Firmamente, und unaufhaltsam zieht unsere Straße des Ratschlusses bis zu jenem geheimen Sinnbild hinüber, auf das sich die dunkle, suchende, schwierige Erde seit Anbeginn der Zeit zubewegt."

„Gut gebrüllt, Löwe", sagte der Mann, und da hatten sie auch schon die Bank erreicht; der Philosoph ließ sich fallen, die Augen wurden ihm schwer. „Jetzt wird noch nicht geschlafen", sagte der Jäger; Bloch wußte nun, daß es ein Jäger war, ein Menschenjäger, dessen Stimme von weit her kam. „Aber ich bin doch so müde", murmelte Bloch.

Als er erwachte, saß er allein auf einer Bank und fror. Vor ihm tat sich der schwarze Wald auf. Mühsam erhob er sich; der Wind blies ihm nun frech und kalt entgegen. Ich bin der, von dem man nie mehr loskommt, dachte Bloch. Erst sehr weit hinaus ist alles, was einem begegnet und auffällt, das Selbe.

Wittgenstein

Der Philosoph Ludwig Wittgenstein war dem dicken, rothaarigen Mann gefolgt, der so überzeugend nach Whisky roch, daß man ganz einfach Vertrauen zu ihm haben mußte. „Sie werden sich wohlfühlen auf Rosro Cottage", sagte der Mann. Sicher doch, dachte der Philosoph. Man muß sich selber die Mutproben abnehmen, jeden Tag und mehr noch in der Nacht. Wer sich nicht selbst befeuert, stirbt bei lebendigem und leicht faulendem Leib.

„Wir sind da", sagte der Mann. „Rosro Cottage. Die Perle der irischen Westküste, und Sie allein dürfen sie zum Glänzen bringen. Wie gefällt es Ihnen, Sir?" „Na ja", ächzte Wittgenstein. „Auch hier braucht man wohl seine Zeit." – Er schaute sich um. Das Landhaus, das er sich, nach Ratschlag eines Freundes und doch auf gut Glück ausgesucht hatte, war eher ein Häuschen; der irische Wind schien es klein bekommen zu haben im Lauf der Jahrhunderte: Es duckte sich am Hang; unter einem sturmschiefen aschgrauen Dach lugten drei Türen hervor. „Vergessen Sie nicht, den Kopf einzuziehen, wenn Sie aus dem Haus gehen", sagte der Mann. „Im Moment will ich erstmal hinein", meinte Wittgenstein. „Innen ist das Haus sehr geräumig", sagte der Mann. „Kommen Sie." Der Philosoph folgte ihm; hocherhobenen Hauptes ging er auf die mittlere der drei Türen zu, die sich beim Näherkommen förmlich zu strecken schien und sich wie von Geisterhand öffnete. „Sehen Sie", sagte der Mann. „Habe ich Ihnen zuviel versprochen?"

„Ich sehe gar nichts", sagte Wittgenstein. „Es ist arg düster hier." „Warten Sie. Ich mache Licht an. Dann wird Ihnen heimgeleuchtet. Es gibt keinen schöneren Flecken an der Westküste als Rosro Cottage", sagte der Mann, „da laß ich nicht mit mir reden." „Das fürchte ich auch", sagte Wittgenstein. „Deswegen bleibe ich. Und bitte Sie hiermit zu gehen."

„Mit Vergnügen", erwiderte der Mann. „Ich bin froh, wieder nach Hause zu kommen. Übrigens, was da rauscht und tost vor Ihrem Haus, ist das wilde Meer." „Danke", sagte der Philosoph. „Darauf wäre ich nun wirklich nicht gekommen." Am nächsten Tag regnete es. Wittgenstein ging gegen den Wind. Das Meer warf sich auf; die Wogen brachen am Fels und wurden an Land gedrückt. Treibgut lag am Strand; alle zehn Meter lugte eine leere Whiskyflasche aus dem Sand. Keine Botschaften, die man mir schickt, dachte der Philosoph. Nur dieser gewaltige Himmel über mir und die vorlaute See. Treibjagd der Wolken. Imposante Gebilde. Nimmersatt. Wer ist der Jäger, der dort oben und längst auch auf Erden die Schonzeit unter Strafe gestellt hat? Wer ist er; muß man ihn kennen? Oder gar benennen? Die Reise der Wolken; sie ist wie unser Sprachspiel etwas Unvorhersehbares. Sie ist nicht begründet. Nicht vernünftig, (oder unvernünftig). Sie steht da – wie unser Leben. Es wurde ein sehr langer Spaziergang. Wittgenstein hatte das Gefühl, das Meer zu umrunden; der jagende Himmel über ihm, der das Land hob und zu Wasser brachte, gab ihm Geleitschutz. Im Regen ging er und spürte nur sich selbst; alles, was war, versorgte ihn mit den absonderlichsten Bildern. Als er zurückkehrte, war er so müde, daß er sich gleich ins Bett legte und einschlief. Am nächsten Morgen spürte er die alte Verzweiflung und die neu hinzugekommenen Schmerzen. Er ging vors Haus: Das Meer war fast gar nicht zu sehen, und der zusammengeschnurrte Horizont glich einer verhängten Fallbeilskulptur. Unruhig ging der Philosoph auf und ab; gegen Mittag setzte er sich hin und versuchte, einen Brief zu schreiben. „Es ist mir in der letzten Zeit nicht gut gegangen", notierte er. „Seele, Geist & Körper. (Haben wir noch immer das Jahr 1948??) Viele Wochen lang fühlte ich mich übermäßig niedergeschlagen, dann wurde ich krank & jetzt bin ich schwach & völlig lustlos. Fünf bis sechs Wochen lang habe ich überhaupt nichts gearbeitet. Ich lebe hier allein in einem Cottage an der Westküste, direkt am Meer, von jeder Zivilisation weit entfernt..." In der Nacht lag Wittgenstein wach; er hörte das Rauschen der Brandung, ein asthmatischer Wind machte sich an seinem geliehenen Häuschen zu schaffen, das noch immer nicht klein beigeben mochte. Im Morgengrauen, das seinen Namen verdiente, verfiel er in einen dumpfen Sackschlaf; er rührte sich nicht, bis ihm Licht vor die Augen kam: Mit einem Mal war da ein kleiner, vierschrötiger, sehr alter Mann, den er zu kennen glaubte; ja, das war er, *der* Dichter, sein russischer Freund, den er so gut verstand, obwohl er ihm nie leibhaftig begegnet war. „Mein guter unbekannter Freund", sagte der alte Mann. „Ich weiß, was du durchmachen mußt. Als ich vor etwa vierzig Jahren starb, war mir klar, daß ich weiterleben würde. Der Mensch führt sein Erdendasein nun mal nicht ungestraft, und aus der irdischen Zeit wird die Ewigkeit. Leide, mein Freund, und sei getröstet in dem Gedanken, daß dieses Leiden kein Ende hat. Mein Gott, habe ich oft gerufen, mein Gott, wie schwer ist es, zu leben *nur* vor Gott... Aber man muß, man *muß* so leben, weil nur solch ein Leben ein Leben ist. Du mußt aushalten, mein Freund; aushalten."

Als der Philosoph erwachte, fühlte er sich gerädert und merkwürdig erfrischt zugleich. Draußen schien der Wind zum Sturm werden zu wollen, und das Meer brandete an seine drei Türen. Auf dem Tisch lag noch der Brief, den er tags zuvor begonnen hatte, und Wittgenstein schrieb: „Natürlich ist alles (!) nicht wahr... Heute allerdings hat sich zum ersten Male seit mehr als zwei Jahren der Vorhang in meinem Hirn wieder gehoben. Morgen kann alles wieder vorbei sein, aber augenblicklich tut's mir sehr wohl... (Gut auch, daß sich kein Besuch hierher ins Cottage nach Renvylle verirrt. Mir genügt's, wenn sich ab & zu ein russischer Freund hören läßt. – Er wußte: ‚Um an die Unsterblichkeit zu glauben, muß man ein unsterbliches Leben leben'... Aber er wußte auch: ‚Es ist leichter, zehn Bände Philosophie zu schreiben, als einen einzigen Grundsatz in der Praxis durchzuführen.')"

Heidegger

Der Philosoph Martin Heidegger saß vor seiner Hütte; er hatte ein Glas Wein vor sich und fühlte sich – dafür konnte er nicht zur Rechenschaft gezogen werden – behaglich und sicher. Über ihm wölbte sich der Sternenhimmel; im Tal sah er die Lichtpunkte der widerständig-verschwiegenen Schwarzwälder Behausungen, ein leichter Wind ging, und Heidegger dachte daran, daß in Nächten wie dieser das Denken fast heiter-resignierend zum Erliegen kommen mußte. Alles war so, wie es sein sollte; er, ein in die Jahre gekommener Philosoph, saß hier und wurde flugs wieder jung: Die Zeit hielt inne, ließ sich, nur im Traumspiel einer einzigen wiederholbaren Nacht, noch einmal neu in die Karten schauen.

Er sah sich, nun schon mit geschlossenen Augen, als stämmigen Studenten die Schneeberge hinabjagen, ein Skifahrer auf Abwegen, der sich die Höhenflüge erfuhr; an seiner gewaltigen Zipfelmütze wuchsen Eiskristalle, und vom Fahrtwind bewegt fing die beinhart gefrorene Bommel an zu schlagen, als müsse er ihm, dem seine Spur haltenden Denker, einige schnelle Glockenklangfolgen des Ewigen mit beigeben. „Aus dem Weg!" rief er, denn einige hilflos vor sich hinstaksende Anfänger rutschten ihm von der Seite her in die Piste. „Aus dem Weg!" Gehorsam warfen sie sich, um seiner rasenden Zielschußfahrt zu entgehen, in den Schnee; er stob an ihnen vorbei und erkannte im Vorüberfliegen noch einige Professoren der Philosophie, die ihm, wen wundert's, erstaunlich klein vorkamen. Unten, im Hofsgrund, kam er vor einem Wirtshaus zum Stehen, und er schnallte ab, um sich einen Schlummer- und Stärkungstrunk zu gönnen.

In der rauchgeschwängerten Gaststube aber war alles voll, und so hielt es der Philosoph Heidegger für zweckmäßig, die Augen wieder zu öffnen. Noch immer breitete sich die sternenklare Nacht über ihm, und die Lichter standen bereit in der Senke; der Wind aber war heftiger geworden und vor allem kühler. Irgend jemand hat frecherweise mein Weinglas ausgetrunken, dachte Heidegger. Kaum ist man ein wenig eingenickt, kommen heimtückische Zecher aus dem Gebüsch, um alles hinwegzupokulieren, was ihnen in die trübsinnigen Augen sticht. Er erhob sich seufzend, nahm sein Weinglas zur Hand und ging in die Wohnküche, wo unter der Lampe die Weinflasche stand, aus der er nachzuschenken gedachte. Auf dem Tisch aber war gar nichts Trinkbares zu entdecken, sondern nur ein am Kopfrand beschriebenes Blatt Papier. Wo kommt denn diese Manuskriptseite her, dachte der Philosoph, ist denn hier oben, noch unter der Baumgrenze, mittlerweile auch schon die Unordnung eingekehrt? Es würde mich nicht wundern, wenn die Weinflasche dafür in der Studierzelle steht; dort, wo sie wahrlich nicht hingehört.

Da seine Vermutung den Tatsachen entsprach, nahm er, jetzt fast verschämt wirkend, die Weinflasche vom Schreibtisch und ging zurück in die Wohnküche. Er schenkte sich ein, und sein Blick fiel auf das mit zarten Weinflecken versehene Blatt Papier. „Ich erfahre", stand da zu lesen, „den stündlichen, täglich-nächtlichen Wandel der Landschaft im großen Auf und Ab der Jahreszeiten. Der Gang der Arbeit bleibt in das Geschehen der Landschaft eingesenkt."

Heidegger, der sich auf einmal beobachtet, ja: ausgespäht vorkam, nahm am Tisch Platz, und er ergänzte das Geschriebene um den Satz: „In der hellen Nacht des Nichts der Angst ersteht erst die ursprüngliche Offenbarkeit des Seienden." Schon wieder war jemand an meinem Weinglas, dachte er, als er sich danach erhob, und er sah seine Frau in der Tür stehen, die ihn vorwurfsvoll, aber nicht unfreundlich anschaute. „Komm, Martin", sagte sie. „Eh du mir gänzlich ein anderer wirst. Es ist spät."

Am nächsten Morgen brummte dem Philosophen der Schädel, und nach dem Frühstück, das ihm nicht recht munden wollte, machte er sich auf zu einem Gang ins Freie. „Bleib bitte nicht so lange weg", sagte seine Frau. „Es gibt und es gab eine

Rückkunft", erwiderte er und schnürte die schweren Wanderschuhe fürs unbehauene Gelände. Draußen, vor der Hütte, empfing ihn ein seltsames Zwielicht: Der Himmel wirkte wie aufgelöst; Wolken trieben dahin, und der Widerschein des Lichts legte sich über Bergburgen und Senken. Heidegger ging seines Weges; ab und zu drückte es ihn ein in die Erde, und er hatte Mühe vorwärtszukommen. Im Wald war es still; es gab nur den Lärm, den der mächtig ausschreitende Philosoph ins Gehölz brachte. Nein! dachte Heidegger. Es ist kein Meinsein, wohl aber Einsamkeit.

In einer Lichtung setzte er sich auf einen Baumstumpf. Nun spürte er seinen trägen Herzschlag, und mit einem Mal kam Leben ins Wäldchen. Kleinvieh raschelte im Laub; Vögel lärmten in den Bäumen, und in naher Ferne schien sich jemand mit einer Säge zu schaffen zu machen. Aus dem Sperrgestrüpp hinter dem Philosophen kam plötzlich ein Mann gekrochen, ein kleiner, untersetzt wirkender Mann mit derber Zipfelmütze auf dem Schädel. „Darf ich mich zu Ihnen setzen?" fragte er und nahm neben ihm auf dem Stumpf Platz. „Nein", sagte der Philosoph. „Ich weiß", sagte der Mann, „es ist kein Meinsein, wohl aber die Einsamkeit! In den großen Städten kann der Mensch zwar mit Leichtigkeit so allein sein wie kaum irgendwo sonst. Aber er kann dort nie einsam sein. Denn Einsamkeit hat die ureigene Macht, daß sie uns nicht vereinzelt, sondern das ganze Dasein loswirft in die weite Nähe des Wesens aller Dinge." Der Philosoph sah zur Seite, und er ahnte, wer der lästige Mensch war, der sich ihm da zugesellt und aufgedrängt hatte. Den werde ich wohl nie mehr los! dachte er voller Ingrimm. Dieses Bürschchen weicht mir nicht mehr von der Seite. Immer redet es mir dazwischen, immer hat es etwas zu sagen und schwelgt in der einschüchternden Kargheit seiner Gedanken. Ich kann diesen im großen und ganzen doch wohl entschieden zu klein geratenen Mann nicht leiden! Aber er wird mir folgen, ein Leben lang.

Horkheimer

Der Philosoph Max Horkheimer kam sich mit einem Mal klein und häßlich vor. Was für eine Schnapsidee, mit seinem wohlgehüteten Geheimnis an die Öffentlichkeit gehen zu wollen, auch wenn diese Öffentlichkeit im Moment nur aus dem Verleger Diether W. Pinkernagel bestand, der ihm, dem Philosophen, hinter einem breiten Schreibtisch gegenübersaß und mißmutig die Stirn runzelte. Horkheimers Geheimnis war ein Theaterstück mit dem Titel „Herr und Frau Schopenhauer", das er vor Jahren geschrieben und ängstlich verwahrt hatte, bis ihn auf einmal doch noch die unglückselige Kühnheit befiel, das Werk eben jenem Verleger Pinkernagel anzubieten, über dessen Verlag vorwiegend positive Mitteilungen im Umlauf waren. Pinkernagel leitete den FVV (Frankfurter Verlags-Verbund), einen Zusammenschluß kleinerer Frankfurter Verlage, „die als Gruppe", wie es in einer zeitgenössischen Kritik hieß, „zu einem jungen, ambitionierten Unternehmen wurden, das jenseits aller Modernismen eine fast altertümliche Liebe zur Literatur zum Programm erhoben hat und, erstaunlich genug, auch in Verkaufserfolg ummünzen konnte". Der Verleger, ein Mann unschätzbaren Alters mit schmalem Kinnbart und militärisch gestutztem Haupthaar, blätterte in Horkheimers Manuskript. Er sieht unglücklich aus, dachte der Philosoph. Und dafür bin ich verantwortlich. Hätte ich mein Stück nur in der Schublade belassen, dort wo es hingehört. „Mein lieber Herr", sagte Pinkernagel und kratzte sich am Kopf. „Die Lektüre ihrer Schrift hat mir mächtige Gefühle bereitet. Soll ich Ihnen sagen, warum?" „Ich bitte darum", krächzte Horkheimer. „Mögen Sie etwas trinken?" fragte Pinkernagel. „Die Luft hier ist so trocken. Ich werde uns zwei lange Drinks kommen lassen ... Sie verstehen, was ich meine?" „Nein, sagte Horkheimer. „Ausgezeichnet", meinte Pinkernagel. „Damit wären wir wieder beim Thema. Ihr Stück also. Es ist kühn, zugegeben. Die Grundidee, daß Schopenhauer, der bewährte Junggeselle, auf einmal verheiratet ist, eine Frau hat und selber noch immer lebt: diese Idee finde ich gar nicht übel. Das Stück aber, das Sie daraus gemacht haben, ist ganz und gar bühnenuntauglich. Und auch nicht witzig." Horkheimer sank in sich zusammen. Das also war das Urteil, dachte er. Vermutlich gibt es keine Bewährung. „Nehmen Sie zum Beispiel gleich die erste Szene, Seite eins", sagte Pinkernagel. „Dort heißt es: Im Schlafzimmer der Schopenhauers, gegen Morgen. Frau Schopenhauer sitzt aufrecht im Bett; ihr Gatte, eingerollt in seine Decken, liegt auf der Seite und stößt in unregelmäßigen Abständen mächtige Schnarchlaute aus. Frau Schopenhauer: ‚Es ist nicht aus-zuhalten ... mit ihm. Ein Leben an seiner Seite, ein Leben lang; kein Auge zugetan. Ein Walroß ist er, rücksichtslos. Die Welt, die ihn für bedeutend hält, überzieht er mit seinem tieri-schen Schnarchen.' – Sie stößt ihren Mann an; Schopenhauer grunzt unwillig auf. Er dreht sich auf die andere Seite und schläft seltsam säuselnd weiter ... Finden Sie das etwa witzig, Herr –?" „Es war vielleicht gar nicht witzig gemeint", sagte Horkheimer, „sondern nur realistisch." „Realistisch!" rief Pin-kernagel. „Daß ich nicht lache. Ist das etwa auch realistisch, was Sie auf Seite sechs schreiben? Dort lesen wir, daß Scho-penhauer im Schlaf spricht und folgendes zum besten gibt: ‚Nein, nein und nochmals nein! Es kann gar nicht genug Eh-rungen geben – für mich ... Es ist mir eine Ehre, Herr Präsi-dent. Ich weiß die Auszeichnung zu würdigen. Natürlich wer-de ich den damit verbundenen Scheck einem wohltätigen Zweck zuführen ... Ich zahle ihn, mit anderen Worten, sehr schnell auf mein Konto ein ... Wie meinen Sie? Ein neues Werk? Nein, ein neues Werk ist, glaube ich, nicht mehr von mir zu erwarten ... In meinem hohen Alter, wissen Sie ... Außerdem habe ich alles gesagt. Die Gesamtausgabe meiner Werke, vom handschriftlichen Nachlaß ganz zu schweigen, umfaßt sieben stattliche Bände ... Wenn Sie die alle gelesen haben, sind Sie ein weiser Mann ... Ja, auch Sie, Herr Mini-ster' ... Und so weiter und so fort. Ich weiß nicht, was Sie sich dabei gedacht haben." „Schopenhauer hat wirklich im Schlaf gesprochen", sagte Horkheimer, „das ist erwiesen. Es gibt sogar eine Dissertation darüber." „Mag ja sein", meinte Pinkernagel. „Aber auf dem Theater gelten eigene Gesetzmäßigkeiten, die Sie leider nicht zu kennen scheinen. Nehmen Sie beispielsweise die zweite Szene. Da wird es in Ihrem Stück nun vollkommen absurd. Ich zitiere: ‚Das Badezimmer der Schopenhauers. – Schopenhauer, im Nachthemd und sehr unausgeschlafen wirkend, kommt durch die Tür herein; sein mächtiger Haarbusch steht ihm zu Berge. Er äugt mißmutig in den großen Spiegel über dem Doppelwaschbecken und schüttelt in gespielter Verzweiflung den Kopf. Dann entledigt er sich seines Nachthemds, das er an einen Haken hängt. Er steht nun in einer eindrucksvollen Unterhose da. Noch einmal starrt er in den Spiegel, geht ganz nah an das Glas heran, so daß er sozusagen das Rote in seinem Auge sehen kann. – Schließlich bewaffnet er sich mit einem bereitliegenden kolossalen Schwamm: Er tränkt ihn mit kaltem Wasser und beginnt mit seiner Morgenwäsche. Schopenhauer prustet; mit dem Schwamm versucht er, auch die etwas entfernteren Körperteile zu erreichen, was sichtliche Mühe bereitet." „Ich weiß nicht, wie Sie sich waschen", sagte Horkheimer. „Darum geht es doch gar nicht", rief Pinkernagel. „Es geht um Schopenhauer. Und den lassen Sie beim Waschen zu allem Übel auch noch einen Monolog halten. Er sagt: ‚Seit mehr als sieben Jahrzehnten wasche ich mich – kalt, immer nur kalt, sommers wie winters ... Die modernen Feiglinge findet man in der Badewanne, wo sie ihr lauwarmes Vollbad nehmen, gewürzt mit ätzenden Chemikalien und gesundheitsschädlichen Parfümerien. Pfui Teufel.' Und dann fährt er, in den Spiegel starrend, fort: ‚Warum, trotz aller Spiegel, weiß man eigentlich nicht, wie man aussieht – und kann daher nicht die eigene Person, wie die jedes Bekannten, der Phantasie vergegenwärtigen? – Ohne Zweifel liegt es zum Teil mit daran, daß man im Spiegel sich nie anders als mit gerade zugewendetem und unbeweglichem Blick sieht, wodurch das so bedeutsame Spiel der Augen, mit ihm das Charakteristische des Blickes, großenteils verlorengeht ...' Nein, nein, ver-

ehrter Herr – so geht es nicht." „Der letzte Satz war vermutlich von Ihnen", sagte Horkheimer, „die davor stammten zumeist von Schopenhauer. Ich gehe aber wohl recht in der An-
nahme, daß Sie mein Stück nicht verlegen wollen?" „So ist es",
sagte Pinkernagel. „Und warum haben Sie mich dann überhaupt kommen lassen?" fragte Horkheimer. „Zum einen, weil
ich Ihnen ihr Werk persönlich zurückgeben möchte", sagte
Pinkernagel und warf dem Philosophen das Manuskript in den
Schoß. „Und zum anderen, weil ich Sie bitten möchte, mir einen Satz zu erklären, den Sie in einem Ihrer philosophischen
Werke geschrieben haben. Dieser Satz, den ich mir vor Jahren
schon aufgeschrieben habe, lautet: ‚Die kleinsten innerweltli-
chen Züge haben Relevanz fürs Absolute, denn der mikrologi-
sche Blick zertrümmert die Schalen des nach dem Maß des
subsumierenden Oberbegriffs hilflos Vereinzelten und sprengt
seine Identität, den Trug.' " „Dieser Satz ist nicht von mir",
sagte Horkheimer. „Er kann nur von meinem Kollegen Adorno stammen. Aber vielleicht hat der ja auch ein Theaterstück
geschrieben, das er Ihnen schicken darf, damit Sie es ihm persönlich zurückreichen können."

Adorno

Der Philosoph Theodor W. Adorno setzte sich einmal zu dem Philosophen Martin Heidegger an den Tisch.

Dieses denkwürdige Ereignis, von dem wir erst kürzlich Kenntnis erhalten haben, fand im Bahnhofsrestaurant von Bad Krozingen statt, und da beide, Adorno und Heidegger, einander nicht kannten, konnte es zu dem folgenden, freundlich gehaltenen Zwiegespräch kommen.

Adorno (er hatte sich gerade einen Hubertustopf mit Spätzle und gemischtem Salat sowie ein großes Spezi bestellt): „Ach ja! Wenn man bedenkt, daß das philosophische Denken – nach Abstrich von Raum und Zeit – weder Reste zum Gehalt hat noch generelle Befunde über Raumzeitliches . . .“

Heidegger (er wartete seit geraumer Zeit auf einen Jägertoast und ein Glas Bollschweiler Ölegarten): „Sie sagen es! Dabei fragen wir uns doch immer wieder, ob das Dasein nur Gewesenes im Sinne des Dagewesenen ist – oder gewesen als Gegenwärtigendes-Zukünftiges, in der Zeitigung seiner Zeitlichkeit.“

Adorno: „Eben. Wo ein absolut Erstes gelehrt wird, ist allemal, als von seinem sinngemäßen Korrelat, von einem Unebenbürtigen, ihm absolut Heterogenen die Rede; prima philosophia und Dualismus gehen zusammen. Um dem zu entrinnen . . .“

Heidegger: „Müssen wir uns wieder auf das aus dem Sichvorweg entnommene Phänomen des Noch-nicht besinnen. Es ist ja so wenig wie die Sorgestruktur überhaupt eine Instanz gegen ein mögliches existentes Ganzsein, daß dieses Sichvorweg ein solches Sein zum Ende allererst möglich macht. Aber, verzeihen Sie bitte, ich habe Sie unterbrochen.“

Adorno: „Das macht nichts. Je selbstherrlicher das Ich übers Seiende sich aufschwingt, desto mehr wird es unvermerkt zum Objekt und widerruft ironisch seine konstitutive Rolle.

Denken bricht in zweiter Reflexion die Suprematie des Denkens über sein Anderes, weil es Anderes immer in sich schon ist."

Heidegger: „Leider denken ja nicht alle so wie Sie. Die meisten haben längst vergessen, daß in der einfachsten Handhabung eines Zeugs das Bewendenlassen liegt. Das Wobei desselben hat den Charakter des Wozu; im Hinblick darauf ist das Zeug verwendbar oder in Verwendung. Das Verstehen des Wozu, das heißt des Wobei der Bewandtnis, hat die zeitliche Struktur des Gewärtigens."

Adorno: „Allerdings. Wen wundert's da noch, daß der Gedanke, der nichts positiv hypostasieren darf außerhalb des dialektischen Vollzugs, über den Gegenstand hinausschießt, mit dem eins zu sein er nicht länger vortäuscht; er wird unabhängiger als in der Konzeption seiner Absolutheit, in der das Souveräne und das Willfährige sich vermengen. Vielleicht zielte darauf die kantische Exemtion der intelligiblen Sphäre von jeglichem Immanenten."

Heidegger: „Meinen Sie? Ich glaube eher, daß der Umgang mit Zeug sich letztlich doch der Verweisungsmannigfaltigkeit des Umzu unterstellt. Die Umsicht bewegt sich in den Bewandtnisbezügen des zuhandenen Zeugzusammenhangs . . . Guten Appetit darf ich wünschen!"

Adorno: „Danke. Ihnen auch. Der mythische Bann hat sich ja säkularisiert zum fugenlos ineinandergepaßten Wirklichen. Das Realitätsprinzip, dem die Klugen folgen, um darin zu überleben, fängt sie als böser Zauber ein; sie sind desto weniger fähig und willens, die Last abzuschütteln, als der Zauber sie ihnen verbirgt: Sie halten sie für das Leben. Alles, was heutzutage Kommunikation heißt, ausnahmslos, ist nur der Lärm, der die Stummheit der Gebannten übertönt . . ."

Heidegger (nach einer kurzen, aber deutlich vernehmbaren Pause des Ankostens): „Hm . . . Was essen Sie da, wenn ich fragen darf . . .?"

Adorno (sorgfältig kauend): „Einen Jägertoast. Etwas pappig, aber geschmacklich erfreulich neutral. Und Sie? Sind Sie mit Ihrem . . ."

Heidegger: „Mit meinem Hubertustopf will ich nicht unzufrieden sein. Man ahnt, was man ißt, und weiß doch nicht . . ."

Adorno: „Daß eine Art Versenkung ins Detail wie auf Verabredung jenen Geist zutage fördert, der als Totales und Absolutes von Anbeginn gesetzt war."

Heidegger: „Dabei kann die durchschnittliche Alltäglichkeit ja durchaus bestimmt werden als das verfallend-erschlossene, geworfen-entwerfende In-der-Welt-sein. Ob es aber gelingen kann, dieses Strukturganze der Alltäglichkeit des Daseins in seiner Ganzheit zu erfassen?"

Adorno: „Warum nicht . . . Das Moment von Selbständigkeit, Irreduktibilität am Geist dürfte doch wohl zum Vorrang des Objekts stimmen. Wo Geist heute und hier selbständig wird, sobald er die Fesseln nennt, in welche er gerät, indem er anderes in Fesseln schlägt, antizipiert er, und nicht die verstrickte Praxis, Freiheit . . ."

Heidegger: „Dieser phänomenale Befund ist nicht wegzudeuten. Das Gewissen ruft das Selbst des Daseins auf aus der Verlorenheit in das Man. Das angerufene Selbst bleibt in seinem Was unbestimmt und leer."

Adorno: „Unter anderem wohl auch, weil der Überschuß übers Subjekt, den subjektive metaphysische Erfahrung nicht sich möchte ausreden lassen, und das Wahrheitsmoment am Dinghaften Extreme sind, die sich berühren in der Idee der Wahrheit. Denn diese wäre so wenig ohne das Subjekt, das dem Schein sich entringt, wie ohne das, was nicht Subjekt ist und woran Wahrheit ihr Urbild hat. Unverkennbar wird reine metaphysische Erfahrung blasser und desultorischer im Verlauf des Säkularisierungsprozesses, und das weicht die Substantialität der älteren auf. Sie verhält sich negativ in jenem *Ist das denn alles?*, das am ehesten im vergeblichen Warten sich aktualisiert."

Heidegger (auf die Uhr blickend): „In der Tat . . . Sie geben mir das Stichwort . . . Es wird, glaube ich, Zeit . . ."

Adorno: „Für mich, denke ich, auch . . . (laut) Herr Ober, können wir bitte zahlen?"

Ober (mißmutig): „Ich hoffe, doch . . ."

Sartre

Der Philosoph Jean-Paul Sartre saß eines Tages im russischen Restaurant „Dominique" und wartete auf seine Gefährtin Simone de Beauvoir, die sich jedoch offensichtlich verspätet hatte. „Schon wieder", brummte der Philosoph, „letztlich ist nur auf das Stündlein Verlaß, das man sich selber schlägt." „Bitte sehr", sagte Anton, der alte russische Kellner; er hörte erbärmlich schlecht, ließ sich dadurch aber nicht sonderlich beeinträchtigen, sondern reagierte stets mit der ihm verbliebenen Phantasie, die sich bislang noch über jeden Gast hatte erheben können. „Ich habe nichts gesagt und demzufolge auch nichts bestellt", sagte Sartre. Anton lächelte und nickte. „Wenn Sie mir jetzt schon wieder etwas zu trinken bringen", sagte Sartre, „müssen Sie es selber saufen. Und, vor allem, selber – bezahlen." „Kommt sofort!" rief Anton und begab sich in Richtung der im Halbschatten liegenden Bar, die aus der nahen Ferne so aussah, als habe sich dort ein mit endlicher Geduld ausgestatteter, mörderischer Trunkenbold verbarrikadiert. „Mein eigentlicher Sündenfall ist die Existenz des Anderen", murmelte Sartre, der zuweilen gern das Wort an sich selber richtete.

In diesem Augenblick kehrte Anton zurück und stellte einen doppelten Wodka vor ihm ab. „Mit dem Anderen meine ich natürlich den Anderen – nicht aber die ob ihrer erstaunlichen Schwerhörigkeit gefürchteten russischen Exilkellner, die seit einigen Jahrzehnten dabei sind, die französische Lebensart mit Wodka zu durchfeuchten und mit Borschtsch zu verkleben." Er nahm einen Schluck Wodka und freute sich an der Wärme, die ihm die Seele bestrich und zum Bauch hinabstieg. „Ein Wodka ist kein Whisky, zugegeben", sagte er, „aber dennoch ein feines Getränk. Man kann viel in ihm ertränken, auch die unersättliche Gewißheit der Existenz des Anderen. Wenn man rechtschaffen betrunken ist, wird einem von einem bestimmten Quantum an auch der Blick des Anderen egal sein. Ansonsten aber, in kahler Nüchternheit, ergreife ich den Blick des Anderen schon als eine Verhärtung und Entfremdung meiner eigenen Möglichkeiten. – Erblickt werden heißt, sich als unbekanntes Objekt unerkennbarer Beurteilungen erfassen... Ich bin in Gefahr. Jawohl!" Sartre hob die Stimme. „Ich bin in Gefahr. Und diese Gefahr ist keine zufällige, sondern die beständige Struktur meines Für-den-Anderen-Seins. Ich bin in dem Maße Sklave, in dem ich in der Tiefe meines Seins von einer Freiheit abhängig bin, die nicht die meine ist und die doch die Bedingung meines Seins ist..." „Das erscheint mir leicht übertrieben", sagte Simone de Beauvoir, die auf einmal vor seinem Tisch stand. „Ach, Sie geben mir doch noch die Ehre, Mrs. Morgan-Hattick", knurrte der Philosoph. „Mit Ihnen hatte ich schon gar nicht mehr zu rechnen gewagt." „Ich bitte um Nachsicht, Mr. Morgan-Hattick", sagte Simone de Beauvoir, warf ihre Jacke über den Stuhl und setzte sich. „Ich bin, wie Sie sich sicherlich denken können, lange aufgehalten worden..." „Wer war denn der Glückliche?" fragte Sartre. „Geben Sie mir seinen Namen und seine Anschrift, auf daß ich ihn morgen oder übermorgen aufsuche und wuchtig verprügele... Sie wissen ja..."

„Ich weiß, daß Sie groß und stark sind, Mr. Morgan-Hattick", flüsterte Simone de Beauvoir, „groß und stark und, wie immer, rasend eifersüchtig..." „In der Tat", sagte Sartre, „man fürchtet mich. Ich bin immerhin 1,57 Meter groß und habe einige Bücher geschrieben..." – „Macht doch nichts", sagte Anton, „darf ich nun, da Unsere Liebe Frau eingetroffen ist, endlich den Borschtsch servieren?" Er war förmlich herbeigeschlichen und schaute lauernd von einem zum anderen. „Das ist er, der Blick des Anderen", rief der Philosoph. „Wenn ich Ihren bösen Blick richtig deute, ist der Borschtsch heute besonders schlecht." „Sie sagen es, Meister" lächelte Anton verbindlich. „Dafür haben wir auch um ein Geringes die Preise erhöht. – Im Leben gleicht sich bekanntlich alles aus." „Das ist mir neu", seufzte Sartre, „und ich bin auch geneigt, es für Unfug zu halten. Was meinen Sie, Mrs. Morgan-Hattick?" „Vermutlich eine alte russische Volksweisheit", sagte Simone de Beauvoir. „Im übrigen, Anton, hören Sie heute erstaunlich gut." „Ich habe immer gut gehört, Madame", sagte Anton. „Aber wissen Sie, das eine will man hören, das andere nicht. Nicht nur die Augen treffen ihre Wahl, sondern auch die Ohren." „Noch eine russische Volksweisheit", ächzte Sartre. „Heben Sie Ihre Füße, Mann, und bringen Sie uns den überteuerten Borschtsch und vom schlechttemperierten Wein, den Sie dazu auszuschenken pflegen." „Ich eile", sagte Anton, „das Leben ist eine einzige Dienstreise . . ."

„Haben Sie schon einmal daran gedacht, Mrs. Morgan-Hattick, Mütterchen Rußland einen Besuch abzustatten?" fragte der Philosoph. „Wir hätten, denke ich, noch genügend Zeit dazu. Eine Hälfte des Lebens erst haben wir verspielt . . ." „Das dürfte nur für Sie gelten, Mr. Morgan-Hattick", sagte Simone de Beauvoir. „Ich werde älter als Sie. Überhaupt sind wir Frauen leistungsfähiger, ausdauernder. Und wenn ich hinzufügen wollte: auch klüger, würden Sie . . ." „Sicher widersprechen, ja doch", sagte Sartre. „Ein altes Weib bleibt ein altes Weib . . ." – „Ich möchte mit Ihnen, Mr. Morgan-Hattick, nicht in die Sowjetunion reisen", sagte Simone de Beauvoir. „Ich glaube nämlich, daß Ihnen der Wodka dort womöglich noch mehr die Sinne vernebeln würde." „Es geht mir nicht um den Wodka, meine Liebe", knurrte Sartre, „sondern um die russischen Volksweisheiten . . ." In diesem Moment kehrte Anton zurück und brachte den Borschtsch. „Anton", sagte der Philosoph streng, „Sie haben den Daumen im Teller!" Der Kellner legte eine Hand an sein nächstbestes Ohr. „Wie bitte", sagte er, „ich höre so schlecht. Sie müssen schon etwas lauter sprechen, Herr Philosoph. Aber bitte nicht brüllen. Man ist schließlich nicht schwerhörig . . ."

Habermas

Der Philosoph Jürgen Habermas war anläßlich einer ihm kurz zuvor angehefteten größeren Auszeichnung in den Amtssitz des Landtagspräsidenten gebeten worden, wo man ihm zu Ehren mit einer kleinen, aber feinen Abendgesellschaft aufwarten wollte. Der Philosoph, dem Veranstaltungen dieser Art eher lästig waren, hatte seinen Verleger gebeten, ihn zu begleiten. Dieser, ein erfahrener Party-Löwe, verstand es vorzüglich, die Gespräche an sich zu ziehen und dem Philosophen lästige Frage- und Bittsteller vom Leibe zu halten. In der Villa des Landtagspräsidenten, dem die Aufgabe oblag, den Ministerpräsidenten zu vertreten, der sich zu einem Staatsbesuch in Obervolta aufhielt, wurden sie von einigen Herren des gehobenen Dienstes in Empfang genommen und zur Festtafel geleitet, an der schon andere wichtige Menschen, die es als Ehre empfanden, geladen zu sein, Platz genommen hatten. Endlich erschien auch – mit gerötetem Gesicht und leicht schwankendem Gang – der Landtagspräsident.

„Er wirkt derangiert", flüsterte der Verleger dem neben ihm sitzenden Philosophen zu. „Hoffentlich geht da nichts schief." Der Landtagspräsident suchte nun offensichtlich nach dem Manuskript seiner Tischrede. Als er dieses nicht fand, stieß er, zur Verblüffung der anwesenden Gäste, einen kurzen, aber scharfen Pfiff aus, worauf sich einer seiner Referenten in den Nebenraum begab und alsbald mit einem Manuskript zurückkam, das er seinem Dienstherrn flüsternd überreichte. Der Landtagspräsident räusperte sich und begann dann mit seiner Ansprache. „Meine sehr verehrten Damen und Herren", rief er, und es war unschwer festzustellen, daß er zuvor wohl schon den einen oder anderen Aperitif zu sich genommen hatte, denn seine Aussprache war vergleichweise knödelig und keineswegs von gewohnter Präzision. „Meine Damen und

Herren", sagte er jetzt noch einmal leiser und schien sich einen innerlichen Ruck zu geben. „Ich freue mich, Octavio Paz als Träger des diesjährigen Friedenspreises des deutschen Buchhandels in unserem kleinen Kreise begrüßen zu dürfen – und ich bin froh, Sie, Herr Paz, an der Seite Ihres deutschen Verlegers zu sehen, der – das ist bekannt – gerade Ihr literarisches Werk von Anfang an mit großem Engagement, mit Zustimmung und nicht unerheblichen verlegerischen Anstrengungen begleitet hat . . ."

Habermas lächelte: Das kann ja durchaus heiter werden, dachte er. Seinem Verleger allerdings war die Zornesröte ins Gesicht gestiegen, und er umklammerte mit beiden Händen das vor ihm stehende Glas. Der Landtagspräsident leckte sich die Lippen; er schien Durst zu haben. Derselbe Adlatus, der ihm das Manuskript zugesteckt hatte, reichte ihm ein großes Glas Wein, das der Parlamentschef in einem Zug leerte. Danach schien es ihm besser zu gehen, und er fuhr fort: „Die Literatur, meine Damen und Herren, erzielt ihre Wirkung nicht auf dem Markt der öffentlichen Meinungen, sie arbeitet, und das ist gut so, eher im verborgenen – sie setzt uns zu, sogar im stillen Kämmerlein, das auf einmal, wenn das Nachdenken greift, gar nicht mehr so still bleibt und sich mit Leben füllt, vielleicht jenem ganz anderen Leben, dem die Politik bislang noch nicht die gebührende Aufmerksamkeit geschenkt hat. – ‚Dichtung ist Erkenntnis, Rettung, Macht, Verlassenheit‘, haben Sie, verehrter Octavio Paz, einmal gesagt. ‚Als ein Verfahren, das die Welt zu ändern vermag‘, so schrieben Sie weiter, ‚ist die dichterische Tätigkeit ihrem Wesen nach revolutionär; als geistige Übung ist sie eine Methode zur inneren Befreiung . . .‘ Die Dichtkunst, meine Damen und Herren, bringt die innere und die äußere Existenzweise des Menschen zusammen – zwanglos, durch die Macht des Wortes, durch die Überzeugungskraft der dichterischen Sprache. So gesehen, ermöglicht uns die Literatur auch einen anderen Blick auf die eigene Geschichte. Sie, Octavio Paz" – der Landtagspräsident wurde nun zusehends kühner, schaute von seinem Manuskript auf und den Philosophen Habermas an, der ihm freundlich zulächelte –, „Sie haben einmal gesagt: ‚Geschichte ist eine unbeschriebene Gegenwart, ein verschwommenes Antlitz. Der Dichter muß diesem Gesicht wieder menschliche Züge verleihen!‘ – Nicht nur der Dichter, möchte ich hinzufügen; auch der Politiker, der sich nicht verschließen darf vor dem, was andere ihm zu sagen haben. Wenn es stimmt, daß der heutige Mensch eine ‚Mischung von Sancho Pansa und Prometheus ist‘ – ich kann dieser Feststellung von Ihnen, Octavio Paz, nur zustimmen – und es, wie Sie schreiben, ‚immer mehr Dinge und weniger Sein‘ gibt, dann sind wir alle aufgerufen, uns auf das Wesentliche zurückzubesinnen. Wir können den Blick, meine ich, wieder freibekommen, den Blick auf das Wesentliche, und die Literatur trägt mit dazu bei, uns die Augen zu öffnen. – Mag sein, daß wir erst dann vernehmen, was die Landschaften des Menschen wirklich zum Reden bringt. Dieses ist unsere Hoffnung, die Sie, verehrter Herr Paz, in Ihrem Gedicht ‚Jenseits der Liebe‘ so ausgedrückt haben: ‚Jenseits von uns / an den Grenzen von Sein und Dasein / fordert ein Leben uns / das mehr als Leben ist ...‘ Lassen Sie mich schließen, meine Damen und Herren – ich sehe die Erleichterung in Ihrem Gesicht –, mit einem Zitat des bekannten Philosophen Jürgen Habermas: ‚Die gelungene Ich-Identität bedeutet jene eigentümliche Fähigkeit sprach- und handlungsfähiger Subjekte, auch noch in tiefgreifenden Veränderungen der Persönlichkeitsstruktur, mit denen sie auf widersprüchliche Situationen antwortet, mit sich identisch zu bleiben ...‘ – Bleiben wir mit uns identisch, meine Damen und Herren, und schüren wir unsere Neugier auf das Neue! Ich danke Ihnen.“ Der Landtagspräsident ließ sich erleichtert auf seinen Stuhl plumpsen, und man klatschte höflich Beifall.

„Zeigen Sie Haltung, mein Bester“, flüsterte Habermas dem Verleger zu, der mittlerweile aussah wie einer, der ausgezogen war, gewalttätig zu werden. „Selten bin ich gewinnträchtiger über mich selbst belehrt worden ... In Veranstaltungen wie dieser wächst das Pfund, mit dem wir wuchern dürfen ...“

Buchanzeigen

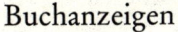

Philosophie in der Beck'schen Reihe

Otto A. Böhmer
Sternstunden der Philosophie
Schlüsselerlebnisse großer Denker von Augustinus bis Popper
4., durchgesehene Auflage. 1996. 215 Seiten. Paperback
Beck'sche Reihe Band 1030

Otto A. Böhmer
Neue Sternstunden der Philosophie
Schlüsselerlebnisse großer Denker von Platon bis Adorno
2., verbesserte Auflage. 1996. 188 Seiten. Paperback
Beck'sche Reihe Band 1130

Rafael Ferber
Philosophische Grundbegriffe
Eine Einführung
3., durchgesehene Auflage. 1995. 184 Seiten. Paperback
Beck'sche Reihe Band 1054

Vittorio Hösle
Die Krise der Gegenwart und die Verantwortung der Philosophie
Transzendentalpragmatik, Letztbegründung, Ethik
2., um ein Nachwort erweiterte Auflage. 1994. 280 Seiten. Broschiert

Otfried Höffe (Hrsg.)
Lexikon der Ethik
In Zusammenarbeit mit Maximilian Forschner, Christoph Horn,
Alfred Schöpf und Wilhelm Vossenkuhl
5., neubearbeitete Auflage. 1997. Etwa 320 Seiten. Paperback
Beck'sche Reihe Band 152

Ricarda Winterswyl
Das Glück
Eine Spurensuche
1995. 215 Seiten. Paperback
Beck'sche Reihe Band 1120

Verlag C. H. Beck München

„Denker" in der Beck'schen Reihe

Herausgegeben von Otfried Höffe

Otfried Höffe
Aristoteles
1996. Etwa 315 Seiten mit 7 Abbildungen. Paperback
Beck'sche Reihe Band 535

Verena Mayer
Gottlob Frege
1996. 176 Seiten mit 7 Abbildungen. Paperback
Beck'sche Reihe Band 534

Detlef Horster
Niklas Luhmann
1997. 221 Seiten mit 12 Abbildungen. Paperback
Beck'sche Reihe Band 538

Jan P. Beckmann
Wilhelm von Ockham
1996. 213 Seiten mit 4 Abbildungen. Paperback
Beck'sche Reihe Band 533

Hans Michael Baumgartner/Harald Korten
Friedrich Wilhelm Joseph Schelling
1996. 262 Seiten mit 9 Abbildungen. Paperback
Beck'sche Reihe Band 536

Wolfgang Bartuschat
Baruch de Spinoza
1996. 202 Seiten mit 5 Abbildungen. Paperback
Beck'sche Reihe Band 537

Verlag C. H. Beck München